D1431925

Eso no estaba en mi libro de la Segunda Guerra Mundial

books4pocket

Jesús Hernández

Eso no estaba en mi libro de la Segunda Guerra Mundial

ALMUZARA

© Jesús Hernández, 2017
© de la primera edición en EDITORIAL ALMUZARA, S.L.: febrero de 2018
© de esta edición: EDITORIAL ALMUZARA, S.L. para B4P, marzo de 2019
www.editorialalmuzara.com
info@almuzaralibros.com
Síguenos en redes sociales: @AlmuzaraLibros

Impreso por CPI BLACK PRINT
Coordinación de B4P en Almuzara: ÓSCAR CÓRDOBA

I.S.B.N: 978-84-16622-46-7
Depósito Legal: CO-396-2019

Código BIC: HBWQ
Código BISAC: HIS027100

Impreso en España - *Printed in Spain*

A mi hijo Marcel

Introducción

Antes que autor, he sido lector, y por tanto siempre trato de ver mis obras desde el punto de vista del que las adquiere con una expectativa determinada. Si la que en este momento tiene el lector entre las manos es la que hace ya el número veintidós, quiero pensar que la mayoría de los lectores que se han acercado a mi trabajo han encontrado lo que buscaban, lo que les habría llevado a repetir su confianza en este autor en alguna ocasión más.

Cuando surgió la idea de escribir *Eso no estaba en mi libro de la Segunda Guerra Mundial*, me situé de inmediato en el papel del lector que se encontraría con ese título en una librería. Teniendo en cuenta que en la actualidad se publican un gran número de libros sobre el conflicto de 1939-1945, que se suman a la inagotable bibliografía ya existente, a lo que hay que añadir los no menos inagotables contenidos disponibles en internet, ¿qué novedad podría aportar una obra de estas características?

Ese reto fue lo que me llevó a embarcarme en este ilusionante proyecto. Pese a todo lo que se ha escrito sobre aquella conflagración, todavía hay episodios que suelen ser dejados de lado por los historiadores, y que, por tanto, difícilmente el lector encontrará en su libro de la Segunda Guerra Mundial.

En estas páginas, el lector podrá conocer hechos de todo tipo, desde curiosos e insólitos, hasta trágicos y deplorables, pero teniendo todos en común que, por un motivo u otro, han quedado fuera de lo que habitualmente se explica del conflicto.

He querido completar ese recorrido por los hechos menos conocidos de la contienda con un capítulo dedicado a los datos más sorprendentes, que he ido recopilando pacientemente a lo largo de estos años y que ahora creo que ha llegado el momento de exponer. Para concluir la obra, propongo un pasatiempo con el que el lector podrá poner a prueba sus conocimientos, además de pasar un rato entretenido.

Con todo ello, sólo espero que el lector me dé la oportunidad de demostrarle que, aunque haya leído ya bastante sobre ese apasionante episodio histórico, todavía puede disfrutar de historias desconocidas que le hagan exclamar más de una vez: «¡Eso no estaba en mi libro de la Segunda Guerra Mundial!».

Capítulo 1.
Europa en guerra

La Primera Guerra Mundial había terminado en 1918 dejando un continente devastado, unos diez millones de muertos y veinte millones de soldados heridos. A lo largo de cuatro años, la guerra de trincheras había revelado todo su horror; las ametralladoras segaban cientos de vidas humanas en apenas unos minutos, los hombres quedaban atrapados en los alambres de espino como muñecos desmadejados, la artillería se convertía en una eficaz picadora de carne a escala industrial y los cadáveres de los soldados abandonados en la tierra de nadie acababan devorados por las ratas.

Parecía que Europa había aprendido la lección. La Gran Guerra, pese a las enormes expectativas que habían puesto en ella todos los contendientes, en realidad no había solucionado nada. Lo mejor de la juventud de cada país había caído en el campo de batalla, mientras que la población civil había padecido todo tipo de privaciones. Las naciones, escarmentadas por la matanza, se decidieron a crear los organismos en los que esperaban, a partir de entonces, resolver los conflictos, velando así por el mantenimiento de la paz.

Sin embargo, en apenas una generación, vientos de guerra volverían a soplar en el Viejo Continente. Alemania, sintiéndose humillada por los términos de la derrota, quiso tomarse la revancha, mientras que las potencias occidentales no supieron hacerle frente, hasta que fue ya demasiado tarde. Comenzaría así una nueva guerra que dejaría un rastro de muerte y destrucción, si cabe, aún mayor que el conflicto anterior.

EL MITO DE LA CARGA DE LA CABALLERÍA POLACA

Como el lector bien sabrá, la Segunda Guerra Mundial comenzó la madrugada del viernes 1 de septiembre de 1939, cuando las tropas alemanas se lanzaron a la invasión de Polonia. El plan alemán consistió en atacar al país vecino desde tres flancos: por el norte, desde Prusia Oriental; desde el oeste, a través de Prusia Occidental; y, desde el sur, tomando como punto de partida Silesia y Eslovaquia. En esa campaña, los alemanes sorprenderían al mundo lanzando la famosa «guerra relámpago», basada en rápidos avances motorizados con el apoyo de la aviación.

La estrategia defensiva seguida por el ejército polaco resultaría catastrófica, al intentar detener a los alemanes en las indefendibles zonas fronterizas, en lugar de esperarles en el interior aprovechando la protección que les podían proporcionar los accidentes geográficos. La lentitud de la movilización, el armamento obsoleto y las tácticas anticuadas contribuirían al desastre.

Desde el primer momento se advirtió claramente que la diferencia entre ambos ejércitos era enorme. Los polacos disponían de treinta divisiones en activo, que quizás podían plantar cara a las cuarenta con las que contaban los alemanes, pero la Wehrmacht era muy superior, al disponer de varias divisiones acorazadas y motorizadas. Por el contrario, los polacos tenían una docena de brigadas de caballería, de las que sólo una era motorizada. En total, los alemanes avanzaron sobre territorio polaco con 3 200 carros blindados, mientras que los polacos tan sólo poseían 600 para hacerles frente.

El ejército alemán invade Polonia. Vehículos pasando sobre un pontón tendido por los zapadores germanos sobre el río Vístula, cerca de Bydgoszcz. A la izquierda se puede ver el puente destruido. 16 de septiembre de 1939. Foto: Shutterstock.

En las llanuras polacas se dio ese choque entre la moderna guerra mecanizada, que marcaría las grandes operaciones de la Segunda Guerra Mundial, representada por el ejército germano, y un concepto anticuado de la guerra, anclado en el pasado, que sería el que pondría en práctica el ejército polaco. El ejemplo más emblemático de esa colisión sería la supuesta carga de los jinetes polacos, lanza en ristre, contra los tanques alemanes.

Es probable que el lector sepa ya que esa imagen, la anacrónica caballería enfrentándose a los ingenios bélicos más avanzados, no es más que un mito creado por la propaganda germana, que haría fortuna hasta tal punto que ha sido dada por cierta en muchas ocasiones. Pero lo que quizás no sepa es que los jinetes polacos tuvieron una actuación destacada durante la campaña, anotándose acciones de gran valor y despertando el temor y la admiración de sus enemigos, unos episodios que seguramente no encontrará en su libro de la Segunda Guerra Mundial.

LA BRIGADA *POMORSKA*

Antes de que estallase la guerra, los polacos confiaban en la gran movilidad y capacidad de maniobra de su caballería. Con 70 000 jinetes, Polonia contaba en 1939 con la caballería más numerosa de Europa.

La tarde del mismo 1 de septiembre de 1939, la caballería tuvo ocasión de demostrar ya su utilidad en el campo de batalla, cuando la brigada *Pomorska* (Pomerania) se encargó de proteger la retirada de una división de infantería que había tratado infructuosamente de defender la ciudad de Chojnica, en Pomerania. El coronel Kazimierz Mastalerz, al mando del 18º Regimiento de Ulanos de la *Pomorska*, ordenó a sus 250 jinetes cargar contra un batallón de infantería cerca de Krojanty. Los soldados alemanes vieron de pronto cómo, saliendo del lindero del bosque, se abalanzaban sobre ellos los jinetes polacos al galope, sable en mano, por lo que emprendieron una precipitada fuga. Por suerte para los soldados atacados, aparecieron unos vehículos blindados alemanes disparando sus ametralladoras, causando una veintena de muertos, incluyendo al coronel Mastalerz. Los jinetes tuvieron que retirarse rápidamente detrás de una loma para protegerse del fuego de los blindados.

El propio coronel Mastalerz resultó muerto en la refriega, así como un tercio de las fuerzas polacas. Aun así, la carga de la caballería sirvió para detener el avance de las tropas germanas, permitiendo la retirada de la infantería polaca. A partir de entonces, el temor a los jinetes polacos se extendería entre los alemanes, que en más de una ocasión fueron presa del pánico.

El valor desplegado por el 18º Regimiento de Ulanos en Krojanty sería reconocido tan sólo un día más tarde con la imposición a la unidad de la *Virtuti Militari*, la máxima condecoración militar polaca para recompensar el heroísmo ante el enemigo.

Sin embargo, lo que había sido una acción digna de quedar inmortalizada en las páginas más gloriosas escritas por la caballería a lo largo de su historia, acabaría convirtiéndose en un episodio ridículo, gracias a una hábil maniobra de la propaganda nazi, que posteriormente los soviéticos se encargarían de certificar.

CRÓNICA ITALIANA

Al día siguiente de la carga de Mastalerz y sus jinetes, un grupo de reporteros alemanes e italianos fue llevado al lugar en el que había tenido lugar el choque. Uno de ellos era el célebre periodista Indro Montanelli, por entonces corresponsal del *Corriere della Sera* en el Báltico. Al encontrarse con los cuerpos sin vida de los polacos, e interpretando libremente el testimonio de los soldados alemanes, Montanelli relató en su crónica que los valerosos jinetes habían muerto cargando contra los tanques germanos blandiendo sables y lanzas.

El eco que tuvo dicha crónica inspiraría a la propaganda alemana, que se encargaría de extender el mito. Así, el 13 de septiembre de 1939, en la revista *Die Wehrmacht* se publicó un artículo que transcribía el fantástico relato de Montanelli. Además, en la publicación se afirmaba que los jinetes habían cargado contra los tanques porque sus mandos les habían asegurado que eran falsos, es decir, que se trataba de simples vehículos a los que se les habían añadido planchas metálicas para parecer tanques. Así pues, según la propaganda germana, los mandos polacos habían demostrado su incompetencia, lanzando a sus hombres a ataques tan estériles como el que había tenido lugar en Krojanty. La rápida conclusión de la campaña polaca, en apenas un mes, serviría para otorgar veracidad al relato de la propaganda nazi.

Sin embargo, la patética imagen de la caballería polaca que los alemanes se habían encargado de extender no se correspondía en absoluto con la realidad. Durante toda la campaña se produjeron dieciséis cargas de caballería, siendo la gran mayoría de ellas exitosas, en contra de lo que pudiera parecer. Es significativo el hecho de que buena parte de las intervenciones de la caballería provocasen la retirada de las tropas alemanas, que preferían evitar el enfrentamiento con los jinetes polacos. Incluso en una fecha tan tardía como el 26 de septiembre de 1939, cuando el ejército polaco estaba ya cerca de la derrota total, se lanzaron dos cargas sucesivas en Morance que forzaron a un batallón alemán a enviar a un emisario con bandera blanca para negociar los términos de la retirada, componiendo una escena que no se correspondía con la imagen de invencibilidad de la máquina de guerra alemana.

EL MITO, EN EL CINE

Tras la Segunda Guerra Mundial, no se hizo nada desde Polonia para desmentir el mito. Las nuevas autoridades polacas, controladas por la Unión Soviética, se limitaron a seguir las consignas dictadas por Moscú, que en este caso eran, paradójicamente, coincidentes con lo expuesto anteriormente por la propaganda nazi. Así, los soviéticos presentarían la carga de la caballería en Krojanty como un ejemplo de la estupidez de los anteriores gobernantes polacos, que no habían sabido preparar al país para la guerra y que, una vez iniciada ésta, no habían dudado en derramar la sangre de sus propios soldados en ataques tan grotescos como ése. De este modo se buscaba culpabilizar y desprestigiar a las fuerzas de oposición que trataban de reinstaurar un gobierno polaco independiente.

Un ejemplo de esa campaña, que ayudaría a cimentar aún más el mito, sería la película polaca en color *Lotna*, dirigida por el prestigioso cineasta Andzrej Wajda en 1959, para la que se reconstruyó la supuesta carga de caballería contra los tanques germanos, en una espectacular escena. Otra paradoja más es que Wajda era hijo precisamente de un oficial polaco de caballería, que había sido asesinado por los soviéticos en la masacre de Katyn, por lo que no parecía la persona más adecuada para perpetuar el mito inventado por los nazis y consolidado por los soviéticos, pero así sería.

El mito de los jinetes polacos atacando a los panzer con sus sables y lanzas ha perdurado en el tiempo hasta llegar a la actualidad, siendo frecuente encontrar referencias a la historicidad de este episodio.

LOS HÉROES DE WESTERPLATTE

Un caso similar al de la caballería polaca ocurriría con la conocida como batalla de Westerplatte. Ese es el nombre de una estrecha península boscosa situada a la entrada del puerto de Danzig y, por tanto, de gran importancia estratégica.

Esta ciudad de la costa báltica, la actual Gdansk, había sido disputada a lo largo de los siglos por polacos y germanos, pasando por dominios alternos, pero desde 1820 formaba parte de Prusia. Pero el final de la

Primera Guerra Mundial le supondría un cambio tan brusco como inesperado. A partir del 15 de noviembre de 1920, aplicando el Tratado de Versalles firmado el año anterior, se estableció la denominada Ciudad Libre de Danzig. Su estatus no estaba exento de complejidad; constituida como ciudad internacional libre bajo la protección de la Sociedad de Naciones, contaba con un parlamento elegido por sus habitantes pero su representación diplomática quedaba en manos de Polonia, con quien mantenía una unión aduanera. Además, los polacos detentaban una serie de derechos en la ciudad, como un servicio propio de correos o un puesto militar en la referida península de Westerplatte. De este modo, tras su derrota en la Primera Guerra Mundial, Alemania veía su territorio partido en dos, quedando separada de Prusia Oriental por un pasillo que le daba Polonia salida al mar, un corredor del que Danzig formaba parte.

Aunque Danzig había sido desgajada de Alemania, el 95 por ciento de su población era germana. En mayo de 1933 los nazis obtuvieron la mayoría absoluta en el parlamento de Danzig y, a partir de ahí, las tensiones con los polacos no harían más que aumentar. La ciudad se convertiría en la diana de las reclamaciones territoriales de Hitler, que lanzaría furibundas amenazas al gobierno de Varsovia para que le entregase el corredor de Danzig. Aunque en 1939 franceses y británicos dieron a Polonia garantías en caso de un ataque germano, la posibilidad de que estallase una nueva guerra en Europa por esa disputa llevaría a la opinión pública en esos países a preguntarse si valía la pena «morir por Danzig», una expresión que hizo fortuna.

Hitler cumpliría sus amenazas. A las 4.48 h del 1 de septiembre de 1939, la base polaca en Westerplatte fue bombardeada sin previo aviso por el acorazado germano *Schleswig-Holstein*, que se encontraba fondeado en el puerto en visita de «buena voluntad», en lo que serían los primeros disparos de la Segunda Guerra Mundial. Los alemanes, que disponían de cerca de 2000 hombres para la captura de la península, creían que la guarnición polaca apenas contaba con 88 hombres, por lo que esperaban que ésta caería rápidamente —incluso desplazaron un equipo cinematográfico para documentar el triunfo—, pero no sería así.

Temiendo un ataque, el comandante de la base, el mayor Henryk Sucharski, había reforzado la guarnición el día anterior, elevando la cifra de defensores a 210 hombres. Además, los polacos habían realizado obras de fortificación por la noche, para no ser observa-

En este estado quedaría el cuartel general del comandante de la base polaca en Westerplatte, Henryk Sucharski, tras el ataque alemán. Foto del autor, octubre 2017.

dos por los alemanes, construyendo casamatas de hormigón y colocando alambradas, sobre todo en el istmo, que era por donde se esperaba el asalto principal.

Cuando los germanos lanzaron su ataque se encontraron con una dura resistencia. A los cañonazos del *Schleswig-Holstein* se sumaron los de otro acorazado, el *Schlesien*, además de los bombardeos en picado de 60 aviones Ju 87 Stuka. Aunque el 2 de septiembre los polacos estuvieron a punto de rendirse debido a la violencia de la embestida, Sucharski decidió continuar resistiendo, aun sabiendo de sobras que la guarnición estaba condenada a caer.

A pesar de su enorme superioridad, los alemanes se veían incapaces de doblegar a los aguerridos polacos. La abrumadora cantidad de proyectiles caídos sobre la estrecha península, procedentes de los dos acorazados, hizo que ésta ofreciese el aspecto que habían presentado los castigados campos de batalla de la Primera Guerra Mundial. Los sucesivos asaltos de los infantes de Marina se estrellaban ante las minas, alambradas y el fuego de mortero y ametralladoras de los polacos. Desesperados por no poder ofrecer todavía la victoria al Führer, en la madrugada del 6 de septiembre los alemanes llegarían a lanzar un tren en llamas por las vías que discurrían por el istmo, pero éste perdió impulso y no llegó a alcanzar el depósito de aceite que pretendían incendiar. Por la tarde hubo un nuevo intento con otro tren en llamas, pero también falló.

En la madrugada del 7 de septiembre los alemanes llevaron a cabo una preparación artillera de tres horas para lanzar un nuevo asalto en el que se emplearon lanzallamas, pero los extenuados defensores aun tuvieron fuerzas para rechazarlo. Sin embargo, antes de las diez de la mañana decidieron rendirse y mostraron por fin la bandera blanca. Una hora más tarde, Sucharski rindió formalmente la plaza. En reconocimiento al valor demostrado por los polacos, los alemanes permitirían a Sucharski conservar su sable en cautividad, pero posteriormente le sería arrebatado en uno de los campos en los que estuvo internado.

Aunque la valentía de los defensores de Westerplatte había impresionado a los alemanes, con ellos ocurriría lo mismo que con los integrantes de la caballería polaca. Tras la guerra, los soviéticos trataron de ridiculizar a los anteriores gobernantes «burgueses», lo que no encajaba con la heroica actuación de los hombres de Sucharski. Por tanto, la historiografía polaca de posguerra, férreamente controlada por Moscú, simplemente la ignoró.

Sin embargo, el proceso de desestalinización emprendido a partir de mediados de los años cincuenta permitiría la recuperación de ese episodio histórico que alimentaba el orgullo nacional polaco. Curiosamente, el pueblo consideraría su reivindicación como un gesto de afirmación y resistencia ante la dictadura comunista. Tratando de apropiarse de ese impulso en beneficio propio, el gobierno optó a su vez por reivindicarlo también, con la construcción en 1966 de un gran monumento conmemorativo en el lugar de batalla, elevándose imponente sobre una colina. Un año después se produciría una película titulada *Westerplatte*, en la que se inmortalizaban los épicos combates. Aunque fuera de ese modo, los héroes de Westerplatte consiguieron el reconocimiento de sus compatriotas, después de haber logrado resistir durante siete largos días a la apisonadora militar que luego se apoderaría de la mayor parte del continente europeo.

Monumento conmemorativo de la batalla de Westerplatte, visto desde las aguas del puerto de Danzig. Foto del autor, octubre 2017.

EL HOMBRE QUE PUDO HABER SALVADO A LOS LONDINENSES

La invasión de Polonia por parte de la implacable máquina de guerra germana fue la primera de una serie de fulgurantes conquistas que asombrarían al mundo. Tras la claudicación de los polacos, tanto los franceses como los británicos —que habían declarado la guerra a Alemania la mañana del domingo 3 de septiembre de 1939— esperaban que Hitler se sintiese satisfecho con su botín y se aviniese a algún tipo de acuerdo con los Aliados para evitar que se incendiase de nuevo el continente.

Esas esperanzas demostrarían haber sido vanas cuando en la madrugada del 9 de abril de 1940 las tropas alemanas se lanzaron a la invasión de Noruega y Dinamarca. Pero el gran golpe ocurriría tan sólo un mes y un día después, cuando el ejército germano irrumpió en Holanda, Bélgica, Luxemburgo y Francia. Las veloces columnas blindadas desarbolaron por todas partes las líneas de defensas aliadas. Dunkerque fue un inesperado milagro que evitó que el grueso de las tropas británicas fuese hecho prisionero y que todavía hoy intriga a los historiadores sobre la razón que llevó a Hitler a no querer dar el golpe de gracia a las fuerzas aliadas. Pero una guerra no se gana con evacuaciones, por lo que, finalmente, el gobierno galo se vio obligado a firmar un armisticio el 22 de junio. El pueblo británico contempló con aprensión cómo los alemanes se encontraban ya observando con sus prismáticos los blancos acantilados de Dover.

A partir del 10 de julio, la Luftwaffe trataría de poner de rodillas a Gran Bretaña mediante una ofensiva aérea que sería conocida como la batalla de Inglaterra. Para ello contaba con 1200 bombarderos y 300 bombarderos en picado, así como un millar de cazas para labores de escolta. El primer objetivo de esta fuerza aérea fueron las instalaciones portuarias de la costa sur británica, para facilitar la prevista invasión a través del canal de la Mancha, la Operación León Marino, así como los convoyes que controlaban el paso por el canal. Los modestos resultados de esta ofensiva debido a la inesperada resistencia de la RAF (Royal Air Force), pese a contar con apenas 600 cazas, llevaron a los alemanes a concentrarse en la destrucción de los aeródromos del sur de Inglaterra.

Pese a la superioridad numérica germana, la aviación británica, que contaba con la ventaja de combatir en su espacio aéreo, seguía batiéndose valientemente. Aun así, a mediados de agosto, la Luftwaffe estaba muy cerca de destruir por completo a la RAF. Se habían construido nuevos aeródromos en la costa francesa, lo que aumentaba el radio de acción de los cazas germanos. Eso había hecho que la Luftwaffe hubiera visto reducidas sus pérdidas. Al mismo tiempo, los recursos de la RAF, en forma de pilotos y aparatos, se iban agotando irremisiblemente; todo hacía pensar que sería la primera fuerza aérea, de las dos en liza, en perder su capacidad de combate. Gran Bretaña estaba a punto de doblegarse.

Pero el 24 de agosto de 1940 ocurrió un incidente que cambiaría el curso de la guerra aérea, y que afectaría a millones de personas. Un hecho fortuito cambiaría las reglas de la partida que se estaba jugando y resultaría determinante para el desenlace de la batalla de Inglaterra. Un escuadrón germano que tenía como objetivo bombardear instalaciones militares se desorientó y dejó caer sus bombas sobre una zona habitada de Londres. A los británicos no se les pasó por la cabeza que pudiera tratarse de un error, por lo que idearon una rápida respuesta. A la noche siguiente, la del 25 de agosto, la RAF llevó a cabo una operación de represalia; 80 bombarderos consiguieron llegar a Berlín, lanzando su carga de bombas sobre la, hasta entonces, intacta capital del Reich. Los daños provocados por la incursión fueron mínimos, pero el atrevimiento británico desató la ira de Hitler, que ordenó poner en marcha un plan para arrasar Londres desde el aire.

A partir del 7 de septiembre de 1940, los aviones germanos dejaron de atacar los aeródromos y se dirigieron hacia Londres. El bombardeo comenzó por la tarde y se prolongaría hasta las cuatro de la madrugada, sirviendo como referencia el resplandor del fuego. Los bomberos no pudieron apagar los incendios hasta la mañana siguiente. Esta despiadada acción contra la población civil se saldó con trescientos muertos y más de un millar de heridos. Había comenzado la campaña de bombardeos contra la población civil que los británicos conocerían popularmente como *Blitz*.

La decisión de centrar los ataques aéreos sobre las ciudades se tomó creyendo que la población civil no resistiría los sufrimientos y reclamaría a las autoridades poner fin a la guerra. Sin embargo, los británicos se dispusieron a resistir la ordalía lanzada por Hitler, con un espíritu de resistencia que se convertiría en motivo de orgullo. El pueblo se unió sin fisuras en torno a Winston Churchill, que supo estar siempre al lado de los que más sufrían. Al contrario de Hitler, que nunca tendría el valor de visitar una zona bombardeada temiendo alguna incómoda reacción popular, Churchill se dirigía inmedia-

Un observador aéreo escudriña el cielo londinense para detectar aviones enemigos, con la emblemática catedral de San Pablo de fondo. Foto: Shutterstock.

tamente a los barrios que habían resultado más dañados. Allí se interesaba por los heridos y consolaba a los que habían perdido su hogar. Caminando decidido por las calles llenas de escombros, Churchill era vitoreado por las masas que acudían para verle y él respondía colocando su bombín sobre el bastón y levantando éste en el aire. Haciendo la V de la victoria con los dedos, contagiaba de inmediato su confianza y optimismo.

Esa es la imagen heroica que ha quedado de la resistencia del pueblo británico a la brutal campaña de bombardeos de la Luftwaffe. La ofensiva aérea, que se prolongaría hasta el 21 de mayo de 1941, costaría la vida a entre 40 000 y 43 000 civiles, y dejaría varios miles más de heridos. Sin embargo, lo que seguramente no dirá su libro de la Segunda Guerra Mundial es que el gobierno británico pudo haber evitado fácilmente la mayoría de esas muertes, pero que no lo hizo por prejuicios sociales y políticos.

EL REFUGIO ANDERSON

Durante los años anteriores a la guerra, el ministerio del Interior británico había estado trabajando para proporcionar a la población británica protección ante los bombardeos. La primera comisión se creó en 1936, pero no sería hasta 1938, cuando los vientos de guerra soplaron en Europa a consecuencia de la crisis de Checoslovaquia, que las autoridades británicas comenzaron a tomar en serio esa posibilidad.

El fruto de esos estudios sería la creación del refugio antiaéreo Anderson, llamado así por el nombre del entonces ministro de Defensa Civil (Home Security), el escocés sir John Anderson. La base de la protección de la población civil británica contra los bombardeos aéreos sería dicho refugio. Se trataba de una estructura desmontable, cuyo cuerpo principal constaba de seis planchas de hierro galvanizado ondulado, que

Refugio Anderson conservado en un museo de Lincoln, en Gran Bretaña. La protección de los civiles se confió a esta estructura metálica incapaz de soportar el impacto de una bomba. Wikimedia Commons.

formaban las paredes laterales y el techo. El número total de piezas era de 14, incluyendo una puerta. El refugio medía 2 metros de largo, 1,80 de alto y 1,40 de ancho, y tenía capacidad para 6 personas. Una vez montado por el propio usuario, el refugio debía ser enterrado en el jardín o patio de la casa, con una capa de un mínimo de 38 centímetros de tierra encima del techo. Se accedía a él por una escalera excavada en la tierra.

En septiembre de 1939, una vez que había estallado la guerra, los refugios Anderson comenzaron a ser distribuidos entre la población. Eran gratis para los que ganaban menos de 250 libras al año, que eran la gran mayoría. Los que superaban esos ingresos debían comprarlos a un precio de 7 libras. Se construyeron aproximadamente unos tres millones y medio de unidades. La producción máxima sería de unas 50 000 unidades por semana.

Aunque el refugio Anderson obtuvo un buen recibimiento por parte de la población, durante los meses de invierno se demostró que su interior podía resultar frío y húmedo; para evitar que los ciudadanos prefiriesen mantenerse calientes en sus casas en lugar de acudir al refugio, las autoridades difundirían ideas y consejos para hacerlos más confortables. Se solía plantar flores en la capa de tierra que había encima del techo, por lo que acababa teniendo más aspecto de una caseta de jardín que de un refugio antiaéreo. Incluso se celebraban competiciones entre los vecinos para ver quién tenía su refugio más bonito.

El adoptar el refugio Anderson como base de la defensa civil contra los bombardeos tenía un claro inconveniente; esta solución sólo era aplicable para aquéllos que vivían en una casa con jardín. En todo caso, lo más grave era que ese refugio no servía para su cometido. Podía resultar útil para proteger contra la metralla, pero resultaba totalmente ineficaz en caso de sufrir el impacto directo de una bomba. Apostar por el refugio Anderson en lugar de por una red de refugios colectivos subterráneos costaría esas más de 40000 vidas.

¿Por qué las autoridades británicas cometieron ese inexplicable error? Para entenderlo debemos remontarnos a 1937, cuando Barcelona comenzó a sufrir los primeros bombardeos aéreos.

EL EJEMPLO DE BARCELONA

La guerra civil española, que había estallado el 17 de julio de 1936, vio cómo la población civil no quedaba al margen de las operaciones militares. Muchas ciudades sufrieron bombardeos aéreos; una de ellas sería Barcelona. A partir del 16 de marzo de 1937, la capital catalana se convertiría en objetivo de la Aviación Legionaria italiana, cuyos aparatos despegaban desde la isla de Mallorca.

El 9 de junio de 1937, el gobierno autónomo catalán, la Generalitat, creo la Junta de Defensa Pasiva de Cataluña. A partir de un decreto promulgado el 11 de agosto del mismo año, este organismo paso a estar conformado por las diferentes juntas de defensa locales de los principales municipios. En la ciudad de Barcelona, uno de los cometidos de la Junta de Defensa Local fue, en colaboración con el ayuntamiento, planificar, subvencionar y supervisar la construcción de refugios antiaéreos. También se encargó de publicar y distribuir entre la población folletos y opúsculos de instrucciones, con consejos y pautas a seguir en caso de bombardeo.

El refugio antiaéreo 307, uno de los 1.400 construidos en Barcelona según el diseño ideado por el ingeniero Ramón Perera, que se demostraría muy eficaz durante los bombardeos que sufrió la ciudad. Su experiencia durante la guerra civil española no sería aprovechada después por los británicos. Foto del autor, marzo 2016.

En Barcelona se construyeron en muy poco tiempo 1400 refugios, y en toda Cataluña 2100, siguiendo las especificaciones de seguridad determinadas por la Junta de Defensa Pasiva, que debía también supervisar su cumplimiento. El encargado de esta labor sería un ingeniero industrial nacido en Barcelona en 1907,

Ramón Perera Comorera. Desde su discreto puesto de secretario técnico de la sección de planes y obras de la Junta de Defensa Pasiva, trabajó intensamente en el diseño, asesoramiento y supervisión de refugios en toda Cataluña.

Gracias a sus observaciones y estudios del efecto de las bombas, incorporó medidas de protección que se demostrarían totalmente eficaces, ya que no hubo que lamentar ningún muerto entre los que buscaron la seguridad de los refugios durante los bombardeos. Por ejemplo, todos ellos debían tener dos accesos, por si uno de ellos quedaba bloqueado por los escombros. Además, la entrada tenía que ser en forma de L para que la metralla no pudiera penetrar en el interior del refugio. La mayoría estaban dotados de servicios básicos, como alumbrado eléctrico, pozos de ventilación, bancos para sentarse, letrinas o botiquines. Además, Perera consiguió que fueran refugios baratos y fáciles de construir; de hecho, normalmente eran los propios vecinos los que hacían las obras, dirigidos por el arquitecto enviado por la Junta.

Los trabajos de Perera llamaron la atención de ingenieros extranjeros interesados en la defensa pasiva. Ese fue el caso del ingeniero británico Cyril Helsby, que acudió a Barcelona como delegado del Partido Laborista. Helsby, admirado por esa titánica obra de protección civil, estuvo junto a Perera para tomar buena nota de la eficaz labor que venía desarrollando. En ese momento, el ingeniero catalán no podía saber que esa relación profesional cambiaría más tarde su vida.

El 26 de enero 1939, pocas horas antes de la caída de Barcelona ante el avance imparable de las tropas franquistas, Perera salió en automóvil en dirección a la frontera francesa, llevando consigo los planos y la documentación de los refugios que se habían construido bajo su dirección. Al no poder llegar a la frontera en coche, tuvo que atravesar los Pirineos a pie, después de entregar la documentación a una autoridad de la República para que la custodiase, pero finalmente ésta acabaría en manos de los vencedores.

Perera llegó a Perpiñán, en el sur de Francia, en donde la Cruz Roja le dio la oportunidad de escribir una carta al extranjero para obtener ayuda. El ingeniero catalán no la desaprovechó y envió una misiva a Helsby, con quien había creado lazos de amistad. Cuando la carta llegó a Helsby, éste advirtió las posibilidades que se abrían al poder contar con un hombre de los conocimientos y experiencia de Perera en un momento en el que la guerra europea se atisbaba en el horizonte. De inmediato, Helsby puso el asunto en manos de los servicios secretos británicos, quienes iniciaron rápidamente el operativo para rescatarle.

Aunque Perera no tenía documentación para entrar en territorio británico, eso no fue ningún problema. Se cursaron órdenes expresas de permitirle la entrada al país y Perera, al que se le envió el dinero necesario para el viaje, pudo llegar a Londres sin ningún contratiempo, un privilegio que pocos exiliados españoles tendrían.

Ante la posibilidad de que Londres y otras ciudades fueran bombardeadas en la conflagración que se avecinaba, los británicos podrían contar con la inestimable ayuda de un auténtico experto en defensa civil, que había demostrado su valía protegiendo eficazmente a la población de Barcelona y otras localidades catalanas. ¿Sabrían aprovechar esa ventaja?

EL DEBATE DE LOS REFUGIOS

Perera llegó a la capital británica en marzo de 1939 optimista e ilusionado, al ver como su trabajo anterior despertaba reconocimiento y admiración. Esa labor le había permitido escapar a los campos de internamiento del sur de Francia, en donde habían quedado confinados miles de compatriotas suyos, a la espera de un destino incierto. Su protector, Helsby, también estaba feliz, al ser el «descubridor» del hombre que podía salvar miles de vidas británicas, y urgió al gobierno a que se pusiera manos a la obra en la construcción de refugios, ahora que ya tenían entre ellos al mayor experto en la materia.

Pero lo que ambos ingenieros no podían imaginar que pudiera pasar, ocurrió. Para entonces, las autoridades británicas habían apostado por el refugio Anderson como base de la defensa civil. En cuanto Perera lo vio, les advirtió de que era un gran error confiar la protección de la población civil a aquella estructura desmontable que debía instalarse en el jardín. La solución era la construcción de refugios colectivos subterráneos, tal como se había hecho en Barcelona. Aquellas casetas de jardín no iban a servir de nada en cuanto comenzasen a llover bombas.

La reacción de las autoridades británicas dejó helados a Perera y Helsby. Durante los trabajos de la comisión creada a ese efecto en marzo de 1939, a ambos se les preguntó si en Barcelona se había observado que la gente tuviera tendencia a quedarse bajo tierra por cobardía y si prefería quedarse antes en el refugio que ir a trabajar. Los sorprendidos ingenieros respondieron que no se encontraron con ningún caso, sino más bien al contrario; los ciudadanos esperaban que acabase el bombardeo para salir y reanudar sus quehaceres. Así era en realidad; en cuanto sonaba la sirena que anunciaba el fin del bombardeo, la vida ciudadana se retomaba como si nada hubiera sucedido. Los dos remarcaron que no tuvieron ningún conocimiento de un solo caso de cobardía, una aseveración que fue confirmada por los expertos que estuvieron por aquel entonces en Barcelona.

En la comisión también se objetó que una red de refugios públicos iba a resultar muy cara de construir. Perera y Helsby afirmaron que el coste había sido relativamente pequeño y que, tal como se ha referido, en muchos casos eran los propios vecinos los que ponían la mano de obra. En todo caso, adujeron que no tenía sentido hablar de costes económicos cuando el objetivo era proteger la vida de los ciudadanos y que en Barcelona no fue un factor que hubiera sido tenido en cuenta.

Pese a las claras manifestaciones de ambos ingenieros, las autoridades británicas no estaban dispuestas a adoptar el «modelo Barcelona», pese a su probada eficacia. Lo que Perera no podía comprender era que, si se había decidido confiar en una solución como el refugio Anderson no era por criterios técnicos, sino políticos.

El gobierno conservador no veía con buenos ojos la construcción de refugios públicos. La razón esgrimida, tal como constaría en los documentos secretos que posteriormente saldrían a la luz, era el temor a que la población se volviese «cobarde y holgazana», aunque el mayor miedo era que los refugios se convirtieran en un campo abonado para la crítica y el descontento popular. Además, el gobierno consideraba que los refugios Anderson encajaban mejor con el carácter individualista del británico medio, que piensa que «mi casa es mi castillo». Facilitar la construcción de refugios colectivos suponía un «experimento social» que la mentalidad conservadora y clasista de los políticos británicos no podía admitir.

LA POBLACIÓN, DESPROTEGIDA

Como era de prever, la decisión del gobierno británico de apostar por los refugios individuales tendría resultados fatales. Los barrios populares de Londres, donde la gente no tenía casas con jardín en el que enterrar el refugio Anderson, serían los más castigados, ya que las zonas industriales se convertirían en objetivos estratégicos de la Luftwaffe y los obreros vivían cerca de las fábricas.

A tenor del elevado número de muertos provocado por la campaña de bombardeos germana, un informe confidencial reconocería que no seguir el «modelo Barcelona» había sido una decisión catastrófica. Paradójicamente, en un discurso ante la Cámara de los Comunes, Churchill haría referencia a Barcelona como el ejemplo a seguir, ya que la población se mantuvo allí firme ante la oleada de bombardeos. Como nota curiosa, la representación diplomática española mostró discretamente su malestar por esa alusión en términos elogiosos a la resistencia de los barceloneses; los británicos accedieron a eliminarla del libro de sesiones para no incomodar al régimen de Franco, del que esperaban que mantuviese su neutralidad.

El ingeniero catalán, decepcionado al ver cómo los británicos habían despreciado la solución que tan bien había funcionado en Barcelona, vería también cómo las autoridades trataban de acallarle para que no pusiera en entredicho el modelo de protección adoptado. Aunque pudo impartir una conferencia sobre su experiencia durante la Guerra Civil en la Royal Society of Arts londinense, no se le permitió publicar un libro en el que la explicaba.

Perera se dedicó entonces a otros menesteres, como era la labor de portavoz del Consell Català de Londres, formado por exiliados catalanes, y a construir pequeños refugios subterráneos para ellos. Entre estos exiliados destacaba la figura del célebre doctor Josep Trueta (1897-1977), cuya experiencia en el tratamiento de las heridas de guerra durante la Guerra Civil sí sería bien aprovechada por los británicos. Sus métodos se aplicarían con éxito no sólo durante la Segunda Guerra Mundial, sino en la guerra de Corea y en la de Vietnam, y recibiría el doctorado *honoris causa* por la Universidad de Oxford.

En cambio, Perera languidecía en su exilio londinense. Su mujer, Pilar, se había quedado en España, y las autoridades no le permitían la salida del país. Perera se ganaba la vida realizando trabajos rutinarios para el despacho profesional de Helsby, mientras la cruda y terrible realidad de los bombardeos le iba dando poco a poco la razón. Las críticas al gobierno por su política de protección civil, personificadas en John Anderson, serían cada vez más insistentes. Scotland Yard le hizo llegar un informe demoledor, redactado por un agente que había estado en Barcelona durante la guerra, en el que se insistía en lamentar no haber escogido aquel modelo.

Ingenieros británicos ligados a sindicatos y partidos de izquierda se movilizaron para exigir al gobierno que rectificase antes de que fuera demasiado tarde. También fue criticada la campaña de reparto masivo de máscaras antigás que había llevado a cabo el gobierno, al ser considerada como meramente propagandística, ya que durante la guerra civil española no se había producido ninguna víctima a consecuencia de los gases venenosos, y sí en cambio debido a los bombardeos aéreos, un terreno en el que la población británica se encontraba desprotegida.

Para calmar esas críticas, se impulsó tímidamente la construcción de refugios antiaéreos de superficie, llamados también de calle. No eran más que pequeños edificios de una planta, de estructuras supuestamente reforzadas, que tampoco podían soportar el impacto directo de una bomba. Construidos con ladrillos, no tenían nada que ver con los ciclópeos refugios de superficie que se construirían en Alemania, de gruesos muros de hormigón, que incluso después de la guerra resultaría prácticamente imposible demoler. Los refugios de calle británicos probablemente causaron más víctimas de las que salvaron, ya que se derrumbaban apenas con la onda expansiva; cuando la población advirtió de que resultaba más seguro permanecer fuera, dejaron de ser utilizados.

Desde el gobierno se había descartado la construcción de una red de refugios subterráneos, pero hubo quien recurrió a ellos, conscientes de que era el sistema

Winston Churchill visitando una iglesia destruida en el bombardeo de Coventry. El primer ministro británico no era partidario de la construcción de refugios antiaéreos colectivos, pero finalmente tuvo que tomar esa medida para proteger a la población civil. Wikimedia commons.

de protección que garantizaba mayor seguridad. En el centro de Londres, las clases acomodadas disponían de este tipo de refugios, como el que se construyó en los sótanos del Hotel Savoy. Los trabajadores del hotel revelaron las condiciones lujosas de su interior, con cómodos sofás y cojines, así como servicio de comida y bebida. Cuando esto se supo en el popular barrio de East End, hubo una manifestación hasta las puertas del

Savoy para protestar por esa desigualdad. Aunque se trató de impedir el acceso al hotel de los manifestantes, éstos se abrieron paso y descendieron al refugio para comprobar que lo que se decía de él era cierto, aunque no causaron mayor alboroto. Es significativo el hecho de que en una visita de la reina al East End para levantar la moral de su población tras sufrir un bombardeo, ésta fuera abucheada por los vecinos. Sin duda, la imagen de aquel lujoso refugio destinado a los más favorecidos debió dejar un gran resentimiento. Después de que en un bombardeo el Palacio de Buckingham sufriese algunos daños menores, la reina dijo «ahora puedo mirar a la cara al East End», aunque no sabemos si eso les pudo servir de consuelo.

Mientras las clases más pudientes tenían asegurada la protección, la mayor parte de los londinenses no tenía otra opción que refugiarse en los túneles del metro. A partir del momento en el que los alemanes se concentraron en el bombardeo nocturno, a mediados de septiembre de 1940, al atardecer los andenes de las estaciones se iban llenando de mujeres y niños, que pasaban allí toda la noche. Hasta noviembre, cada noche unos doscientos bombarderos visitarían puntualmente Londres.

Sorprendentemente, durante las dos primeras semanas de bombardeos, las instalaciones del metro estuvieron cerradas y protegidas por la policía para impedir el acceso, oficialmente porque la red debía estar disponible para el transporte militar o de heridos, aunque también existía el temor de que la gente se instalase allí de forma permanente. Las 80 estaciones de la red londinense de metro podían acoger a unas

170 000 personas; estaban siempre atestadas, con personas durmiendo en las vías. De todos modos, el metro no ofrecía una protección total; hubo alguna estación que se derrumbó al sufrir el impacto directo de una bomba. El 3 de marzo de 1943 morirían 173 personas aplastadas, la mayoría mujeres y niños, en una avalancha producida en las escaleras de la estación de Bethnal Green. Las informaciones sobre este desastre serían censuradas y la tragedia no sería revelada hasta 1946.

Aunque la red de metro era una instalación claramente insuficiente para proporcionar protección a toda la población, en los suburbios de Londres ni siquiera había estaciones de metro a las que bajar, ya fuera porque las estaciones estaban en la superficie o porque las líneas de metro no llegaban hasta allí. Por lo tanto, muchos trataban de buscar alguna protección bajo los puentes del ferrocarril, en donde se llegaron a colocar literas adosadas a los muros, una opción que también fue prohibida por las autoridades, quizás porque dejaba bien a las claras que no se había establecido una política eficaz de protección civil.

Las estadísticas reflejaban también claramente la desprotección a la que los londinenses se veían condenados. Durante los ataques aéreos, un 4 por ciento acudía a las estaciones de metro y a otros refugios subterráneos improvisados, un 9 por ciento asumía el riesgo de usar los frágiles refugios de superficie y un 27 por ciento usaba el refugio Anderson que tenían en su jardín. El 60 por ciento restante decidía quedarse en su casa y encomendarse al destino, a falta de una opción mejor.

REFUGIOS COLECTIVOS

En octubre de 1940, Churchill hizo dimitir a Anderson como responsable de la defensa civil para tratar de paliar las críticas. El cese de Anderson supuso la admisión de que la política de refugios individuales había sido un fracaso. El país había demostrado estar mal equipado para hacer frente a una campaña de bombardeo estratégico, a pesar de que había contado con el tiempo necesario para prepararse. Sir Anderson se convertiría en el chivo expiatorio, aunque la defenestración no sería completa, ya que seguiría como miembro del gobierno.

Así, ya en pleno *Blitz*, el gobierno por fin se despertó y, abandonando la doctrina Anderson, comenzó a planear la construcción de refugios colectivos, dentro del sistema del metro, aprovechando así su profundidad. La capacidad prevista era de 80 000 personas. Pero ni siquiera entonces serían requeridos los servicios de Perera. Al contrario de la experiencia de Barcelona, el proyecto adoleció de una gran lentitud en su ejecución, y cuando esa primera campaña de bombardeos concluyó, en mayo de 1941, la mayoría de refugios no se habían acabado de construir.

En ese mismo año, las autoridades comenzarían también a distribuir un refugio portátil para los que se quedaban en casa, el llamado «refugio Morrison», en honor del sucesor de John Anderson al frente del ministerio de Defensa Civil, Herbert Stanley Morrison. Aunque pueda parecer una broma, se trataba de una especie de jaula desmontable de 2 metros de largo por 1,20 metros de ancho. A pesar de su aparente sencillez, constaba de 359 piezas, incluyendo los tornillos, y se proporcionaban las tres herramientas necesarias para su montaje. La parte superior era una plancha de acero de 3 milímetros de grosor, que podía ser utilizada como mesa de comedor. Los habitantes de la casa debían apretujarse en ella cuando comenzase el bombardeo. Supuestamente, esa jaula debía proteger a sus ocupantes aunque el edificio se derrumbase, pero eso no era así. En un estudio realizado con los datos de 44 hogares en los que se usó el refugio Morrison durante un bombardeo, se constató que de las 136 personas que lo usaron 3 murieron, 13 resultaron gravemente heridas y otras 16 sufrieron heridas leves. Aun así, se distribuyeron más de medio millón de refugios Morrison entre la población.

Mientras tanto, seguía adelante el ambicioso plan para dotar a la población de refugios antiaéreos subterráneos. La mayoría de ellos serían túneles destinados a futuras líneas de metro, pero que de momento serían habilitados para ese propósito, con literas e incluso cantinas para proporcionar comida y bebida. Se crearon comités de voluntarios para organizar la vida en los refugios. También se proyectaban películas, se celebraban conciertos de música o se representaban obras de teatro para amenizar las largas horas de estancia. Esos refugios demostrarían su eficacia cuando a partir del verano de 1944 los alemanes bombardearon Londres con las bombas volantes V1 y V2.

Terminada la guerra, Perera continuó con su actividad profesional como ingeniero, curiosamente en la industria de guerra, él que había puesto todo su empeño en salvar a los civiles. También continuó su labor en los círculos de exiliados, denunciando en el exterior el régimen franquista. Afortunadamente, pudo reencontrarse en Londres con su mujer, a la que finalmente se le permitió viajar a Gran Bretaña. No dejó de trabajar hasta su muerte, en 1984. Nunca regresó a España[1].

En cuanto a los refugios Anderson, acabado el conflicto las autoridades comenzaron a desmantelarlos y recogerlos para reutilizar el hierro. Si alguien deseaba conservar el suyo, debía comprarlo. La mayoría de los que prefirieron quedárselo lo desenterraron y lo colocaron en el jardín, para utilizarlo como caseta para las herramientas, y unos pocos lo dejaron en el mismo lugar. Ahí quedarían como testimonio mudo de la incapacidad del gobierno británico para ofrecer a sus ciudadanos la protección adecuada durante la Segunda Guerra Mundial, una trágica torpeza basada en prejuicios sociales y políticos que acabaría costando muchas vidas que, de otro modo, podían haberse salvado.

---

[1] Los detalles de la vida de Ramon Perera, y gran parte de los datos recogidos en este capítulo, se encuentran en el trabajo *Ramon Perera, l'home dels refugis*, de los historiadores Montserrat Armengou y Ricard Belis.

LA EVACUACIÓN DE MOSCÚ

Hitler había fracasado en su intento de someter a los británicos. Pero ya a finales de 1940 su atención se había fijado en el que consideraba el auténtico enemigo de Alemania: la Unión Soviética. Con el pacto firmado con Stalin en agosto de 1939 había conseguido ganar tiempo para tener las manos libres en el oeste, pero había llegado el momento de afrontar el que sería el gran duelo de la Segunda Guerra Mundial.

El sueño de Hitler era convertir Alemania en un imperio continental que se extendiese desde el Atlántico hasta los Urales, y que proporcionase tierras a los colonos germanos. Además, si quería derrotar a Gran Bretaña en una guerra de desgaste, era necesario asegurarse antes el suministro de cereales y carburante. Hitler confiaba en que los soviéticos no podrían ofrecer resistencia a sus bien entrenadas y pertrechadas tropas.

El 30 de marzo de 1941, Hitler anunció a sus generales su intención de atacar a la Unión Soviética, en una operación que se denominaría Barbarroja. Pese a que ello implicaba luchar en dos frentes, nadie se opuso a esa decisión, esperando que las triunfales campañas militares tuvieran su prolongación en Rusia.

Cuando ya había comenzado la cuenta atrás para la invasión, Hitler se vio obligado a intervenir en los Balcanes. Su aliado Mussolini se había empantanado en una absurda campaña contra Grecia desde territorio albanés, un país que se había anexionado en abril de 1939. La presencia de tropas británicas en Grecia obligaba a los alemanes a actuar allí para eliminar esa amenaza antes de emprender el ataque a la Unión Soviética. Para llegar al país heleno se abriría paso a través de Yugoslavia, en una campaña que se lanzaría el 6 de abril de 1941. En dos semanas Yugoslavia se rindió, y Grecia capituló antes de que acabase el mes. Los paracaidistas germanos se encargarían el 20 de mayo de tomar la isla de Creta, en la que trataban de resistir los británicos que habían escapado de Grecia.

Una vez asegurado el frente mediterráneo, Hitler tenía las manos libres para lanzarse a la invasión de la Unión Soviética, que comenzaría en la madrugada del 22 de junio de 1941. Aunque el Ejército Rojo contaba con unos tres millones de hombres para proteger su frontera occidental, nada pudo hacer para ofrecer algún tipo de resistencia ante las fuerzas alemanas, compuestas de soldados disciplinados y con experiencia reciente en combate, dotados con las mejores armas y contando con los tanques y aviones técnicamente más avanzados del mundo.

A principios de octubre de 1941, el ejército alemán se dirigía imparable hacia Moscú. Parecía que era ya cuestión de pocas semanas que la bandera del Tercer Reich ondease triunfante sobre las cúpulas del Kremlin.

Soldados alemanes disparando una ametralladora durante la invasión de la Unión Soviética, en el verano de 1941. El objetivo era conquistar Moscú antes de que llegase el invierno. Foto: Shutterstock.

Ese asalto inminente a la capital soviética se denominaría Operación Tifón. Los planes del Führer para Moscú no podían ser más devastadores; la ciudad debía ser derruida y borrada del mapa, para lo cual ya se había enviado un equipo de dinamiteros. Más adelante, estaba previsto construir allí una gigantesca presa destinada a la producción de energía hidroeléctrica. El destino de Moscú era quedar sumergida bajo el agua.

En los primeros compases de la invasión germana, nada hacía pensar a los moscovitas que se podía llegar a esa situación. Si bien el mundo sabía de lo que era capaz el ejército alemán y su guerra relámpago (después de aplastar Polonia, Francia o los Balcanes en pocas semanas) aunque resulte increíble los rusos nunca habían oído hablar de esa fuerza invencible, debido al control estricto de la información que ejercía el gobierno soviético. Las noticias procedentes del extranjero llegaban a la población por la radio y los diarios oficiales, después de haber sido sometidas a una severa censura. Por tanto, a pesar del avance incontenible de los panzer en el verano de 1941, no existía ni un ápice de derrotismo entre la población rusa; confiaba firmemente en la victoria y tenía una voluntad indomable de ganar la guerra.

Ese control estatal de la información se acrecentó aún más cuando las autoridades se incautaron de todos los receptores particulares de radio. A partir de entonces, unos altavoces emplazados en calles y plazas se encargarían de transmitir instrucciones y consignas como «Las bestias de Berlín se rompen la cabeza contra los cascos de acero del Ejército Rojo» o ésta más truculenta: «A los bárbaros sedientos de sangre no les haremos pagar ojo por ojo y diente por diente. A la banda de Hitler le haremos pagar dos ojos por uno, y por cada diente toda una mandíbula». En cuanto a los partes de guerra, éstos solían afirmar a diario, con escasas variantes: «Las tropas soviéticas siguen luchando contra los fascistas en todos los sectores, desde el mar de Barents hasta el mar Negro».

Durante ese tiempo se exhortaba al pueblo a intensificar sus esfuerzos en la retaguardia para producir material bélico a fin de que el Ejército Rojo pudiese aniquilar a los invasores. Las crónicas de guerra publicadas en los periódicos rusos se limitaban a describir actos individuales o colectivos de heroísmo bajo el fuego. A falta de informaciones concretas, todo el mundo tenía la impresión de que se estaba ganando la guerra.

En cambio, los extranjeros que residían en Moscú tenían una apreciación muy distinta de la situación. Uno de ellos era el corresponsal de guerra norteamericano Erskine Caldwell[2], que había llegado a la capital soviética apenas un mes antes de que comenzase la invasión. Como podían escuchar emisoras del exterior, estaban espantados por las triunfalistas afirmaciones de la radio alemana. Según escribió Caldwell «muchos de aquellos extranjeros estaban convencidos de que nada salvaría a los rusos de una derrota aplastante. Algunos llegaron a hacer las maletas y prepararse para partir de Moscú en cualquier momento. Durante las primeras cinco semanas de la guerra, la población extranjera de la capital se había mostrado muy pesimista, en contraste con el sentir de la población local. Los norteamericanos hablaban de la caída de Moscú como de algo que se produciría a las dos o tres semanas de empezar Hitler su ofensiva contra la ciudad. En cambio, los rusos no tenían la menor intención de entregar la capital».

MOSCÚ, AMENAZADA

Desde el principio de la invasión se ordenó el oscurecimiento total de Moscú. Entró en vigor el toque de queda, lo que supuso un cambio de las costumbres de sus habitantes. Hasta entonces, aunque resulte sorprendente, era habitual hacer vida a altas horas de la

---

[2] El interesante testimonio de Caldwell quedó recogido en su libro de 1942 *All-Out On The Road To Smolensk*. Hay una versión en español, publicada por la editorial argentina Poseidón en 1943.

madrugada, y las calles permanecían animadas incluso en esas horas intempestivas. Aun con las limitaciones impuestas por el estado de guerra, que eran respetadas escrupulosamente por la población, la vida en la capital no se vio demasiado alterada por el ataque alemán.

Pero no sería hasta un mes después cuando los habitantes de Moscú pudieron comprobar que la guerra estaba más cerca de lo que pensaban, al iniciarse el bombardeo de la capital por la aviación germana. Aun así, la moral no decayó en ningún momento. Los civiles disponían de grandes refugios antiaéreos y los sótanos de los edificios habían sido convertidos en abrigos a prueba de bomba mediante la colocación de sacos de arena en torno a las puertas y ventanas situadas a ras del suelo. Los cuatro millones de habitantes de la ciudad realizaron una serie de simulacros de alarma antiaérea. También se llevaron a cabo ejercicios de lucha contra incendios. Los moscovitas estaban preparados para afrontar la ordalía a la que los alemanes iban a someterles.

La Luftwaffe no pudo mostrarse tan destructiva con Moscú como con las ciudades británicas. Cuando sonaba la alarma, los moscovitas acudían ordenadamente a los refugios o bajaban a los túneles del metro, en donde debían permanecer sentados mientras durase el ataque aéreo. Durante ese tiempo, según relata Cadlwell en su crónica, «algunos leían diarios, libros o cartas; otros se dormían, otros se quedaban bien despiertos, conversando, canturreando o en silencio; algunos escribían notas en el revés de un sobre o en hojas de papel; otros registraban sus bolsillos, profundamente absortos, como todos lo estamos en tales momentos, cuando descubrimos los azares que hemos venido corriendo quién sabe desde cuándo». Los ejercicios de lucha contra incendios dieron su fruto, puesto que, en palabras del corresponsal norteamericano, «las brigadas de bomberos y los ciudadanos instalados en cada azotea impidieron que Moscú se quemara hasta los cimientos. Con la misma prontitud con que caían, las bombas incendiarias eran sofocadas en arena o sumergidas en barriles de agua. De vez en cuando empezaba un incendio y su resplandor se veía durante un rato, hasta que se extinguía bajo la acción de los bomberos».

Cuando el ataque aéreo acababa, brigadas de trabajadores procedían a reparar los daños que había dejado en las calles el bombardeo, con una rapidez y eficacia que sorprendería al corresponsal Caldwell. Esas brigadas habitualmente empezaban a trabajar en mitad de la noche, mientras las incursiones se estaban efectuando aún; cubrían con tierra los cráteres dejados por las bombas y pavimentaban de nuevo las calles en pocas horas. A media mañana, parecía que nada había ocurrido. Daba la sensación de que los alemanes no podían dañar a Moscú más rápidamente de lo que sus habitantes tardaban en repararla.

Al contrario que había sucedido en otras ciudades atacadas por la Luftwaffe, los moscovitas no parecían en absoluto impresionados por esa ofensiva aérea. Según relata Caldwell, «la ciudad comenzó a demostrar su desprecio a la Luftwaffe no tocando siempre las sirenas de alarma. Muchas veces los bombarderos alemanes estuvieron sobre la ciudad dejando caer bombas durante una hora antes de que empezaran a oírse las sirenas, y cuando venían menos de media docena de aviones, a veces ni siquiera sonaba la alarma».

Esa confianza inquebrantable sería puesta a prueba a principios de octubre de 1941, cuando, tal como se ha apuntado, los alemanes se encontraban a las puertas de Moscú. Los soldados germanos podían ya vislumbrar con sus prismáticos las doradas torres del Kremlin, y las avanzadillas habían llegado a las paradas de los autobuses urbanos que iban hasta el centro de la ciudad. Aunque el 7 de octubre Stalin hizo un llamamiento a defender la capital a cualquier precio, una misión que puso en manos del general Georgui Zhukov, en realidad había ya ordenado el traslado del Gobierno soviético y de la Administración central a la ciudad de Kuibyshev, al otro lado del Volga. La Internacional Comunista iría aún más lejos, a Ufá, la capital de la República de Bashkiria. Las obras de arte más valiosas fueron cargadas en ferrocarriles y sacadas de la ciudad. El 15 de octubre, la totalidad del cuerpo diplomático había abandonado la capital.

Los efectivos destinados a la defensa de Moscú alcanzaban la cifra de 1 250 000 hombres, dotados con 7600 cañones y morteros, además de casi un millar de tanques. Pero los primeros días de Zhukov al frente de la resistencia moscovita no serían nada fáciles. Se decretó la ley marcial y se comenzó a detener en la calle a cualquier sospechoso de ser un agente nazi. Algunos habitantes de Moscú no soportaron la presión y, empujados por el alcohol, se lanzaron a una espiral de motines y saqueos. Pese a esos desórdenes puntuales, según relata Caldwell en su libro, «no había pánico en Moscú; había la firme resolución de hacer las cosas que salvarían a la ciudad de ser capturada. Chicas, niños, ancianos y mujeres aprendían a introducir balas en los cargadores de ametralladoras, a tirar granadas de mano bajo la cinta propulsora de los tanques, y a ponerse al hombro un fusil y llevar media docena de botellas de gasolina al mismo tiempo. No había en toda la Tierra gente más resuelta y dueña de sí que el pueblo de Moscú».

Los habitantes de Moscú estaban preparados para resistir. Según explica el corresponsal norteamericano, mientras los alemanes avanzaban sobre el Kremlin, «el pueblo tenía conciencia del peligro que lo amenazaba y se disponía a afrontarlo. Mientras andaba por los suburbios y por los accesos de la ciudad me di cuenta de que, pasara lo que pasase, Moscú estaba pronta a oponer la mayor defensa de los tiempos modernos. Veía indicios de ello en todas partes. Cuadrillas de hasta quinientos hombres, diseminadas por el campo, estaban cavando enormes fortificaciones y trampas para tanques, increíblemente hondas. No media docena de cuadrillas: veintenas de cuadrillas».

Caldwell remarca que era todo el pueblo de Moscú el que estaba comprometido con su defensa: «La mayoría de los hombres eran miembros del Ejército del Pueblo. Pero también había mujeres que trabajaban en esas fortificaciones: mujeres, niños, empleados, panaderos, artistas, maestros, porteros, periodistas, mecánicos y taquígrafos. El pueblo sabía que si el mando del Ejército Rojo decidía no emplear tropas en la ciudad, la defensa estaría en sus manos. Los edificios habían sido minados y las calles obstruidas con barricadas. Todo estaba listo para resistir el asedio que amenazaba a la capital».

COMIENZA EL ÉXODO

A pesar de que no se había extendido el pánico en la ciudad, y la confianza descrita por Caldwell, todos aquellos ciudadanos y cargos públicos que podían dejar Moscú sin ser acusados de desertores y traidores marcharían precipitadamente. De esa evacuación tenemos los valiosos testimonios de los españoles que entonces se encontraban en la capital soviética, en donde habían buscado refugio después de la Guerra Civil.

La dirigente del Partido Comunista de España (PCE) Dolores Ibárruri, la Pasionaria, explicó su propia experiencia el 16 de octubre: «La estación de Kazán, a la que nos condujeron, estaba inmersa en tinieblas, medida elemental de seguridad por los continuos ataques aéreos enemigos. Y en aquellas tinieblas se movía una inmensa masa humana que, abriéndose paso como podía, buscaba cualquier tren que llevase a cualquier lugar lejos del invasor nazi». La confusión en la estación fue tal que la líder comunista perdió allí a sus dos hijos, Rubén y Amaya, que al final viajaron en otro tren. Rubén moriría casi un año después luchando en Stalingrado.

Caldwell y su mujer también abandonaron Moscú rumbo a Arcángel, a orillas del mar Blanco, para embarcar desde allí rumbo a Estados Unidos, por la ruta del Ártico. El corresponsal coincide en parte con el testimonio de la líder comunista, ya que a la estación que acudió había menos confusión que en la de Kazán: «Grandes muchedumbres formaban colas de dos y tres en fondo, esperando desde quién sabe cuándo para conseguir pasajes y tomar los trenes. Debe de haber habido, por lo menos, seiscientos hombres, mujeres y niños aguardando pacientemente ante las ventanillas cerradas de las taquillas. Las puertas de la estación se nos abrieron treinta minutos antes de la hora de partida, y nos abrimos paso por entre multitudes de soldados y marineros, que esperaban los trenes con rumbo al norte. Había mucho trajín en los andenes, pero no confusión».

A pesar de esos problemas para marchar, la Pasionaria y sus hijos fueron unos privilegiados respecto a la mayoría de ciudadanos moscovitas y de los otros españoles exiliados. La dirigente del PCE viajó en el tren de los altos cargos de la Internacional Comunista, de los diplomáticos extranjeros acreditados en Moscú y de personajes tan relevantes como el escritor Ilya Ehrenburg. Este tren que podríamos calificar de VIP tardaría nueve días en llegar a su remoto destino.

El tren que tomó Caldwell para llegar a Arcángel tardaría tres días y dos noches, en un trayecto que en condiciones ordinarias de paz duraba cuarenta y ocho horas. Pero el corresponsal norteamericano fue también un privilegiado. La mayoría de desplazados pasaría meses enteros de viaje, con temperaturas gélidas y prácticamente sin alimentos, en lo que sería un episodio dramático que apenas ha atraído la atención de los historiadores, centrados en la defensa de la capital ante el ataque alemán, y que seguramente no encontrará en su libro de la Segunda Guerra Mundial[3].

---

[3] Los testimonios de los españoles que participaron en la evacuación de Moscú se han tomado de la obra de Daniel Arasa, *50 Històries catalanes de la Segona Guerra Mundial*, págs. 133-142.

VIAJES INACABABLES

Como la red ferroviaria soviética en dirección a Asia y al sur de la parte europea era en su mayor parte de vía única, y además estaba dañada en algunos puntos debido a los bombardeos, debía establecerse un rígido sistema de uso. Ante esa circunstancia, la evacuación de la población hacia el este no suponía una prioridad para las autoridades soviéticas.

En un momento en el que la capital estaba amenazada por las fuerzas germanas, lo más urgente era utilizar la red ferroviaria para trasladar a Moscú las tropas destinadas en el Lejano Oriente que hasta ese momento habían estado protegiendo las fronteras ante un posible ataque japonés; un espía alemán que trabajaba para los rusos en Tokio, Richard Sorge, comunicó a Moscú que los japoneses no tenían ninguna intención de atacar a la Unión Soviética en el Extremo Oriente, tal como los rusos temían. Gracias a esta revelación, Stalin pudo reclamar la presencia del grueso de las tropas destinadas en Siberia para la defensa de la capital. Igualmente, era necesario llevar hasta el frente el armamento y la munición necesarios para frenar la ofensiva alemana.

Caldwell, en su obra, hace referencia a estas detenciones forzadas por el paso de los trenes que transportaban suministros al frente: «Paramos con frecuencia todo el día, mientras los trenes militares con prioridad nos pasaban en ambas direcciones. Algunos eran trenes hospitales que venían de Leningrado; otros, trenes cargados de soldados risueños, que aparecían a la puerta de vagones de carga, y otros eran largos trenes que llevaban destacamentos completos de tanques: pequeños, medianos y grandes. En algunos vagones se veían ametralladoras y cañones antiaéreos. Esos trenes iban a Leningrado a gran velocidad, a veces separados solamente por diez o quince minutos».

En segundo lugar en la tabla de prioridades estaba el traslado al este de la maquinaria y los trabajadores que debían continuar con la producción de guerra. Ante el avance alemán, las fábricas eran desmontadas y enviadas más allá de los Urales. En muchos casos se iniciaba la producción antes de que se hubieran levantado las nuevas fábricas. Así, no era raro ver cómo los trabajadores montaban las máquinas sobre la nieve y, sin techo ni ninguna protección, trabajaban a temperaturas de 30 o hasta 40 grados bajo cero. Algunos obreros se desplomaban al lado de sus máquinas, extenuados por jornadas larguísimas, sin descanso y con poca comida. Tal como el armamento salía de las cadenas de producción, era trasladado al frente. Los carros de combate eran enviados al campo de batalla sin pintar. Todo ese material de guerra gozaba también de prioridad en el uso de la congestionada red ferroviaria.

Por tanto, los trenes cargados de civiles sólo podían circular cuando no lo hacían los otros que transportaban soldados, maquinaria, trabajadores o armamento. Los vagones en los que viajaban en condiciones precarias miles de personas se quedaban aparcados en vías muertas durante horas, días enteros o incluso semanas, para facilitar así el paso de los trenes prioritarios. A veces, siguiendo las indicaciones de las autoridades ferroviarias, los trenes de civiles quedaban varados en medio de la estepa o de un bosque. Nadie les daba una explicación cuando paraban o reanudaban la marcha, lo que hacían en el momento menos pensado y sin previo aviso.

Por otra parte, pocas veces se daba de comer a los viajeros, por lo que éstos tenían que ir a buscar comida a las aldeas o casas de campo. Los civiles que tenían como destino Siberia debían protegerse del frío con toda la ropa que tenían, incluso dentro de los vagones. Caldwell y su mujer, en su viaje a Arcángel, también tuvieron que hacer frente a ese gélido enemigo: «Vientos fríos penetraban en los vagones de madera no muy gruesa, y lo único que podíamos hacer para guardar el calor era echarnos encima toda la ropa, inclusive los sobretodos y una manta gruesa cada uno. Por alguna causa, sea la guerra u otra, el coche no tenía calefacción. En cierto momento, por la noche, un pasajero encendió un puñado de carbones en una bandeja de hojalata. Sentíamos las emanaciones, pero no recibíamos nada del calor». Peor aún lo pasaban los que no habían tenido otra opción que subirse a vagones de plataforma, sin ningún tipo de protección contra los elementos.

ABANDONADOS EN LA ESTEPA

Los episodios dramáticos que se dieron a consecuencia de este éxodo masivo hacia el este de la Unión Soviética fueron lamentablemente frecuentes. Por ejemplo, una mujer española llamada Isidra, que tenía un hijo muy pequeño, en una de las paradas fue a buscar leche para el niño. Cuando regresó, quedó horrorizada al ver que el tren había partido. Se estaba haciendo de noche y ella, pensando que nunca más vería a su hijo y que también ella misma estaba perdida, se desesperó y se quitó la vida.

Otros españoles se vieron en una circunstancia similar, aunque sin consecuencias tan trágicas, como en el caso de uno llamado Aureli Arcelus y tres compañeros: «Como el tren llevaba tiempo detenido, fuimos a un koljós a comprar carne, y cuando volvimos ya se había marchado. Tuvimos que subir a un tren cisterna que seguía la misma ruta y viajar al raso por la taiga helada. Llegamos a Orsk, una población en la que hace un frío tan terrible que en invierno cortan la leche a golpes de hacha y la venden por kilos, no por litros, y la gente la tiene en las casas colgada en bolsas. Allí, sin embargo, llegó un telegrama diciéndonos que teníamos que ir hacia Tashkent».

Como vemos, mucha gente se perdió durante aquellos largos y azarosos viajes, en los que en cualquier momento se podía quedar uno abandonado en mitad de la estepa. La mayor parte de aquellos infortunados pudieron ser encontrados tarde o temprano, pero también hubo que lamentar bastantes muertes. Hubo niños que quedaron separados de sus padres de este modo, y no fueron encontrados hasta varios años después.

Las rutas seguidas por los convoyes cargados con civiles que huían del avance alemán podían acabar realizando rutas insólitas. Por ejemplo, un tren que salió de Rostov, en el sur de Ucrania, tuvo que entrar en Irán, llegar a Teherán, y desde ahí nuevamente ingresar en territorio soviético para llegar a su destino en Asia Central.

A lo largo del camino, los trenes, a veces, cuando se detenían en las estaciones, eran asaltados por masas de civiles, que trataban también de ponerse a salvo del avance germano trasladándose al este. En estos casos, no dudaban en entrar en los vagones por las ventanillas hasta que en ellos no quedaba ni un espacio libre, lo que imposibilitaba moverse ni para ir al lavabo. Aun así, el tren seguía su ruta atravesando, por ejemplo, la llamada Estepa del Hambre (Betpak-Dala), situada entre el lago Baljash y el mar de Aral, o los desiertos de Kiril Kum y Kara Kum.

Mientras los civiles eran trasladados al este, las noticias que llegaban de Moscú eran esperanzadoras. El 5 de diciembre de 1941 el Ejército Rojo había lanzado una gran ofensiva en los alrededores de la capital que, aunque no había conseguido que los atacantes retrocediesen, al menos sí que logró aliviar la presión sobre la ciudad. Los alemanes, agotados por una campaña que ya duraba más de cinco meses y desmoralizados por las terribles condiciones meteorológicas que padecían, comenzaron a pensar más en la retirada que en cumplir el sueño del Führer de tomar la capital soviética.

Al día siguiente era evidente que la iniciativa había pasado a los rusos y que los alemanes no podrían tomar Moscú. Algunas unidades germanas comenzaron a retroceder de manera desorganizada. El 8 de diciembre de 1941, para evitar que se produjese una desbandada, Hitler ordenó que los soldados se quedasen en el punto en el que en ese momento se encontraban, prohibiendo expresamente cualquier retirada. De ese modo, quedaba paralizada cualquier ofensiva en todo el frente del este. Por el momento, Moscú se había salvado.

MORIR DE HAMBRE

El que la amenaza sobre Moscú hubiera podido ser conjurada no debió de servir de consuelo a los civiles que habían emprendido el largo viaje hacia el este. Durante el agotador trayecto se pasaban todo tipo de privaciones, que se soportaban con la esperanza de que éstas acabarían al llegar al lugar de destino, pero en muchas ocasiones esas ilusiones se veían dramáticamente defraudadas.

El general republicano Manuel Tagüeña, en una imagen tomada en el frente del Ebro en 1938. El militar, exiliado en la Unión Soviética, padeció las mismas privaciones que la población civil. Wikimedia commons.

La llegada masiva de refugiados a las localidades de acogida, en donde la comida no abundaba precisamente, provocaba hambrunas con fatales consecuencias. Por ejemplo, en Kokand, Uzbekistán, en donde se concentró una importante colonia española, el descontrol y el caos se extendió por la ciudad. La gente acabaría muriendo de hambre por las calles. Las autoridades soviéticas priorizaban el suministro de alimentos a las tropas que combatían en el frente, por lo que las penurias de los civiles eran vistas como un problema secundario.

En Kokand morirían unos cuarenta españoles a causa del hambre, especialmente niños y personas de mayor edad. Pero el hambre afectaría incluso a los miembros más destacados del exilio español, como Manuel Tagüeña, que se había distinguido como comandante militar durante la Guerra Civil y que entonces estaba refugiado en la capital de Uzbekistán, Tashkent, impartiendo clases en la Academia Militar Frunze. Tagüeña recordaría en sus memorias que muchas veces su familia sólo tenía para cenar agua caliente. El militar republicano escribió: «Durante la guerra de España creíamos haber pasado privaciones, pero ahora por primera vez sabíamos lo que era el hambre de verdad y las calamidades. Por ejemplo, en la familia teníamos sólo una cuchara. Cuando mi cuñado se puso malo de tuberculosis me decidí a robar una en el comedor de la academia, metiéndomela disimuladamente dentro de una bota. Todos hacían lo mismo, por eso los cubiertos desaparecían rápidamente de los comedores».

LOS *BEZPRIZORNI*

El hambre y la miseria, sumadas a las miles de personas sin familia ni nadie que las ayudase, perdidas en ese inmenso país, extendieron la delincuencia, especialmente juvenil. Bandas de muchachos muy jóvenes, la mayoría de menos de dieciséis años, se dedicaban a robar lo que podían. Unos lo hacían sólo para comer, pero otros iban más allá y robaban por la satisfacción que les proporcionaba apoderarse de los bienes ajenos. En ocasiones, no sabían qué hacer con el producto de su botín y lo repartían con prodigalidad. Esas bandas lograban extender un clima de terror en las zonas en las que actuaban, adueñándose de las calles en cuanto caía el sol.

Ese fenómeno, el de los conocidos como *bezprizorni*, no era nuevo. Durante la Revolución rusa de 1917 y la posterior guerra civil, fueron numerosos los niños que se quedaron sin padres, al morir o ser detenidos éstos. Los que acabaron viviendo en la calle cayeron en la pequeña delincuencia. Las autoridades los detenían y los enviaban a instituciones correccionales. La segunda oleada de *bezprizorni* llegaría a finales de los años treinta, con el envío masivo de detenidos a los gulags, y el estallido de la guerra. Se cree que pudieron ser unos dos millones los niños que quedaron desatendidos y que acabaron también viviendo en la calle.

La inseguridad creada por esos delincuentes juveniles se extendería a toda el Asia Central soviética. En sus memorias, Tagüeña recordaba que «a Tashkent llegaron miles de refugiados, legales e ilegales. La vida en la ciudad era cada día más difícil e insegura. Se escuchaban disparos al anochecer y a primeras horas del día. Cuando nuestras mujeres salían para hacer cola en las panaderías encontraban cadáveres tirados por las calles, tal vez muertos de hambre o a consecuencia de las luchas entre malhechores o con la policía. Se dio la orden de detener a los sospechosos y comenzó en la ciudad una auténtica cacería. Un día vimos el deprimente espectáculo de una gran columna de adolescentes desharrapados, con un mundo de odio y desesperación en los ojos, vigilados por una gran cantidad de policías».

A estas bandas juveniles se sumaron también muchachos españoles que se habían quedado sin familia. Algunos de ellos llegaron a convertirse en cabecillas de estos grupos. Las actividades delictivas de los *bezprizorni* proliferarían a pesar de que estaban severamente castigadas por las autoridades soviéticas. Los españoles tuvieron ocasión de comprobarlo en sus propias carnes. En 1953, poco después de la muerte de Stalin, en un campo de concentración todavía quedaban diecisiete jóvenes españoles, que habían sido detenidos durante la guerra por robar. Aunque el campo estaba destinado a presos políticos, ellos compartían cautiverio con ellos. Los chicos promovieron una huelga de hambre en protesta por la mala alimentación y porque no los liberaban a pesar de haber muerto el dictador. Su acción fue secundada por el resto de internos, hasta que lograron su propósito.

La mayor parte de los exiliados españoles trasladados a Siberia y Asia Central retornaron a la parte europea de la Unión Soviética en 1944, cuando la situación ya había mejorado. La mayor parte del territorio soviético había sido recuperado y los ejércitos alemanes retrocedían en todos los frentes. Con el regreso a Moscú y las otras ciudades de la Rusia europea acabarían las penalidades que habían tenido que padecer a consecuencia de la invasión germana. Pero el ansiado retorno a España debería esperar todavía algunos años más.

CAPÍTULO 2.
INGENIO, ASTUCIA
Y MALDAD

A lo largo de toda la Segunda Guerra Mundial se dieron innumerables hechos susceptibles de atraer nuestra atención. Lejos de donde se estaba dilucidando el conflicto, se producían acontecimientos que no han destacado por su relevancia, al quedar al margen de las grandes operaciones. Son hechos insólitos que han sido normalmente ignorados por los libros que relatan el conflicto, pero que hoy, al conocerlos en detalle, nos provocan sorpresa, asombro, admiración o perplejidad.

En ellos podemos encontrar desde admirables ejemplos de astucia y sagacidad, a otros de inventiva e imaginación, pasando por otros menos edificantes de infamia y crueldad, pero todos ellos capaces de despertar nuestro más palpitante interés.

Los nombres de estos protagonistas seguramente no dirán nada al lector. Ellos han quedado relegados en favor de los grandes personajes, pero no hay duda de que son merecedores de unas páginas que recojan esas historias, unas historias que demuestran que la Segunda Guerra Mundial siempre nos ofrece algo nuevo y emocionante por conocer.

OPERACIÓN GUADALAJARA:
VON RENTELN DEBE MORIR

A lo largo de la Segunda Guerra Mundial no se produjeron muchos casos de asesinatos selectivos de militares o dirigentes enemigos, quizás porque flotaba una especie de acuerdo tácito entre los contendientes según el cual las acciones de ese tipo contravenían las leyes no escritas de la guerra.

Aun así, no faltaron quienes no pudieron resistirse a la tentación de golpear al enemigo en donde más daño se le podía hacer. El caso más conocido es el del asesinato del *Reichsprotektor* de Bohemia-Moravia, Reinhard Heydrich, el 27 de mayo de 1942, a manos de dos guerrilleros checoslovacos enviados desde Gran Bretaña con esa misión. Hitler enfureció al saber de su muerte y desató una ola de represión indiscriminada que se llevaría por delante la vida de miles de checos. Los norteamericanos también tuvieron éxito en la operación para acabar con la vida del almirante Isoroku Yamamoto, atacando el 18 de abril de 1943 el avión en el que viajaba, gracias a una información confidencial que había podido ser descodificada.

En cambio, los británicos fracasaron en su intento de secuestrar o, llegado el caso, asesinar al general alemán Erwin Rommel. Churchill pensó que, si lo lograba, el Afrika Korps sufriría un duro golpe y ayudaría a elevar la alicaída moral del ejército británico en el norte de África. Sin embargo, la acción no pudo estar peor dirigida y planificada. Fue puesta en manos del teniente coronel Geoffrey Keyes, cuyo único mérito era ser hijo del responsable último de la misión, el jefe de Operaciones Combinadas, almirante Roger Keyes. El servicio de información falló estrepitosamente, ya que cuando el 15 de noviembre de 1941 se realizó la incursión contra la localidad de la costa de Cirenaica en la que creían que estaba Rommel, éste se encontraba en Roma, planeando el ataque a Tobruk y celebrando su cumpleaños junto a su esposa. Los británicos tratarían de maquillar ese fiasco, asegurando falsamente que Rommel, al menos, se encontraba cenando con un jeque allí cerca cuando se lanzó la misión.

Los alemanes fracasarían igualmente en su intento de acabar con la vida de Stalin en septiembre de 1944. Dos agentes entrenados para atentar contra el zar rojo, un hombre y una mujer rusos que habían cambiado de bando, fueron trasladados por la noche en avión detrás de la línea del frente, pero fueron descubiertos en un control militar cuando trataban de llegar a Moscú en una motocicleta con sidecar.

Quien sí alcanzó su objetivo fue precisamente Stalin, al conseguir eliminar a la máxima autoridad civil de la Bielorrusia ocupada (conocida como *Weissruthenien* o Rutenia Blanca por los alemanes), el comisario general Wilhelm Kube. Una partisana bielorrusa, Yelesa Mazanik, logró entrar a trabajar como criada en su casa de Minsk con ese propósito. El 22 de septiembre de 1943 ocultó una bomba de tiempo bajo su colchón, que hizo explosión mientras Kube dormía plácidamente. En represalia por su muerte, las SS ejecutarían a un millar de habitantes de Minsk. Mazanik consiguió escapar con vida y recibió el título de Héroe de la Unión Soviética.

Lo que seguramente no figurará en su libro de la Segunda Guerra Mundial es que, para eliminar a otro *Generalkommissar*, en este caso el de Lituania, los escogidos por Stalin para llevar a cabo la operación serían seis españoles. Esta es la historia de una operación que sus propios protagonistas bautizarían como Operación Guadalajara[4].

COMUNISTAS ESPAÑOLES

A primeros de abril de 1943, cuatro comunistas españoles realizaban operaciones guerrilleras en la retaguardia alemana, en la cuenca del río Kubán, al norte del Cáucaso. La derrota del bando republicano en la Guerra Civil les había llevado, después de muchas vicisitudes, hasta tan lejano escenario. No obstante, para ellos, en esas remotas tierras se seguía dirimiendo el mismo

---

[4] Esta operación se relata en el ya referido libro de Daniel Arasa, *50 històries catalanes de la Segona Guerra Mundial*, págs. 257-266.

combate en el que habían estado luchado desde hacía casi siete años en España.

Esos guerrilleros españoles eran Sebastià Piera, José Parra, Rafael Pelayo y Vicente de Blas. Estaban encuadrados en la Brigada Especial del NKVD, del Ministerio del Interior. Este ministerio había constituido una especie de ejército paralelo al propio Ejército Rojo; lo formaban miembros del Partido Comunista de la Unión Soviética y de partidos homónimos de otras nacionalidades que habían encontrado allí refugio, como los españoles del PCE. Los españoles constituían toda una compañía, la 4ª, de aquella brigada especial. Tenían que estar preparados para actuar tanto como fuerzas regulares como formando grupos guerrilleros.

La mayor parte de los españoles que se integraron en fuerzas combatientes en la Unión Soviética formaban parte de unidades guerrilleras, distribuidas en dos núcleos: la Brigada Especial del NKVD, entre los cuales se encontraban los protagonistas de este episodio, y la llamada 5ª Brigada Autónoma de Tropas de Ingeniería. Globalmente, la actuación de estos últimos sería mucho más importante y arriesgada que la del primer grupo, pero serían los integrantes de la brigada especial los encargados de realizar uno de los golpes más audaces de la lucha partisana contra los nazis.

VIAJE A MOSCÚ

La mañana del viernes 2 de abril de 1943, De Blas, Parra, Pelayo y Piera se presentaron ante el Estado Mayor de la brigada, una vez atravesada por la noche la línea del frente, después de que su presencia fuera reclamada urgentemente por radio. De ahí fueron enviados a Krasnodar, ciudad a orillas del río Kubán, que había sido reconquistada por el Ejército Rojo apenas un mes y medio antes. Allí, sin más explicaciones, les informaron que tenían que trasladarse inmediatamente a Moscú.

Los cuatro españoles tendrían así la ocasión de subir por primera vez a un avión, el que les llevaría hasta la capital. El aparato era un Lisunov Li-2, la versión soviética del mítico Douglas C-47 Dakota norteamericano. El volar en avión era un privilegio insólito para unos soldados rasos, ya que entonces sólo podían acceder al transporte aéreo los altos cargos, mientras que, para desplazarse por la inmensa geografía soviética, el resto de militares y civiles debía realizar inacabables viajes en tren o conseguir que les llevase algún camión militar.

En su viaje hacia Moscú, el aparato sobrevoló Stalingrado. Hacía sólo un par de meses que se había acabado aquella batalla decisiva con la rendición del VI Ejército del general Friedrich Paulus. Al pasar sobre la ciudad, el piloto hizo bajar el Lisunov a poca altura para que los cuatro españoles pudieran contemplar un espectáculo que jamás olvidarían. La ciudad ofrecía un paisaje apocalíptico, formado por kilómetros y kilómetros de ruinas que parecían no acabar nunca. Además, al ser la época del deshielo, iban apareciendo por todas partes cadáveres de hombres y de caballos, claramente visibles desde las ventanillas del avión. Los españoles se estremecieron al pensar en el horror que se había debido vivir allí abajo.

Cuando llegaron a su destino, fueron recibidos por altos cargos del NKVD, quienes les informaron de que serían instruidos para una arriesgada misión, iniciativa del jefe de esa organización, Lavrenti Beria, y del propio Stalin. Más tarde pudieron saber que les había reclamado otro español, José García Granda, que había sido comisario de batallón en la Guerra Civil. Ya en la URSS, durante un tiempo había ocupado un cargo de responsabilidad como radiotelegrafista de un centro que conectaba el Ministerio del Interior con grupos partisanos que actuaban en Bielorrusia, Rusia Central y Ucrania. Fue instructor de oficiales soviéticos en técnicas de telecomunicación. Pero, como era un hombre de acción, no le gustaban esos trabajos y pidió ir a las guerrillas.

Un día de marzo de 1943 se puso en contacto con él un hombre de la máxima confianza de Beria, Nahum Isaakovich Eitingon, de 43 años. Este tenebroso personaje había dirigido sabotajes, acciones de contraespionaje y labores de represión interna en la guerra civil española bajo con el nombre de Kotov, aunque su negro historial de chequista se remontaba a 1920. De él se decía que había sido amante de una joven comunista catalana, Caridad Mercader, convirtiendo al hijo de ésta, Ramón, en un agente estalinista, que pasaría a la historia en 1940 por asesinar a Trotsky en México. Entre sus oscuras ocupaciones estaba ahora la de organizar y dirigir núcleos partisanos en la retaguardia enemiga, por lo que preguntó a Granda si se veía capaz de preparar un grupo selecto de guerrilleros españoles para una operación muy importante que se estaba planeando.

Granda, consciente de los riesgos para la salud que entrañaba decir «no» a Beria, aunque fuera a través de Eitingon, asumió el encargo. Junto a otro veterano de la Guerra Civil que fue reclutado del mismo modo, José del Campo, se dispuso a recordar nombres de miembros de la 4ª Compañía que, por su juventud, audacia e inteligencia, pudieran ser útiles para esta misión. Pocos días después de entregar los nombres a Eitingon, Granda los tenía ya en Moscú.

OBJETIVO: VON RENTELN

En abril de 1943 ya no existía riesgo de que Moscú fuera atacada por los alemanes, ya que los soviéticos habían ido empujando la línea del frente hacia el oeste. Aun así, la capital aparecía como una ciudad gris, triste y desangelada debido a las penurias provocadas por la guerra, que se acercaba ya a su tercer año. Había escasez de combustible, electricidad y víveres. Las vallas y carteles de madera habían desaparecido durante lo más frío del invierno para poder alimentar las estufas, mientras los oficinistas se habían visto obligados a trabajar con guantes y abrigo.

Los cuatro españoles serían llevados a un complejo de edificios militares situado a las afueras de la capital soviética. Allí recibirían un adiestramiento muy riguroso, propio de la preparación que requiere un comando que tiene que llevar a cabo una exigente misión en la retaguardia enemiga. Se les instruyó en el manejo de las armas, se les enseñó a orientarse y se les sometió a intensos ejercicios físicos, pero nada de ello les sorprendió, ya que habían recibido una instrucción similar antes de ser enviados tras las líneas enemigas en la región del Kubán. La novedad fue que se les enseñó a lanzarse en paracaídas.

Pero lo que les sorprendió más es que les entregasen uniformes e insignias del ejército alemán. En una ocasión fueron conducidos hasta un edificio del centro de Moscú, muy cerca de la Plaza Roja, en donde les hicieron vestir con el uniforme completo y les dejaron solos en una habitación. Después de esperar varias horas, les dijeron que ya se podían quitar los uniformes y que regresarían al lugar en el que se entrenaban. La misma operación se repitió durante varios días consecutivos. Los cuatro españoles se sentían incómodos y llegaron a pensar que todo era una comedia destinada a poner a prueba su paciencia.

Un día, Granda les acompañó a que les hicieran fotos y les suministrasen documentación que les acreditaba como oficiales del ejército germano. Fue entonces cuando Granda les explicó que los días anteriores los tenían vestidos con los uniformes alemanes porque Stalin los quería ver en persona. Todas esas tardes habían estado a la espera de la pertinente llamada telefónica para ser trasladados de inmediato al Kremlin, pero una y otra vez la audiencia se anulaba porque las obligaciones del líder soviético le impedían recibirlos. Según les aseguró Granda, a Stalin le gustaba participar en todo aquello que hacía referencia a las guerrillas. Tenía interés en comprobar personalmente si los hombres escogidos para misiones de especial transcendencia respondían a los criterios de selección adecuados. Al parecer, el líder soviético sentía una especial curiosidad por ver el grado de mimetización del grupo de españoles, aunque no tuvo oportunidad de satisfacerla.

Después de tres semanas de adiestramiento, fueron informados del objetivo de la misión; eliminar al *Generalkommissar* de Lituania, Adrian von Renteln. De origen báltico, aunque nacido en Georgia, Von Renteln, de cuarenta y cinco años, había desarrollado una carrera burocrática en el partido nazi, que había culminado en julio de 1941 con su nombramiento como responsable del *Generalbezirk Lituaen* (Región General Lituania). Desde su puesto, Von Renteln se empleó con dureza contra la población judía. Estuvo implicado en la liquidación del gueto de Vilna, que supuso la deportación de unos 20000 judíos a los campos de exterminio.

Podía resultar extraño que se asignase una misión como ésta a un grupo de españoles, cuando los soviéticos disponían no sólo de miles de guerrilleros rusos o bielorrusos, sino también polacos y de los propios países bálticos, conocedores de aquellas tierras, sus idiomas y costumbres. Pero la decisión no se había tomado a la ligera; en los países bálticos estaba la retaguardia, los servicios y los hospitales de la División Azul, la unidad de voluntarios españoles enviados por el régimen de Franco para ayudar a los alemanes en su lucha contra la Unión Soviética.

Los miembros del comando se harían pasar por oficiales españoles, lo que les permitiría una mayor libertad de movimientos para acceder a su objetivo. Para conocer datos sobre la División Azul, lugares donde había estado, la vida en la unidad, nombres de oficiales o las relaciones con la población civil, acudieron durante tres días al campo de prisioneros de Cheropoviest. Allí, haciéndose pasar por comisarios, pudieron interrogar a los soldados españoles en cautiverio.

Granda explicó a sus hombres que, una vez en Lituania, contarían con el apoyo de un grupo de guerrilleros rusos que actuaba en la zona, cuyo jefe era un tal coronel Casimir, que tenía la confianza absoluta de Moscú. Él les proporcionaría alojamiento en el bosque

Stalin siguió con interés los pormenores de una misión secreta encargada a un grupo de españoles. Wikimedia commons.

en el que se ocultaban y les ayudaría a moverse por la zona. La acción contra Von Renteln tendría lugar en Vilna, que era donde el *Generalkommissar* pasaba más tiempo. Aunque la sede del *Generalbezirk Litauen* se encontraba oficialmente en Kaunas, Von Renteln prefería desarrollar su labor desde la sede de uno de los cuatro *Gebietskommissariat* («Comisariado de Zona») en los que se dividía Lituania, el que correspondía a Vilna (*Wilnius* en alemán).

Al grupo se le asignó también una misión secundaria, la de capturar con vida al jefe de la División Azul, el general Emilio Esteban-Infantes, pero sólo una vez que hubieran cumplido con la principal.

Cuando se les pidió qué nombre querían ponerle a la pequeña unidad encargada de la misión que se les acababa de revelar, los miembros del comando decidieron por unanimidad «Guadalajara», en recuerdo de la batalla de la Guerra Civil en la que en marzo de 1937 las tropas italianas fueron derrotadas en su intento de romper el frente para avanzar hacia Madrid, sufriendo casi 4000 bajas. Esperaban que el nombre de una de las escasas batallas en las que se impusieron las fuerzas republicanas a lo largo de la guerra les diera suerte.

LANZADOS SOBRE LITUANIA

La preparación del grupo «Guadalajara» fue exageradamente lenta. La misión no se pondría en marcha hasta febrero de 1944, cuando la División Azul ya había regresado a España y en el frente sólo quedaba la llamada Legión Azul, formada por unos 2500 hombres.

El segundo objetivo del comando, Esteban-Infantes, ya se encontraba en España y al frente de la Legión Azul estaba el coronel Antonio García Navarro.

Aunque la situación era distinta a cuando comenzó a planearse la operación, ésta siguió adelante. El grupo despegó por fin de Moscú a bordo de un Li-2. En él sólo iban cinco de los seis españoles, ya que José del Campo había sufrido una fractura de rodilla en un entrenamiento. Iban acompañados de una judía lituana, Simone Krinker, que había estado luchando en España durante la Guerra Civil.

Cuando el avión comenzó a sobrevolar Lituania ya era de noche. El viaje fue accidentado, tanto por el mal tiempo como por algunos descensos en picado que tuvo que realizar el piloto para evitar los focos antiaéreos germanos. Al sobrevolar una zona boscosa al nordeste de Vilna, los españoles recibieron la indicación de saltar. Así lo hicieron, lanzándose en paracaídas a muy baja altura, en un claro del bosque que había sido señalizado por los hombres del coronel Casimir con media docena de hogueras. A Parra se le abrió demasiado tarde el paracaídas y, a pesar de que cayó sobre unos arbustos que amortiguaron su caída, sufrió un fuerte golpe en la espalda.

Una vez en tierra, y con la ayuda del grupo de partisanos liderados por Casimir, los españoles fueron reuniendo información de cara a la operación. En su equipaje llevaban varios paquetes con billetes falsos. Los soviéticos pretendían provocar la máxima inflación en los territorios ocupados por los alemanes y, mediante sus agentes y guerrilleros, introducían cantidades enormes de moneda falsa.

Desde la base de los guerrilleros, los españoles llevaban a cabo incursiones en Vilna, amparados en sus uniformes de la Legión Azul. Conforme fueron tomando confianza, llegaron a confraternizar con sus compatriotas, que nada podían sospechar. En ese tiempo, marzo-abril de 1944, se produjo el retorno a España de la Legión Azul, aunque algunos pequeños núcleos del personal de servicios se quedarían durante unos meses.

Para eliminar a Von Renteln se decidió que la acción se llevase a cabo en la sede del *Gebietskommissariat Wilnius*, emplazada en el bello e imponente edificio neoclásico que hoy es el Palacio Presidencial. Averiguaron que, para acceder a él, simplemente había que solicitar una audiencia con la finalidad de presentarle una petición, una fórmula prevista en las ordenanzas militares alemanas.

Gracias a la información suministrada por personas que trabajaban en el servicio de limpieza y que colaboraban con los partisanos, éstos conocían perfectamente la distribución interna del edificio, puntos donde había guardia o la ubicación de escaleras, despachos y puertas.

Los miembros del grupo decidieron que dos de ellos irían al despacho de Von Renteln y, utilizando una pistola con silenciador, lo matarían allí mismo. Hasta el último momento, y a suertes, no se decidiría quiénes serían los dos que entrarían en el despacho y se encargarían de culminar la misión. Las posibilidades de salir con vida del edificio eran mínimas, pero al menos tenían el consuelo de que, según les habían prometido los dirigentes soviéticos, si conseguían liquidar al responsable nazi serían nombrados héroes de la Unión Soviética.

LA OFENSIVA BAGRATION

Cuando se estaban perfilando los últimos detalles antes del momento decisivo de la misión, todos los planes se vinieron inesperadamente abajo. El 22 de junio de 1944, coincidiendo con el tercer aniversario de la invasión alemana, los soviéticos lanzaron una gigantesca ofensiva en Bielorrusia, la Operación Bagration, que en cinco semanas llevaría al Ejército Rojo a las puertas de Varsovia. En ella participarían más de dos millones de soldados.

Al comenzar el ataque, Von Renteln decidió abandonar precipitadamente Lituania. Los españoles, cuando conocieron la noticia, la comunicaron por radio a Moscú. Recibieron entonces la orden de realizar el atentado allí donde se encontrase, con la colaboración de un centenar de guerrilleros soviéticos.

El grupo penetró a través de las líneas germanas a la caza de Von Renteln, lo que les llevaría incluso hasta Prusia Oriental. Ante la dificultad de moverse por territorio bajo control alemán, recibieron la orden de abandonar la misión y acudir al encuentro de las tropas soviéticas que avanzaban desde el este. Pero eso tampoco sería fácil. Atravesando Polonia, tuvieron que enfrentarse a unos guerrilleros anticomunistas; rodeados por éstos en una zona pantanosa, estuvieron tres días sin comer otra cosa que hierbas, y bebiendo agua estancada. Al final lograron abrirse paso combatiendo. Junto al río Niemen atacaron a una columna alemana en retirada, hasta que lograron conectar con la avanzadilla soviética.

La que se conocería como Operación Guadalajara

había fracasado. Aunque no habían conseguido pasar a la historia eliminado a Von Renteln, al menos los cinco españoles lograron sobrevivir a la peligrosa misión encomendada por Stalin.

La frustrada operación dejaría una incógnita en el aire. Uno de los participantes, José Parra, aseguraría años más tarde que los soviéticos estaban preparando un plan para rescatar al hijo de Stalin, Yákov, que había sido capturado por los alemanes, y que estaba previsto que su grupo participase en esa misión. Al menos, eso fue lo que le aseguró, como un gran secreto, Simone Krinker. De todos modos, al acabar la guerra se supo que Yákov había muerto el 14 de abril de 1943 en el campo de concentración de Sachsenhausen, sin que se conozcan las circunstancias exactas de su fallecimiento, por lo que ese espectacular rescate, que sin duda hubiera colocado al grupo de españoles en los libros de historia, no hubiera podido tener lugar.

VASILI BLOJIN, EL VERDUGO
MÁS SANGUINARIO

Cuando uno piensa en quién pudo ser el verdugo más sanguinario de la Segunda Guerra Mundial, una apuesta segura sería algún guardián de un campo de concentración nazi. Sin embargo, ese dudoso honor recae en la figura de un ruso, Vasili Mijailovich Blojin, un general de brigada del ejército soviético que desempeñó el cargo de Ejecutor Jefe del NKVD, la policía secreta del régimen estalinista, un personaje que seguramente no aparecerá en su libro de la Segunda Guerra Mundial.

Nacido en 1895 en el óblast (región) de Vladimir, al este de Moscú, en el seno de una familia campesina pobre, a los quince años Blojin se trasladó a la capital para trabajar de albañil. Combatió en el ejército ruso durante la Primera Guerra Mundial. En 1918 se afilió al partido comunista y, al parecer, pronto valoraron allí sus aptitudes innatas para lo que se llamaría después eufemísticamente *chernaya rabota* o «trabajo negro», que no era otra cosa que la tortura y el asesinato. Así, Blojin fue incorporado en marzo de 1921 a la Checa, la primera de las organizaciones de inteligencia política y militar soviética. Paradójicamente, esta siniestra organización tomaría como modelo la policía política zarista, la Ojrana, cuyos agentes tenían licencia para ejecutar y torturar.

EJECUTOR JEFE

Desde su puesto, Blojin consiguió algo tan difícil, y ansiado por muchos, como era ganarse la plena confianza de Stalin. Gracias a ello fue ascendiendo rápidamente. El propio Stalin lo nombró en 1926 jefe de la recién creada comandancia del Departamento Ejecutivo del OGPU (Directorio Político Unificado del Estado), la policía política soviética que a partir de 1934 pasaría a ser el NKVD. Esta sección no era más que una compañía de verdugos que se encargaría de la mayor parte de las ejecuciones que tuvieron lugar durante el reinado del zar rojo.

El Departamento Ejecutivo tenía su sede en la prisión de la Lubianka, en Moscú, el emblemático edificio neobarroco de ladrillo amarillo, construido en 1898 como sede de una compañía de seguros, y que desde 1917 albergaría el cuartel general de la policía secreta, bajo sus sucesivas denominaciones. De la Lubianka se decía que era el edificio más alto de Moscú, ya que desde sus sótanos se podía ver Siberia, en referencia al destino que, en el mejor de los casos, le esperaba a los que iban a parar a sus celdas.

Stalin se encargaría en persona de elegir a los miembros de esta compañía de ejecutores, quienes recibirían las órdenes directamente de él. De este modo, el personal de este departamento esencial en la despiadada política represiva del régimen quedaba fuera de las luchas de poder, lo que le permitiría permanecer a salvo de las sangrientas purgas a las que periódicamente se veía sometido el NKVD.

No todo el mundo estaba capacitado para llevar a cabo esa tarea. Tarde o temprano, la tensión nerviosa hacía mella en los verdugos, por lo que era habitual que se recurriese a la ingesta de vodka durante las ejecuciones. Uno de esos ajusticiadores, Alexander Yemelyanov, aseguró que «bebíamos vodka hasta que casi perdíamos el sentido. Aunque pueda parecer lo contrario, el trabajo no era fácil. A veces estábamos tan cansados que apenas nos sosteníamos en pie. Además, no había manera de quitarnos el olor a sangre y pólvora, a pesar de que nos lavábamos con una buena cantidad de colonia. Debido al olor, los perros se apartaban de nosotros y nos ladraban». Los verdugos tenían prohibido hablar de su cometido, ni siquiera a sus familiares. Como se verá más adelante, la mayoría de los verdugos del NKVD acabarían padeciendo graves consecuencias físicas o psicológicas, que llevaron a algunos a una muerte prematura.

Se calcula que las ejecuciones oficiales del NKVD pudieron ascender a unas 828 000. En 1937, considerado el punto álgido de la represión estalinista, 353 074 personas fueron ejecutadas, es decir, un millar al día. En 1938 serían 328 618. Seis de cada diez ajusticiamientos se llevaban a cabo en Moscú. Los encargados de pronunciar las sentencias eran los integrantes de una troika, que apenas dedicaban unos minutos a cada caso.

A pesar del gran número de ejecuciones que tenían lugar en Moscú, el número de verdugos asignados a esta tarea sería sólo de entre diez y quince. La responsabilidad de las que se llevaban a cabo lejos de la capital recaía principalmente en los chequistas locales, pero los verdugos de Blojin se encargaban de coordinar y supervisar las ejecuciones masivas. El propio Blojin llevó a cabo personalmente decenas de miles, pero solía reservarse para él la ejecución de los principales condenados en los juicios de Moscú. Blojin sería el encargado de ejecutar a dos de los jefes del NKVD caídos en desgracia, y a cuyas órdenes teóricamente había servido: Guénrij Yagoda en 1938 y Nikolái Yezhov en 1940. También fue el encargado de apretar el gatillo en la ejecución del mariscal Mijáil Tujachevski en 1937, acusado de espiar para los alemanes y condenado a muerte en un juicio secreto que duró un solo día.

De Blojin se valoraba especialmente su fría profesionalidad. Mientras que sus colegas, tal como se ha apuntado, solían recurrir al vodka para afrontar las duras jornadas de sangriento trabajo, lo único que Blojin bebía era una taza de té antes y después de las ejecuciones. Tampoco se vio afectado por los desequilibrios mentales que padecerían sus compañeros. Contrariamente a lo que pudiera parecer, Blojin poseía cierta curiosidad intelectual, lo que le llevaría en 1933 a graduarse en Arquitectura e Ingeniería civil. Curiosamente, Blojin era un apasionado por los caballos, y poseía una nutrida biblioteca sobre este animal.

La habilidad de Blojin para mantenerse a flote en las riadas que periódicamente arrastraban consigo a jerarcas del régimen estalinista que parecían intocables sería verdaderamente admirable. Por entonces, un pequeño paso en falso suponía casi siempre la caída en desgracia y la consiguiente ejecución tras un juicio farsa, pero a Blojin no le afectaban nunca esas purgas. Así, el verdugo seguiría desempeñando su responsabilidad en el NKVD bajo las administraciones de los citados Yagoda y Yezhov, y el sucesor de este último, Lavrenti Beria. La razón de la supervivencia inusual de Blojin era, tal como se ha apuntado, su dependencia directa de Stalin, aunque en aquel terrorífico régimen no había absolutamente nada que pudiera garantizar una larga vida. En 1937, Blojin fue condecorado con la Insignia de Honor por sus servicios.

LA MATANZA DE KATYN

La acción más infame de Blojin fue en abril de 1940, cuando se encargó de ejecutar a unos 7000 oficiales polacos que habían sido capturados después de la invasión soviética de Polonia, procedentes de los campos de prisioneros en los que se hallaban confinados. Siguiendo la orden secreta de Stalin del 4 de abril de 1940 al entonces jefe de la NKVD, Lavrenti Beria, las ejecuciones fueron llevadas a cabo durante 28 noches consecutivas en una dacha del bosque de Katyn, y las prisiones de Kalinin, Jarkov y otras ciudades soviéticas.

A Blojin, que estaba destinado a la prisión de la NKVD en Kalinin, se le encargó la ejecución de los oficiales del campo de prisioneros de Ostaschkov. El verdugo decidió inicialmente una ambiciosa cuota de 300 ejecuciones por noche. Para ello puso en práctica un eficiente sistema en el que participaba una treintena de hombres, entre agentes, guardias y conductores. Los prisioneros eran sacados de uno en uno de sus celdas y conducidos a una sala, la denominada «habitación Lenin». Pintada de rojo para disimular las salpicaduras de sangre, estaba acolchada para que los demás prisioneros no pudieran escuchar el sonido del disparo ejecutor, y el suelo de hormigón estaba inclinado para facilitar el drenaje.

Antes de entrar en la sala de ejecución, se confirmaba la identidad del condenado en una pequeña antecámara. Después, era esposado y llevado a la sala a través de una puerta lateral. Una vez allí, el reo era obligado a arrodillarse, de cara a la pared. Si se resistía, era golpeado en el estómago con la culata de un fusil. Entonces entraba en escena Blojin, quien esperaba detrás de la puerta. Llevaba puesto su atuendo completo de verdugo, consistente en un delantal de carnicero de cuero, gorro de cuero y unos guantes del mismo material, que le cubrían el brazo por encima del codo.

Con el prisionero dispuesto para la ejecución, Blojin, sin mediar palabra, colocaba su pistola en la base del cráneo y disparaba maquinalmente. El cuerpo sin vida era retirado hacia el exterior a través de una portezuela y cargado en un camión. Entonces se procedía a limpiar la habitación Lenin con una manguera, dejándola preparada para una nueva ejecución. Todo el proceso duraba apenas tres minutos.

De acuerdo con el carácter secreto de la operación encargada al NKVD, las ejecuciones debían efectuarse en las horas de oscuridad, lo que llevó a rebajar las pretensiones de Blojin de 300 a 250 muertes por noche.

Botones recuperados de los cuerpos de los oficiales polacos asesinados en Katyn, y expuestos en el Museo de la Segunda Guerra Mundial de Gdansk. Foto del autor, octubre 2017.

También durante la noche se abrían las zanjas en las que iban a ser enterrados los prisioneros asesinados que iban llegando en los camiones, que solían hacer dos viajes. Las fosas quedaban cubiertas antes del amanecer mediante el trabajo de una excavadora. Al final de la jornada, que podía durar unas diez horas, Blojin repartía vodka entre sus hombres.

A Blojin le gustaba trabajar de manera continua y rápida, sin interrupciones. Para ese cometido no utilizaba la pistola reglamentaria soviética, la TT-30, sino que prefería una alemana, la Walther PPK. Siempre llevaba consigo un maletín que contenía varias de estas pistolas. El verdugo consideraba que el arma alemana le ofrecía más comodidad en esas condiciones de uso frecuente, ya que tenía menos retroceso que la soviética y, por tanto, la muñeca resultaba menos fatigada. También destacaba su fiabilidad: «No hay arma más efectiva si se dispara en la base de cráneo», solía asegurar. Otra ventaja, no menor, de usar la Walther era que podía dirigir las miradas de la responsabilidad hacia los alemanes en caso de que los cadáveres fueran posteriormente descubiertos, como así sería.

Para recompensar el eficiente trabajo desplegado en la prisión Kalinin, el 27 de abril de 1940 Blojin recibió en secreto la Orden de la Bandera Roja, junto a un aumento de sueldo por «su habilidad y organización en el cumplimiento efectivo de las tareas especiales». Blojin dejaría para la posteridad una cifra de siete mil ejecutados en 28 días por un único individuo, lo que le valdría en 2010 el dudoso honor de figurar en el Libro Guinness de los récords como «verdugo más prolífico». Se cree que, a lo largo de toda su carrera como verdugo, Blojin pudo haber disparado en la nuca a unas 20 000 personas.

MAGGO, VOCACIÓN DE VERDUGO

Otro eficiente verdugo que actuó al servicio de Stalin, y que tampoco aparecerá en su libro de la Segunda Guerra Mundial, fue el letón Pjotr Ivanovich Maggo. Nació en 1879 en el seno de una rica familia de agricultores dedicada al cultivo de la avena y el lino. Sirvió en el ejército ruso y participó en la represión en Siberia de la Revolución de 1905. Después se dedicó al negocio familiar. Al estallar la Primera Guerra Mundial, se alistó como voluntario en el ejército del zar. Durante su juventud no había mostrado interés por la política, pero la Revolución rusa de 1917 le convirtió en un bolchevique de pro.

En 1918 se unió a la Checa para acabar con los «enemigos de la revolución». Su crueldad y su voluntad de matar personalmente a los contrarrevolucionarios llamó la atención de su jefe, Félix Dzerzhinsky, quien lo nombró su guardaespaldas. En 1920 fue nombrado director de la Lubianka. Pese a no tener que tomar parte en las ejecuciones en razón de su cargo, lo hacía voluntariamente. Los testigos que le conocían afirmaron que quería ejercer dicha actividad por el placer de matar. A menudo *trabajaba* los fines de semana y los días festivos. A diferencia de otros ejecutores, no tenía problemas para disparar a las mujeres. Solía recurrir al vodka para mantener el ánimo durante toda la jornada. Se cuenta que, llevado de su frenesí asesino, en mitad de una sesión confundió a un agente del NKVD llamado Popov con un sentenciado a muerte, ordenándole colocarse contra la pared para ser ejecutado, y diciéndole a gritos que, si no se daba prisa, le dispararía allí mismo; el aterrorizado Popov consiguió a duras penas calmar a su exaltado colega y evitar así ser ajusticiado por error.

Después de cumplir con su tarea, Maggo acostumbraba a salir para acabar de emborracharse, después de aplicarse una buena cantidad de colonia barata para quitarse el olor de la sangre y la pólvora. Su irrefenable pulsión asesina contrastaba con su aspecto bonachón y su carácter tranquilo y educado; según los testigos, con sus gafas y su barba parecía más bien un contable, un médico o un maestro de pueblo.

Maggo era feliz en la Lubianka, pero en 1924 su vida se torcería inesperadamente, cuando se le destinó al Consejo Supremo de la Economía Nacional, encargado de la supervisión de la industria. Allí debió sentirse muy desdichado, en un sórdido despacho de un oscuro negociado, habiendo dejado atrás aquella intensa vida de ejecuciones diarias. Así que en 1931 solicitó regresar al OGPU como agente para «tareas especiales», es decir, verdugo, la que era su auténtica vocación. Afortunadamente para él, la petición le fue concedida y se reintegró en el cuerpo de ejecutores del régimen. Su entusiasmo en el cumplimiento del trabajo encomendado le valió en poco tiempo ser ascendido a capitán en la OGPU.

Entre 3 y 15 condenados a muerte ejecutaba Maggo cada día. Su técnica personal consistía en disparar al reo en la nuca a la vez que le propinaba una fuerte patada en la espalda para derribarle; de ese modo evitaba que le salpicase la sangre. Se calcula que a lo largo de su carrera como verdugo llegó a matar a unas 10 000 personas. En reconocimiento a sus méritos, Maggo fue condecorado en 1936 con la Orden de la Estrella Roja y en 1937 con la Orden de la Bandera Roja. Al igual que en el caso de Blojin, Maggo sirvió a las órdenes de los jefes del NKVD Yagoda y Yezhov sin verse afectado por las purgas que acabaron con ellos.

Como nota curiosa, Maggo recibió en una ocasión una orden por escrito de sus superiores por las que se exigía que, a partir de entonces, se impidiera que algunos condenados a muerte gritasen antes de ser ejecutados «¡Larga salud a Stalin!», como al parecer venía ocurriendo. No era infrecuente que eso sucediese, como en el caso de Yagoda, ya que buena parte de ellos estaban convencidos de que los dirigentes del partido estaban actuando a sus espaldas, por lo que seguían siendo admiradores del líder soviético, aunque no hay que descartar que en algún caso esa exclamación fuera un cínico grito de protesta ante la inminente ejecución. Así pues, Maggo se encargó de que nadie pronunciase en vano el nombre de Stalin en «un momento tan inadecuado como ése», tal como estipulaba la orden.

Maggo debía seguir sintiéndose plenamente realizado desempeñando ese mortífero cometido hasta que en 1940 acabó abruptamente su carrera como ejecutor. La razón oficial fue que su tarea se encomendó a los militares, pero se cree que Beria tuvo algo que ver en su destitución. Aunque Maggo envió una petición a Stalin implorándole poder seguir con su dedicación, éste dejó la respuesta en manos de sus colaboradores, quienes le respondieron que el líder soviético «tenía sus propios problemas». Deprimido por su jubilación forzosa, después de tantos años de servicio intachable, Maggo se abandonó definitivamente a la bebida, muriendo en Moscú de cirrosis hepática en 1941, aunque se rumoreaba que en realidad se había suicidado en un episodio de delirium tremens.

También destacaría en la ejecución de las «tareas especiales» otro verdugo, Sardion Nikolaevich Nadaraya (1903-después de 1965). Como jefe personal de la guardia de Beria se dedicó a la creación de cámaras de tortura y a la ejecución de detenidos, además de procurarle jovencitas a su depravado jefe. Se cree que pudo haber acabado también con la vida de unas 10 000 personas. Tras la defenestración de Beria, su protector, fue detenido y juzgado por un tribunal militar en 1955, siendo condenado a diez años de prisión. Tras ser liberado, marchó a Georgia y se le perdió el rastro.

Es significativo el hecho de que no pocos ejecutores falleciesen a una edad temprana, ya fuera por causas naturales o por enfermedades relacionadas con la bebida, como fueron los casos de Ivan Jusys o los hermanos Vasili e Ivan Shigalev, además de Maggo. También serían frecuentes los transtornos mentales, como la esquizofrenia, que obligaron a algunos de ellos a abandonar esa tarea, como sucedería con Alexander Yemelyanov o Ernst Mach.

CAÍDA EN DESGRACIA

Al contrario que su colega Maggo, Blojin continuaría encargándose de «tareas especiales» sin perder nunca el favor de Stalin. Cuando el dictador soviético falleció, Blojin fue obligado a retirarse, a pesar de que Beria destacaría su «servicio irreprochable». Pero no sería hasta la caída de Beria, en junio de 1953, cuando cayó en desgracia definitivamente. Afortunadamente para él, los tiempos de las grandes purgas eran cosa del pasado y la campaña de desestalinización emprendida por Nikita Kruschev sólo le supuso el quedar despojado de su rango militar y la retirada de sus ocho condecoraciones, además de la cuantiosa pensión que le había sido concedida.

Al verse relegado al ostracismo, Blojin tuvo la misma reacción que Maggo, dándose también a la bebida. Se hundió en el alcoholismo y acabó perdiendo el juicio.

Falleció el 3 de febrero de 1955. Se desconoce la causa exacta de su muerte. Según el informe médico, Blojin sufría hipertensión y murió de infarto de miocardio, mientras que otras fuentes señalan que se suicidó. En todo caso, había tenido una vida más larga que la de muchos de sus colegas en el NKVD y, sin duda, más de la que había merecido disfrutar teniendo en cuenta su impune trayectoria criminal.

De forma inopinada, a finales de los sesenta, Blojin fue rehabilitado por las autoridades soviéticas a título póstumo, incluyendo las condecoraciones, unos honores que todavía conserva.

EL EJÉRCITO FANTASMA DEL CORONEL SCHERHORN

En la Segunda Guerra Mundial, los soviéticos tenían muy difícil competir con la tecnología militar germana, la movilidad de la Wehrmacht o sus innovadoras tácticas en el campo de batalla. Los alemanes habían tenido la oportunidad de pulir y engrasar su máquina de guerra en las campañas de Polonia, Francia o los Balcanes, mientras que el Ejército Rojo había tenido una actuación decepcionante ante un enemigo tan poco temible como era Finlandia. Las purgas que había llevado a cabo Stalin entre la oficialidad del ejército habían extendido el terror entre las fuerzas armadas, disuadiendo cualquier iniciativa innovadora y paralizando cualquier progreso.

No obstante, los soviéticos contaban con algunas virtudes que, a la postre, se mostrarían decisivas en su duelo con los germanos. Entre ellas figuraba un elemento con el que los alemanes no estaban familiarizados, pero que los rusos manejaban a la perfección: el engaño militar o *maskirovka*.

Ese término, traducible como «enmascaramiento», y que en terminología militar se conoce como «decepción», reflejaba una doctrina que se había instaurado en las academias militares rusas a principios del siglo xx. De hecho, en 1904 se abrió una escuela especializada en estas tácticas destinadas a camuflar las intenciones propias y confundir al enemigo. En los años veinte se dio un nuevo impulso a ese concepto, insistiendo en la importancia del factor sorpresa. A mediados de los años treinta se acentuó aún más ese interés, perfeccionando las tácticas para engañar al enemigo mediante la ocultación de concentraciones de tropas y preparaciones artilleras, desinformación o uso de niebla artificial. También se diseñaron uniformes de camuflaje para luchar en terrenos nevados, que serían empleados en la campaña de Finlandia.

Con esos antecedentes, los alemanes debían haber previsto que los soviéticos iban a utilizar esas tácticas contra ellos, pero la confianza en su superioridad militar y el desprecio por el enemigo, a quien consideraban atrasado, hicieron que ese peligro fuera ignorado. De todos modos, los soviéticos emplearían unos métodos tan audaces para engañar a los alemanes que, aunque éstos se hubieran mostrado previsores, difícilmente hubieran podido evitar caer en las astutas trampas que les tenderían. La más sofisticada de todas sería la de la creación de un «ejército fantasma», una inaudita añagaza que apostaría a que no figura en su libro de la Segunda Guerra Mundial.

OPERACIÓN MONASTERIO

Antes de relatar el insólito episodio anunciado, es necesario hacer referencia al que probablemente fuera el éxito más notable de la *maskirovka* soviética: la Operación Monasterio. Este proyecto se empezó a diseñar en julio de 1941, y tenía como objetivo penetrar en el aparato de inteligencia germano para manipularlo en beneficio propio.

Resulta curioso que esa ambiciosa idea surgiese en un momento en el que las fuerzas rusas estaban siendo arrolladas por las germanas en esa primera fase de Barbarroja, en el que es de suponer que las prioridades de los servicios de inteligencia soviéticos fueran más perentorias, pero así fue. Eso da idea de la importancia capital que se le daba a esa doctrina. La figura clave de la operación sería un agente soviético, Alexander Demyanov, descendiente de una familia aristocrática.

Demyanov, nacido en 1911, estaba en el punto de mira del régimen por su linaje burgués. Su abuelo había sido el fundador de los Cosacos de Kubán, su padre murió en la Primera Guerra Mundial y su madre era una célebre belleza moscovita. Después de la Revolución, su familia quedó sumida en la pobreza y el joven Alexander no pudo acceder a los estudios superiores. Se vio obligado a ganarse la vida como electricista y en 1929 fue arrestado por los cargos de difusión de propaganda antisoviética. La manera de librarse de ser enviado al gulag o, directamente, la ejecución, fue acceder a colaborar con la policía política del régimen, el NKVD, como informador.

A Demyanov se le asignó entonces un trabajo de electricista en unos estudios cinematográficos de Moscú. Su carácter alegre y extrovertido le hizo granjearse la amistad de actores e intelectuales, de cuyas actividades y opiniones informaba puntualmente a sus controladores. El NKVD se sorprendió de la facilidad de Demyanov para abrirse paso en el difícil mundo del espionaje, por lo que decidió ponerle en contacto con diplomáticos y empresarios europeos, entre los que figuraban bastantes alemanes. En esa coyuntura favorable, Demyanov se casó con una trabajadora de los estudios que era hija de un médico bien considerado por el régimen.

El NKVD siguió confiando en el prometedor agente y le asignó una misión más compleja, como era infiltrarse entre los círculos antisoviéticos. Demyanov, que había recibido el nombre en clave de Heine, tampoco tuvo dificultad para ganarse la confianza de sus integrantes. Con la colaboración de su esposa y su suegro, que aceptaron participar en la farsa, convirtió su apartamento de Moscú en el núcleo de un supuesto grupo anticomunista. A Demyanov le llegó entonces la discreta propuesta del miembro de una delegación comercial germana para espiar a favor de Alemania. Su controlador del NKVD le advirtió que no mostrase interés en la proposición del agente germano para no levantar sospechas. Finalmente no se concretó la colaboración, pero aun así en Berlín alguien abrió una ficha a Demyanov con el nombre en clave de Max, un trámite burocrático que luego tendría su importancia, como veremos más adelante.

Cuando los alemanes lanzaron la Operación Barbarroja, el 22 de junio de 1941, Demyanov se alistó en un regimiento de caballería del Ejército Rojo. Pero al poco tiempo el NKVD y la Dirección de Inteligencia

Militar (GRU) consideraron que Heyne podría brindar un mejor servicio a la Unión Soviética explotando sus dotes de espía. A Demyanov se le encargó esta vez la arriesgada misión de ganarse la confianza de los servicios de inteligencia alemanes.

Así pues, en diciembre de 1941, Demyanov simuló desertar al bando germano. Cuando llegó a las posiciones germanas se presentó como simpatizante de los nazis. No le creyeron y estuvo a punto de ser ejecutado, pero al final fue conducido a la oficina de la inteligencia militar alemana, el Abwehr, en Smolensk, en donde aseguró formar parte de un grupo de resistentes rusos al régimen comunista. Su origen aristocrático le proporcionaba la coartada para vengarse y traicionar al sistema soviético.

Los oficiales del servicio secreto no mostraron interés en la historia de Demyanov, pero afortunadamente para él, alguien encontró la ficha que le habían abierto en Berlín antes de que estallase la guerra. Allí figuraba como miembro destacado de los grupos de resistencia antisoviética. Superando la inicial desconfianza germana, Demyanov consiguió que le ficharan como agente, y les convenció para que le permitiesen regresar al lado soviético y actuar allí, junto a su imaginario grupo de resistentes, como espía y saboteador.

Los alemanes, considerando que no tenían nada que perder, aceptaron, y en febrero de 1942 fue lanzado en paracaídas tras la línea del frente. Demyanov regresó de ese modo a Moscú. A pesar de que, gracias a él, el NKVD logró detener a algunos espías germanos con los que Demyanov había contactado, los alemanes no llegarían a sospechar de él. La razón era que

Demyanov aseguraba llevar a cabo acciones de sabotaje que, aunque en realidad no tenían lugar, aparecían publicadas por encargo del NKVD en los periódicos que llegaban a manos germanas. Los alemanes estaban convencidos de que Max estaba realizando un buen trabajo en Moscú al servicio del Reich, tragándose así el engaño de los servicios secretos soviéticos.

A mediados de 1942, el NKVD consideró que la infiltración de Demyanov estaba suficientemente madura como para dar un paso más allá. Así, el falso espía informó al Abwehr de que había sido nombrado oficial de comunicaciones adjunto al cuartel general del alto mando soviético en Moscú. A partir de entonces, el espía proporcionaría supuestos informes militares secretos a los alemanes, quienes celebraban contar con un espía en las altas esferas militares del enemigo.

En los meses siguientes, Max envió por medio de señales de radio un caudal de información sobre las intenciones estratégicas y órdenes de batalla del Ejército Rojo. El *Generalmajor* Reinhard Gehlen, jefe del espionaje militar alemán en el frente oriental, concedería tanta credibilidad a las aportaciones de Max que muchos de sus informes se basarían exclusivamente en ellas. Llegó a decir que era su mejor agente y que había organizado una excelente red de espías. Los alemanes estaban convencidos de que recibían una información de inteligencia de valor incalculable.

La inteligencia británica detectó el flujo de información que salía del cuartel general soviético con destino a Berlín y reconocieron que los alemanes se habían anotado un importante éxito con esa infiltración al más alto nivel. No obstante, en sus informes oficiales, los británicos siempre hicieron constar su sospecha de que el espía fuera un doble agente controlado por los rusos. Lo que les había llevado a esa conclusión era que, a pesar de que habían advertido a los soviéticos que tenían esa brecha de seguridad, éstos no parecían hacer nada para solventarlo. En este caso, como en tantos otros, la inteligencia británica demostró ser más sagaz que sus rivales germanos.

Una vez que se había confirmado que los alemanes habían picado en el anzuelo, tragándose la historia pergeñada por los servicios secretos soviéticos, éstos se dispusieron a sacar fruto del engaño. A principios de noviembre de 1942, el Ejército Rojo estaba a punto de realizar una maniobra en tenaza para aislar a los 300 000 soldados alemanes que se encontraban combatiendo en Stalingrado, cuya batalla había comenzado en agosto. La operación recibió el nombre de Urano, y a ella se destinó la friolera de 1 100 000 soldados, 900 tanques y 1500 aviones. El ataque comenzó el 19 de noviembre.

La apuesta de Stalin era tan importante que no podía dejarse nada al azar. Con el fin de desviar la atención del ejército germano y facilitar el éxito de Urano, se preparó una gran ofensiva en Rzhev, a 150 kilómetros al noroeste de Moscú, que recibiría otro nombre de inspiración planetaria, Marte. El general Georgui Zhukov estaría al frente de esa ofensiva.

Entonces ocurrió algo inconcebible para un estratega occidental. Con el fin de reforzar esa maniobra de distracción, y asegurarse de que los alemanes detraerían del frente de Stalingrado las fuerzas necesarias para hacer frente a ese avance en el norte, Stalin ordenó a Demyanov que delatase el ataque a los alemanes, asegurándoles que la ofensiva en torno a Stalingrado era un señuelo y que la prioridad soviética era el ataque en

Rzhev, con el objetivo de alejar a los alemanes definitivamente de Moscú. Todo indica que Zhukov era ajeno a esa *traición* de Stalin.

Gracias a ese aviso, la Wehrmacht consiguió rechazar el ataque, acabando con la vida de entre 70000 y 100000 soldados rusos, ignorantes de que el padrecito Stalin los había enviado al matadero. De hecho, la batalla sería conocida como «la picadora de carne de Rzhev». Sólo en el brutal mundo estalinista se podía sacrificar esa cantidad de vidas de compatriotas, sin sentimentalismos ni escrúpulos, en aras de la victoria. Las bajas germanas ascenderían a unas 40000. Pero lo importante era que los alemanes habían destinado al norte de Moscú unos efectivos que podían haber impedido el éxito de Urano. La prueba de que aquellos soldados habían sido enviados a una muerte cierta es que la asignación de munición a la artillería en el caso de Urano fue más de cuatro veces superior a la destinada a Marte, lo que dejaba claro qué ofensiva era la principal y cuál no era más que una maniobra de distracción.

Por su parte, a los británicos no les entraba en la cabeza que los soviéticos hubieran filtrado los movimientos de sus ejércitos para que los alemanes los masacraran sin piedad, por lo que quedaron desconcertados. Una operación de ese tipo no era admisible entre los aliados occidentales, pero los principios que regían en Moscú eran otros. A la postre, el ardid de Stalin, por despiadado que fuera, había dado resultado, aunque durante décadas nada se supo de ello. En 1994, el teniente general Pável Sudoplátov reveló en sus memorias que la ofensiva Marte se había desvelado a los alemanes siguiendo órdenes directas de Stalin, quien había preferido no advertir de la maniobra a Zhukov.

Como la ofensiva de Rzhev se había producido tal como había anunciado Demyanov, su credibilidad pasó a ser máxima en la inteligencia germana. Así pues, los servicios de inteligencia soviéticos decidieron utilizar una vez más el talento de Max para construir una trama de desinformación que engañara de nuevo a los alemanes.

ALEMANES CERCADOS

Tal como se ha referido en el capítulo dedicado a la ofensiva Guadalajara, el 22 de junio de 1944 los soviéticos lanzaron la gigantesca Operación Bagration para reconquistar Bielorrusia. En ella invirtieron 2,3 millones de soldados, 2700 tanques, 25 000 piezas de artillería y más de 5000 aviones. Durante esta colosal ofensiva, Stalin vio la oportunidad de contar de nuevo con la ayuda de Demyanov, que seguía proporcionando regularmente informaciones a sus contactos germanos para mantener su confianza. El líder soviético consideraba que se estaban desarrollando ideas muy tradicionales a la hora de desorientar al enemigo, por lo que deseaba probar algo novedoso para ayudar al Ejército Rojo en su avance.

En un rapto de genialidad, Stalin propuso convencer a los alemanes de que una de las brigadas que tenían en Bielorrusia había quedado cercada y que seguía combatiendo. De este modo, se esperaba incitarles a que lanzasen operaciones destinadas a liberar a sus compatriotas, empleando en ellas a sus mejores unidades, cuyo destino sería caer en la trampa. Igualmente, se quería forzar a la Luftwaffe a hacer llegar víveres a las tropas aisladas, tal como solía hacerse en esos casos, con éxitos como el de la bolsa de Demyansk y fracasos como el de Stalingrado.

No había duda de que la idea era tan audaz como original. Un equipo del NKVD, dirigido por el citado agente Nauhum Eitingon, que había estado en España durante la Guerra Civil, fue enviado a Bielorrusia para poner en marcha el plan, que recibió el nombre de Operación Berezino.

Demyanov procedió a llevar a cabo su parte del plan, avisando a los alemanes de que en una zona boscosa al norte de Minsk, cerca del río Berézina —de donde se supone que derivó el nombre de la operación—, había una brigada de la Wehrmacht, comandada por el teniente coronel Heinrich Gerhard Scherhorn, que luchaba con desesperación para romper el cerco al que le estaban sometiendo las tropas rusas. La inteligencia soviética escogió una unidad de tamaño reducido para que resultase creíble, pero con la entidad suficiente para que mereciese la pena a los alemanes lanzar la operación de rescate, unas condiciones que reunía la unidad comandada por Scherhorn, compuesta de 1800 hombres.

Los alemanes picaron nuevamente en el anzuelo dispuesto por Max, ignorando que, en realidad, las fuerzas del coronel Scherhorn ya habían caído en manos de los soviéticos el 9 de julio, después de una lucha que se había prolongado a lo largo de dos semanas.

OPERACIÓN FREISCHÜTZ

El 19 de agosto de 1944, el alto mando germano se marcó como objetivo socorrer al ejército fantasma de Scherhorn, un plan que contaría con la aprobación de Hitler y que recibiría el nombre de Operación Freischütz («Cazador furtivo»). Hay que anotar que un perspicaz oficial de la contrainteligencia germana, el coronel Hans-Heinrich Worgitzky, ya vislumbró que podía tratarse de un engaño soviético. Sin embargo, la veracidad de las informaciones proporcionadas por Max estaba fuera de toda duda, por lo que la advertencia de Worgitzky fue ignorada.

El arrollador avance del Ejército Rojo hacía muy difícil a la Wehrmacht emprender una operación de rescate, pero aun así se iniciaron las acciones para que los hombres de Scherhorn mantuvieran su supuesta lucha desesperada y pudieran escapar del cerco. De ello se encargaría Otto Skorzeny, el coronel de las Waffen-SS experto en operaciones especiales. Los alemanes consiguieron entrar en contacto con radio con sus compatriotas, sin saber que estaban siendo controlados por los soviéticos.

La primera misión tuvo lugar en la madrugada del 16 de septiembre, cuando un Heinkel He 111 sobrevoló la zona previamente acordada por radio, lanzando contenedores con material y cuatro paracaidistas, de los que dos eran operadores de radio. Los soviéticos habían organizado previamente un «comité de bienvenida» con varios miembros del NKVD vestidos con uniformes germanos; la voz cantante la llevaría un alemán comunista, quien les invitó a reunirse con el general Scherhorn en su tienda. Los miembros del comando no sospecharon nada y cayeron directamente en la trampa.

Puestos en la tesitura de aceptar colaborar con sus captores o atenerse a las consecuencias, los operadores de radio optaron por salvar la vida. Así, se pusieron en contacto con el cuartel general alemán para comunicarles que habían llegado sin novedad y que se disponían a cumplir con su cometido. El propio Scherhorn fue obligado por los rusos a ponerse al aparato para agradecer a sus compatriotas el apoyo recibido.

El supuesto éxito de esa primera misión animó a Skorzeny a seguir enviando hombres a la bolsa, para organizar la ruptura del cerco. En las semanas siguientes se mandaron tres equipos más, que fueron igualmente atrapados. Los hombres capturados aceptaron colaborar en el engaño. Hubo también un equipo que fue lanzado por error fuera de la bolsa y acabó llegando a pie a la línea del frente, en Lituania, evitando a las patrullas soviéticas.

Por radio, Scherhorn fue obligado a decir que romper el cerco desde dentro estaba condenado al fracaso, ya que tenían muchos heridos, lo que ralentizaría el avance hacia las líneas propias. Los alemanes decidieron entonces establecer un puente aéreo para evacuar a los heridos. Para no despertar sospechas, los soviéticos, por boca del general, aceptaron la propuesta. Skorzeny llegó a mandar un ingeniero que se encargaría de improvisar una pista de aterrizaje y que decidió también colaborar tras ser capturado.

La primera misión se llevaría a cabo por la noche. Dos aviones de transporte se aproximaron a la pista iluminada pero, poco antes de aterrizar, salieron a su paso varios cazas rusos que habían sido enviados con antelación al conocer la hora a la que llegarían los aparatos alemanes. Los hombres del NKVD apagaron las luces para asegurarse de que los aviones germanos no intentarían tomar tierra. La misión había fracasado; desde el cerco se le dijo a Skorzeny que, como había podido comprobar, los soviéticos tenían el control del aire, lo que hacía imposible establecer ese puente aéreo.

Como demuestra este episodio, la inteligencia soviética parecía explorar los límites del magistral engaño que estaban llevando a cabo. Antes, incluso se había diseñado una audaz operación, consistente en la «deserción» de un coronel soviético, Ivan Fyodorov, ante las tropas de Scherhorn. De este modo, Fyodorov sería «rescatado» en un avión enviado por Skorzeny, pasando a trabajar como doble agente. Sin embargo, ante la posibilidad de que los alemanes descubriesen el doble juego de Fyodorov, el plan fue considerado un riesgo innecesario que podía poner en peligro todo lo conseguido hasta ese momento.

INTENTO DE RESCATE

En noviembre de 1944, para facilitar la retirada de los hombres de Scherhorn, Skorzeny dio instrucciones a éste para que se dividieran en dos grupos y rompiesen el cerco desde dentro. Uno tendría que dirigirse hacia el norte y otro hacia el sur, hasta llegar a las líneas germanas. Los comandos enviados anteriormente por Skorzeny se encargarían de guiar a las tropas por aquellas regiones boscosas y abrirles paso si se encontraban con patrullas soviéticas. Para ayudar a los que se dirigían hacia el sur, se lanzaron en paracaídas guías polacos dispuestos a colaborar con los alemanes, que serían también capturados por el NKVD en cuanto tomaron tierra.

Los soviéticos decidieron hacer el juego a los alemanes; dividieron supuestamente el ejército fantasma en dos y pusieron a caminar a las dos inexistentes columnas. Al cuartel germano llegaban las comunicaciones por radio que iban informando del avance de las tropas, que cada vez resultaba supuestamente más difícil debido a los choques con las tropas rusas. Finalmente, los operadores de radio informaron del fracaso de esa desesperada operación de ruptura del cerco.

Durante los meses siguientes, se enviaron regularmente aviones de transporte, hasta 39 en total, para hacer llegar a las tropas cercadas provisiones, munición y 13 equipos de transmisión. Todo ese material lanzado en paracaídas iba a parar directamente a manos soviéticas.

Curiosamente, los 22 hombres de Skorzeny capturados, junto a sus equipos de radio, comenzaron a dar algún problema logístico y de coordinación a los soviéticos, ya que tenían que mantener la ficción de que todos ellos seguían trabajando para poner a salvo a las fuerzas cercadas. Para seguir adelante con el engaño, se aumentó el tamaño de las instalaciones y se incrementó el número de agentes del NKVD destinados a la misión. Los alemanes siguieron sin sospechar nada.

A partir de enero de 1945, los suministros aéreos disminuyeron. Las líneas alemanas habían retrocedido demasiado y la Luftwaffe no disponía ni siquiera del combustible necesario para mantener esa línea de abastecimiento. Las tropas supuestamente cercadas se encontraban separadas del frente por más de ochocientos kilómetros. Los alemanes, que recibían comunicaciones del grupo de Scherhorn cada noche, ya sólo podían enviar un avión de transporte a la semana. Pese a la escasez general que padecía la Wehrmacht en el frente oriental, se procuraba apartar cuatro o cinco toneladas semanales de material para destinarlo a aquellos hombres que todavía resistían heroicamente en la retaguardia enemiga.

Los soviéticos decidieron que el grupo de Scherhorn incrementase sus peticiones de ayuda para situar a los alemanes en el duro dilema de acudir a su rescate o abandonarlos definitivamente a su suerte. El mando germano se mostró resuelto a salvar a sus compatriotas cercados; Scherhorn propuso dirigir a sus hombres hasta un río letón que entonces estaba congelado, y en donde los aviones alemanes podrían aterrizar. El 20 de febrero, los alemanes decidieron llevar a cabo el plan. Sin embargo, las dificultades inherentes a la operación hicieron que fuera cancelada. En compensación, el 23 de marzo Scherhorn recibió un mensaje en el que se le comunicaba que había sido condecorado con la Cruz de Caballero, en reconocimiento a la heroica resistencia que estaba llevando a cabo al frente de sus hombres.

Aunque resulte increíble, según las fuentes alemanas el engaño se mantendría hasta el 5 de mayo de 1945, casi el final de la guerra. Según los soviéticos, Scherhorn estuvo en contacto con el mando germano hasta el último día de la contienda, el 8 de mayo.

Skorzeny, en sus memorias escritas en 1957, aseguraría que el temor a que todo fuera un engaño de los soviéticos siempre estuvo presente. Para detectarlo, según él, los operadores de radio enviados a la bolsa recibieron órdenes de incorporar una palabra clave en sus comunicaciones como prueba de que estaban hablando libremente, aunque esas instrucciones acabaron no sirviendo de nada, a la luz de los hechos.

A pesar del innegable éxito de la Operación Berezino, ninguno de los hombres del NKVD encargados de ella sería recompensado por su labor. Scherhorn permaneció como prisionero en la Unión Soviética hasta que fue liberado en 1950. A su regreso a Alemania declinó aceptar la condecoración que le había sido otorgada.

En cuanto al hombre clave tanto de la Operación Monasterio como de la Operación Berezino, Alexander Demyanov, fue uno de los pocos hombres que fue condecorado por ambos bandos. El NKVD le concedió la Orden de la Bandera Roja por los servicios prestados a su patria e incluso su esposa y su suegro recibieron medallas, mientras que Reinhard Gehlen le recompensó con la Cruz de Hierro por su labor como Max. Incluso años después de la guerra, los miembros de la inteligencia militar germana en el frente oriental seguían convencidos de que la infiltración de Demyanov en el alto mando soviético había sido su mayor éxito durante la contienda.

Acabada la guerra, Demyanov tuvo que poner fin a sus aventuras y se puso a trabajar como electricista. Pero el NKVD —entonces reconvertido en la KGB— acudió a él de nuevo, en este caso para que se infiltrara en la comunidad de emigrados rusos en

París. Sin embargo, en esta ocasión sus compatrio-tas se mostraron más sagaces que los alemanes y descubrieron rápidamente su doble juego. Demyanov regresó entonces a la Unión Soviética. Los servicios secretos soviéticos lo dieron por amortizado y no volvieron a requerir de sus excepcionales habilida-des como espía.

El agente que había logrado engañar de forma magistral a los alemanes, y que gracias a él los soviéti-cos se habían podido garantizar el éxito del cerco de Stalingrado, murió de un ataque al corazón en 1975. Cuatro años después, Reinhard Gehlen acudiría ante su tumba, todavía convencido de que Max había rendido un servicio incalculable a la causa nazi.

EL INCIDENTE DE POLTAVA

Durante la Segunda Guerra Mundial, la colaboración entre los aliados occidentales y la Unión Soviética nunca fue demasiado fluida, al estar marcada por la desconfianza. Las democracias británica y norteamericana se encontraban muy alejadas de los principios políticos totalitarios que regían en Moscú, y temían estar dando alas a un futuro expansionismo soviético en Europa oriental. Pero no tenían otra alternativa que apoyar a Stalin en su duelo con Hitler, ya que la lucha en el frente oriental empeñaba un setenta por ciento de las fuerzas germanas.

Por su parte, los soviéticos estaban cargando con casi todo el peso para derrotar a Alemania, pagando con creces la que se conoce como *factura del carnicero*; el sacrificio humano realizado por la Unión Soviética acabaría siendo veinticinco veces mayor que el de todos los aliados occidentales juntos. En 1943, en Moscú estaban convencidos de que Londres y Washington se mostraban remisos a abrir un segundo frente en

Europa para dar tiempo a que los colosos germano y soviético se despedazasen entre ellos.

Así las cosas, no faltarían las fricciones entre los Aliados. En el marco de esta tensa dinámica, la base aérea de Poltava, en Ucrania, sería el escenario de uno de los roces más serios que se dieron a lo largo de la contienda entre estadounidenses y soviéticos, una rivalidad que permanecería latente mientras fueron aliados para derrotar a Alemania, pero que alcanzaría después su máxima expresión con la Guerra Fría.

En aquella base tendría lugar un episodio que seguramente no figurará en su libro de la Segunda Guerra Mundial, y que sellaría la desconfianza de los norteamericanos con los soviéticos, un sentimiento que ya no dejaría de agravarse durante el resto del conflicto y la inmediata posguerra.

OPERACIÓN FRANTIC

A mediados de 1943, cuando la perspectiva del desembarco en Francia exigido por Stalin estaba todavía lejos, los aliados occidentales habían advertido las posibilidades que ofrecían los aeródromos que existían en suelo ucraniano. Desde ellos se podía llevar a cabo un ambicioso plan de bombardeo, consistente en utilizarlos como punto de aterrizaje después de atacar objetivos en la Europa ocupada por los alemanes, despegando desde Inglaterra o Italia. Una vez allí, los aviones se aprovisionarían de combustible y bombas, aprovechando el viaje de regreso para atacar nuevos objetivos.

Con un acusado sentido de la anticipación, poco después del ataque alemán a la Unión Soviética, los norteamericanos ya confeccionaron estudios en los que se valoraba la conveniencia de que su fuerza aérea pudiera utilizar aeródromos en Ucrania en caso de entrar en guerra. Pero el éxito del avance germano, que llegaría hasta las puertas de Moscú y, posteriormente, hasta el Cáucaso, obligó a que esa idea tuviera que aparcarse hasta que los soviéticos recuperasen ese territorio.

La oportunidad llegaría en el otoño de 1943, después de que los alemanes fueran derrotados en la batalla de Kursk y comenzasen a ser empujados de forma inexorable hacia el oeste. Con los alemanes retirándose de Ucrania, los norteamericanos recuperaron el plan y en octubre de 1943 cursaron la primera solicitud de utilización de los aeródromos ucranianos ante Moscú. Pero no sería hasta la Conferencia de Teherán, celebrada al mes siguiente, cuando Stalin dio la luz verde definitiva a la petición personal del presidente Roosevelt.

Sin embargo, a los aliados occidentales no se les tenía que haber pasado por alto el escaso entusiasmo con que Stalin dio el sí, acompañándolo de un revelador «en principio». Así, el zar rojo aprobó el proyecto, pero limitándolo a doscientos bombarderos y seis aeródromos.

En Teherán, los norteamericanos ofrecieron en contrapartida a los soviéticos la posibilidad de proporcionarles tres o cuatro centenares de bombarderos B-24, pero cuando Stalin conoció que el plan requería que personal soviético acudiese a Estados Unidos para recibir entrenamiento, lo desechó, ya que recelaba de los contactos que pudieran mantener sus militares con una potencia extranjera, aunque fuera aliada. Lo importante, de todos modos, era que los aviones norteamericanos iban a poder despegar y aterrizar en territorio soviético. El plan llevaría inicialmente el nombre de Operación Baseball, pero posteriormente sería cambiado a Frantic.

CESIÓN DE AERÓDROMOS

El aeródromo de Poltava fue puesto a disposición de la fuerza aérea norteamericana como base principal de la operación. Estaba situado junto a la línea férrea que unía Jarkov y Kiev. Las instalaciones del aeródromo habían estado en poder de los alemanes hasta septiembre de 1943, como cuartel general regional de la Luftwaffe, e incluso Hitler lo había visitado en una ocasión. En su retirada ante el avance del Ejército Rojo, los alemanes habían colocado más de 5 toneladas de bombas bajo el edificio principal para destruirlo por completo pero, al parecer, falló el control remoto y no se produjo la explosión. Los edificios anexos sí que pudieron ser demolidos.

En febrero de 1944 se iniciaron los trabajos de reconstrucción y acondicionamiento de la base. Los trabajos incluyeron la instalación de enormes depósitos de combustible de alto octanaje y almacenes para la munición. Buena parte de ese material tuvo que llegar desde Estados Unidos, a través de los puertos del Ártico o de la ruta que atravesaba Irán.

También se estableció una misión militar norteamericana en Moscú para tener comunicación directa con las autoridades soviéticas.

A finales de mayo ya estaba todo listo para acoger a los bombarderos que debían participar en la operación, así como a los 1300 norteamericanos que debían realizar las labores de apoyo. La base recibiría por seguridad el aséptico nombre de Estación 559, apareciendo así en todos los mensajes y comunicaciones. Para su protección se destinó una escuadrilla de cazas soviéticos.

La Operación Frantic iba a comenzar acompañada de grandes expectativas por parte de los norteamericanos, quienes ambicionaban ampliar su presencia a otros aeródromos del territorio de la URSS y especialmente en Siberia, para bombardear desde allí a Japón, aunque por razones diplomáticas se prefirió no anunciar estas intenciones. Además, para Washington el plan iba más allá de conseguir aeródromos para su fuerza aérea; el objetivo era sentar unas bases de colaboración entre las dos potencias y facilitar así las relaciones de posguerra.

Los soviéticos, en cambio, se mostraban reticentes al despliegue estadounidense en su propio territorio. De hecho, al final tan sólo cederían tres aeródromos de los seis prometidos inicialmente, el referido de Poltava más los de Pyriatyn y Myrhorod, también situados a lo largo de la línea que unía Jarkov y Kiev. El interés soviético, más que en sentar las bases de una colaboración futura, estaba centrado en aprender las técnicas de bombardeo estratégico de sus aliados, ya que se encontraban muy atrasados en ese campo. Los soviéticos mostraban también interés en estudiar en detalle los aparatos de sus aliados, que eran tecnológicamente más avanzados. Por ejemplo, un avión estadounidense que tuvo que efectuar un aterrizaje de emergencia en Siberia durante un vuelo de pruebas fue retenido y enviado a una factoría, en donde se analizaron sus soluciones técnicas para, seguramente, copiarlas. Al contrario que los ingenuos norteamericanos, el astuto Churchill desconfió desde el primer momento de la colaboración de Stalin, por lo que decidió mantener a la RAF fuera de la operación.

El recibimiento a las tripulaciones norteamericanas fue muy cálido por parte del personal de las fuerzas aéreas soviéticas, lo que contrastaba con la frialdad y el obstruccionismo burocrático que se encontraron los oficiales. Otro obstáculo a superar fue el de las condiciones de los aeródromos, que no cumplían con los estánda-

Formación de bombarderos B-17. Los norteamericanos emplearon estos aparatos en sus misiones desde los aeródromos ucranianos. Wikimedia commons.

res occidentales. Así, cuando llovía, la pista se convertía en un mar de lodo, lo que se trató de solucionar haciendo traer desde Estados Unidos grandes planchas metálicas para cubrirla. También era necesario traer desde el otro lado del Atlántico el combustible de alto octanaje que los bombarderos consumían y del que carecían los soviéticos; la complejidad del transporte de todo ese combustible es imaginable, pero los americanos conseguirían salir airosos de ese desafío logístico.

La primera misión se llevó a cabo el 2 de junio de 1944, cuando 130 bombarderos B-17, protegidos por setenta cazas P-51, despegaron del aeródromo italiano de Foggia, en Italia, para atacar un nudo ferroviario en Debrecen, Rumanía. Una vez realizado el ataque, el escuadrón siguió su camino y aterrizó en los aeródromos soviéticos, perdiéndose sólo un bombardero, derribado por fuego antiaéreo.

Cuatro días después, los norteamericanos lanzaron desde los tres aeródromos un nuevo ataque sobre objetivos rumanos, regresando sin novedad a las bases soviéticas. El día 11 de junio, el escuadrón emprendió el vuelo de regreso a Italia, aprovechando para bombardear el aeródromo rumano de Focsani, una misión que se saldó únicamente con la pérdida de un bombardero y dos cazas. De ese modo, concluía con éxito el estreno de la Operación Frantic, aunque la colaboración de los soviéticos había dejado mucho que desear.

ATAQUE ALEMÁN

La siguiente rueda de bombardeos se iniciaría el 21 de junio de 1944, partiendo de una base situada en suelo británico y teniendo como objetivo principal una planta de fabricación de combustible sintético en Ruhland, al sur de Berlín, además de dos nudos de comunicaciones. En esta misión iban a participar 145 bombarderos B-17, escoltados por 167 cazas.

El día señalado los aviones norteamericanos partieron y descargaron sus bombas sobre Alemania. En la misión tan sólo se perdió un caza, y un bombardero resultó tan dañado por el fuego antiaéreo que tuvo que dirigirse a la neutral Suecia para efectuar un aterrizaje de emergencia. Los aparatos restantes continuaron vuelo hacia Ucrania, aterrizando sin novedad en los tres aeródromos. Por tanto, ese primer trayecto se había saldado con un nuevo y prometedor éxito.

Sin embargo, lo que no sabían los norteamericanos era que un avión alemán, un Heinkel He 111, había seguido a los bombarderos a distancia, internándose en territorio soviético, para descubrir el punto de destino. Una vez señalado en el mapa el aeródromo de Poltava, en el que habían aterrizado 73 B-17, los alemanes ultimaron los preparativos para bombardearlo esa misma noche.

A las 23:30 horas de ese intenso 21 de junio, los soviéticos detectaron una formación de bombarderos germanos que, desde una base en Minsk, se dirigía hacia allí. Los 75 aparatos que la integraban, principalmente bombarderos Junkers Ju 88 y Heinkel He 111, irrumpieron en el cielo de Poltava cuando pasaban treinta minutos de la medianoche. Los bombarderos norteamericanos se convirtieron en el objetivo de los incursores, cuyo ataque fue devastador.

Durante cerca de dos horas, los aviones alemanes ametrallaron y bombardearon los B-17 casi a placer. De los 73 B-17 que se encontraban allí, 47 resultaron totalmente destrozados, y el resto sufrió daños de consideración; posteriormente, sólo se podrían reparar 9. Los depósitos de combustible y de munición que tanto había costado trasladar desde Estados Unidos, fueron igualmente destruidos. También resultaron dañados en tierra 26 de los 40 cazas soviéticos que debían proteger la base. El único consuelo para los norteamericanos fue que en esa noche aciaga sólo hubo que lamentar la muerte de dos aviadores, además de varios heridos leves. En cambio, 25 rusos murieron a consecuencia del ataque.

Los alemanes no se conformaron con ese fructífero *raid* sobre Poltava. Los días 22 y 23 de junio atacaron también los aeródromos de Mirgorod y Piryatin, pero se encontraron con que la mayoría de aparatos ya había emprendido vuelo hacia otras bases situadas más al este o hacia Italia, para ponerse así a salvo de una nueva incursión germana.

PROTESTAS NORTEAMERICANAS

El estrepitoso fracaso en la defensa de la base de Poltava dejó a los norteamericanos tan perplejos como indignados. Los soviéticos habían garantizado la seguridad del aeródromo, contando para ello con ametralladoras antiaéreas montadas en camiones. Pero este armamento se reveló completamente inútil contra los aviones alemanes; los más de 28 000 proyectiles que se dispararon esa noche no lograron abatir ni un solo aparato, a pesar de que se contaba con reflectores. Además, tan sólo cinco cazas soviéticos llegaron a despegar. La gota que colmó el vaso fue el hecho de que los cazas norteamericanos que había en el aeródromo de Piryatin no pudieron despegar porque para hacerlo necesitaban un permiso de las autoridades militares soviéticas que no llegaría a tiempo.

El representante norteamericano en Moscú, el general John Deane, se quejó airadamente en un informe de que «las defensas antiaéreas rusas han fallado miserablemente». Los norteamericanos, tratando de buscar soluciones a los errores que se habían producido, propusieron instalar en los tres aeródromos soviéticos estaciones de radar propias, así como el despliegue de cazabombarderos nocturnos P-61, cuyo radar debía servir para contrarrestar las incursiones nocturnas. Sin embargo, los soviéticos se negaron a ello, aduciendo que ellos eran los encargados de la protección antiaérea, aunque, probablemente, el motivo real era que esas medidas iban a implicar un aumento del personal norteamericano, lo que era visto con gran recelo.

La tensión entre los dos aliados fue en aumento. Los norteamericanos abrigaban la sospecha de que Stalin deseaba que se marchasen de territorio soviético, por lo que no descartaban que hubiera visto el ataque alemán con buenos ojos. Pero los decepcionados estadounidenses no se atrevieron a romper la baraja y decidieron seguir adelante con la misión, a pesar de los obstáculos.

La Operación Frantic se reanudó el 2 de julio de 1944 con nuevos bombardeos sobre Rumanía. A partir del 22 de julio, disminuiría la utilización de los B-17 que tan duro castigo habían recibido en Poltava, en favor de los cazabombarderos P-61. Pero el recuerdo del desastre acaecido en aquella base marcaría la colaboración entre ambos aliados a partir de entonces.

Tras una ronda de nuevas misiones, la tensión se recrudecería en agosto de 1944, cuando Stalin se mostró reticente a permitir que norteamericanos y británicos utilizasen los aeródromos soviéticos para establecer una ruta de aprovisionamiento a los polacos que se habían levantado en Varsovia contra las tropas nazis.

El 19 de septiembre se emprendió una misión que tenía como objetivo el bombardeo de varios nudos de comunicaciones en Hungría. Los aviones llegaron a Italia y ya no regresaron a Ucrania, ante la llegada del mal tiempo. Los norteamericanos que se quedaron en los aeródromos soviéticos debían encargarse de mantener las instalaciones en condiciones hasta la llegada de la primavera y servir de apoyo a vuelos esporádicos, pero los meses siguientes se sintieron como unos huéspedes molestos. Se produjeron numerosos robos y el ambiente se volvió abiertamente hostil, lo que afectó a la moral del personal estadounidense. Incluso se dieron varios casos en los que aviones norteamericanos fueron atacados y derribados por fuego antiaéreo soviético, aunque no hubo que lamentar pérdidas personales.

Ante las protestas estadounidenses, los soviéticos les echaron la culpa a ellos, asegurando que los aviones atacados no se habían mantenido en los pasillos aéreos o habían sobrepasado los espacios de tiempo o de altitud asignados. El problema alcanzó tal gravedad que en la Conferencia de Yalta, en febrero de 1945, el presidente Roosevelt pidió que las posiciones antiaéreas soviéticas contasen con un observador norteamericano para evitar más incidentes. De todos modos, aunque los ataques soviéticos no estaban justificados, la verdad era que los aviones estadounidenses estaban aprovechando su acceso al territorio soviético para fotografiarlo, lo que suponía una deslealtad con los que, al fin y al cabo, estaban siendo sus anfitriones.

El presidente Roosevelt nunca perdió su confianza en los soviéticos, a pesar de que estos siempre hicieron todo lo posible para que la colaboración mutua en los aeródromos ucranianos fracasase. Wikimedia commons.

Conforme se acercaba el final de la contienda, las autoridades soviéticas solicitaron a Washington que se pusiera fin a la operación. Pero una representación norteamericana continuaría en las bases ucranianas hasta el 22 de junio de 1945, cuando marcharon a Moscú los últimos militares norteamericanos que quedaban en Poltava, para asistir al desfile de la victoria que tendría lugar al día siguiente, invitados por Stalin.

El poso de resentimiento que dejó en los norteamericanos la actitud rusa llevó a que los últimos en abandonar las bases prefiriesen destruir el material que no iban a poder llevarse consigo, antes que entregárselo a los soviéticos. Para entonces, ya se percibían claramente las tensiones entre ambos aliados que desembocarían en la Guerra Fría, unas tensiones que habían tenido su prólogo en el frustrado intento de colaboración entre las dos potencias vivido en Poltava.

CAPÍTULO 3.
LA TRASTIENDA
DE LA GUERRA

Como hemos visto en el capítulo anterior, la guerra no sólo se dilucidó en los cuarteles generales y en los campos de batalla, tal como parece desprenderse a tenor de lo que ha pasado a figurar en los libros de historia. A lo largo del conflicto se dieron insólitas iniciativas destinadas a aportar su grano de arena a la victoria del correspondiente bando, al tiempo que innumerables trayectorias vitales quedaban forzosamente imbricadas en un mundo que había tomado el camino de las armas.

Pero el conflicto también se decidió gracias a otras aportaciones que, pese a su relevancia, no han obtenido el reconocimiento que merecerían. Los soldados, antes de combatir, debían tener sus necesidades básicas cubiertas, y de eso se encargaron personas cuyos nombres tampoco pasarían a la historia. Igualmente, la conflagración generó esas vivencias personales que no han obtenido la atención de los historiadores, pero cuyo conocimiento nos sirve para comprobar cómo *la contienda afectó poderosamente a todos los que la vivieron.*

Estas páginas ofrecen una visión de la trastienda de la Segunda Guerra Mundial, esa otra guerra que ha quedado fuera de los focos de la historia, y que ahora tendremos la oportunidad de conocer.

LA BATALLA DE LOS ALIMENTOS

Para comprender el calibre del reto al que tuvieron que enfrentarse las autoridades militares norteamericanas al entrar su país en la Segunda Guerra Mundial, pediría al lector que hiciera un ejercicio de imaginación; está preparando una cena familiar para 12 personas cuando le avisan de que en cuestión de horas se presentarán a comer... ¡385 comensales!

El mismo pavor que sentiría el lector al recibir tan petrificante noticia debió sentir el Cuerpo de Intendencia norteamericano al saber que debía proporcionar tres comidas completas diarias a un ejército que iba a pasar de 400 000 hombres a casi 12 000 000. Además, esos hombres estarían desperdigados por los confines del mundo: de Islandia a Alaska, pasando por el norte de África, Oriente Medio, Australia o las islas del Pacífico. Esos alimentos que tenían que ser suministrados a diario a las tropas debían ser comprados en origen, trasladados a los puertos, estibados en barcos, cargados en trenes y camiones... Durante el camino, tenían que soportar altas temperaturas mientras esperaban a ser transportados en muelles, playas o almacenes. Y cuando llegasen a su destino debían no sólo seguir siendo aptos para el consumo, sino también ser considerados apetecibles por los soldados.

Tiempo atrás, Napoleón había asegurado que «los ejércitos avanzan al compás de sus estómagos» y no le faltaba razón. Un soldado bien alimentado es un soldado fuerte y con la moral alta, dispuesto a combatir. Si la comida que se le proporciona es insuficiente o desagradable, el ánimo decae y las posibilidades de ser derrotado aumentan. No en vano, en los grandes desembarcos a los que tuvieron que enfrentarse los soldados norteamericanos, éstos recibían un copioso desayuno en el que podían servirse filetes, huevos o tocino a discreción. La misión de que las tropas estuvieran bien alimentadas y, por tanto, con la moral alta para derrotar al Eje, recaería en el Cuerpo de Intendencia.

Lejos de los focos puestos en las grandes batallas y en los héroes militares que escribirían las páginas más gloriosas de la contienda, los hombres del Cuerpo de Intendencia librarían también sus propias batallas, desde los laboratorios y las fábricas en los que se idearían y producirían los alimentos que consumiría aquel enorme ejército extendido por varios continentes y océanos. Ese desafío se convertiría en toda una aventura, en la que el ejército de Estados Unidos saldría airoso, y de la que seguramente no encontrará ninguna referencia en su libro de la Segunda Guerra Mundial[5].

---

[5] Para confeccionar este capítulo me he basado en el exhaustivo estudio sobre el tema realizado por la escritora norteamericana Anastacia Marx de Salcedo,

UN PEQUEÑO LABORATORIO

En la Primera Guerra Mundial, el ejército norteamericano se enfrentó al reto de alimentar a sus tropas en Europa. La primera expedición, de 14000 hombres, llegó al Viejo Continente en junio de 1917, y posteriormente el número de soldados llegaría a un millón.

La base de la alimentación de los soldados estadounidenses destinados en el frente europeo, cuando se encontraban fuera de los cuarteles y campamentos, era el pemmican en lata. Ese preparado alimenticio, consistente en una masa de carne seca, bayas —cerezas, moras o arándanos— y grasa, había sido tradicionalmente consumido durante siglos por los indios norteamericanos. Las ventajas de su consumo como alimento de supervivencia eran apreciables, ya que era hipercalórico, contenía las vitaminas que le aportaban las bayas y podía almacenarse durante mucho tiempo sin que se echase a perder. Sin embargo, los soldados lo consideraban un mejunje poco apetitoso, cuando no algo peor. También se recurrió a la carne, pero su transporte y conservación originaba serios problemas, como se verá más adelante.

En la época de entreguerras, la perspectiva de seguir proporcionando a los soldados norteamericanos latas de pemmican en caso de que estallase un nuevo conflicto no resultaba lo más alentador. Así pues, a mediados de los años treinta, la Escuela de Intendencia del Ejército, con sede en Chicago, se planteó aplicar los adelan-

---

plasmado en su obra *Combat-Ready Kitchen. How the U.S. Military Shapes the Way You Eat.*

Prisionero de guerra alemán comiendo de una lata correspondiente a una ración C del ejército norteamericano, en las ruinas de la ciudad germana de Saarbrucken en marzo de 1945. Foto: Shutterstock.

tos técnicos en materia de procesado de alimentos al ámbito militar. Para ello, creó en 1936 el Laboratorio de Investigación en Intendencia, con el fin de proporcionar al soldado norteamericano comida nutritiva, equilibrada, de fácil conservación y que, además, resultase lo más apetitosa posible.

Los encargados del nuevo Laboratorio serían los coroneles Wilbur McReynolds y Paul Logan. Pese a lo novedoso del proyecto y lo estimulante del reto planteado, no se les adjudicarían los medios necesarios para llevarlo adelante. Así, el laboratorio contaría apenas con tres empleados, varias cacerolas y un presupuesto de sólo 650 dólares. El fruto de esa inversión fue una chocolatina de emergencia a la que se le había dado un sabor desagradable para no ser consumida como golosina, llamada ración D —más adelante volveremos sobre ella—, y la denominada ración C (de Combate), una lata de estofado de carne, acompañada de judías, puré de patatas o verduras, de un disuasorio aspecto blanduzco. El menú diario constaba de tres de estas latas, para el desayuno, comida y cena; cada una de ellas pesaba 340 gramos. Para desarrollar la ración C se tuvo más en cuenta la forma y tamaño del envase, para facilitar su almacenamiento en las bodegas de los barcos, que de su contenido.

Pero ese descorazonador panorama cambió en 1939, cuando McReynolds y Logan recibieron un nuevo destino en Washington y el Laboratorio fue puesto en manos de un teniente de caballería, Rohland Isker. El nuevo director era un apasionado de la cocina, una afición en la que había podido profundizar durante un destino en las Filipinas, entre 1919 y 1923. Allí se aficionó a la cocina asiática, adquiriendo una apertura de mente en el ámbito gastronómico que le resultaría muy útil para enfrentarse a su nueva misión. Los comienzos de Isker al frente del Laboratorio serían duros, ya que la asignación presupuestaria permanecería congelada. Tan sólo se incrementó en unos paupérrimos 50 dólares el 16 de septiembre de 1940, cuando el Congreso promulgó el llamamiento a filas de todos los norteamericanos entre 25 y 35 años.

Afortunadamente para el coronel Isker, a finales de 1940 se asignó más personal al Laboratorio, pasando a tener 22 empleados, reclutados de grandes empresas de alimentación, así como nuevos laboratorios de química y de estudio de las vitaminas, además de una cocina y un comedor. Isker pudo así centrarse en el desarrollo de menús, el desglose del contenido nutricional de los alimentos y la elaboración de requisitos detallados para la fabricación masiva de productos y envases. Para ello buscó la colaboración de investigadores universitarios. Aunque fuera un poco tarde y con unos medios aún limitados, el Ejército comenzaba a tomarse en serio la investigación en alimentación.

LA RACIÓN K

El primer producto desarrollado por el Laboratorio de Chicago bajo la dirección del coronel Isker sería

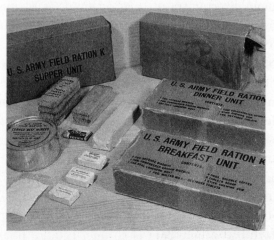

Las raciones K proporcionaban a los soldados estadounidenses un menú diario completo. Archivo del autor.

una ración ligera de emergencia para paracaidistas y soldados desplegados en aviones, vehículos o tanques, aunque luego se ampliaría a los hombres destinados al campo de batalla en general. Las anteriores latas de estofado de carne habían cosechado bastantes quejas, al ser pesadas e incómodas de transportar. La idea era crear una ración que fuera fácil de llevar encima y de consumir, y que no requiriese ser calentada.

Isker acudió a un nutricionista de la Universidad de Minnesota, Ancel Keys, que se encargó de proponer su propia versión de la ración de combate. Acudiendo a un colmado cercano a su casa, elaboró un menú compacto, susceptible de ser empaquetado en una caja de cartón plana, capaz de proporcionar al soldado las calorías diarias necesarias, pero también de ofrecerle algunos alicientes. Así, creó un conjunto formado por una lata de carne procesada, galletas de soja, una chocolatina y caramelos duros. Todo, excepto la lata, iría envuelto en papel de celofán, y el paquete pesaría 340 gramos, lo mismo que la lata de estofado. Pudo contar con la colaboración de media docena de soldados de una base cercana, que hicieron de conejillos de indias.

El novedoso concepto planteado por Keys fue aceptado con entusiasmo por el coronel Isker. La nueva ración de combate sería bautizada con la letra K —quizás por la inicial de Keys—, para diferenciarla de la C anterior. Las raciones A, que eran alimentos frescos para ser consumidos en comedores, y las raciones B, para ser preparados en cocinas de campaña, no estaban consideradas raciones de campo.

La ración K adoptó tres formatos, para convertirse así en un menú diario completo: desayuno, comida y cena. Por tanto, dependiendo del tipo de ración, la lata de conserva contendría carne, huevos con jamón, queso, fruta, etc. La del desayuno llevaría una tableta de leche en polvo, un sobre de café instantáneo y otro de azúcar, para que el soldado pudiera comenzar la jornada con un reconstituyente café con leche. La suma de las tres raciones aportaría en torno a las 3000 calorías diarias, una cantidad que pareció adecuada durante el período de prueba, pero que después se revelaría insuficiente en situaciones que requerían de gran esfuerzo físico. Además, el soldado podría encontrar en la caja de cartón cerillas, papel higiénico, cigarrillos, chicles o tabletas para purificar el agua.

Aunque las raciones K satisfacían las necesidades calóricas, no estaban diseñadas para ser consumidas durante más de unos pocos días, debido a su desequilibrio nutricional y la ausencia en ellas de alimentos frescos. El problema llegaría cuando muchos soldados se vieron forzados a consumir únicamente estas raciones debido a la ausencia de una alternativa, como ocurría durante el combate en la jungla, lo que les provocaría una malnutrición crónica, estreñimiento y pérdida de peso, que podía llegar a cerca de tres kilos por mes.

UN NUEVO IMPULSO

El coronel Isker había sentado las bases de lo que debía ser la investigación en el terreno de la alimentación militar. Pero Isker, pese a su loable trabajo al frente del laboratorio, pagaría los platos rotos de los fracasos del Cuerpo de Intendencia en los primeros meses de la intervención norteamericana en la guerra. Las tropas estaban mal abastecidas de alimento y munición, las botas se rompían y las tiendas de campaña se pudrían. Era necesario coordinar y supervisar la producción de esos artículos, que eran desarrollados en cuatro centros diferentes: las botas en Boston, la ropa en Filadelfia, las tiendas de campaña en Jefferson, Indiana, y la comida, tal como ha quedado referido, en Chicago.

Así pues, en julio de 1942 se creó en Washington la sección de investigación y desarrollo de la División de Logística Militar del departamento de Intendencia, con el fin de racionalizar la planificación, la producción y la distribución de todo el material que debía suministrarse a las tropas allá donde se encontrasen destinadas.

Aunque Isker seguiría sobre el papel dirigiendo el Laboratorio de Chicago, la investigación sobre alimentos pasaría a depender del hombre que estaría al frente del nuevo organismo, George Doriot, un profesor de la escuela de negocios de Harvard, de origen francés. Doriot ya trabajaba desde 1941 para el Departamento de Intendencia, en donde estaba aplicando novedosos conceptos propios de la empresa privada. Considerando a los soldados como si fueran clientes en lugar de obedientes súbditos sin voz ni voto, sometía a sucesivas pruebas de campo sus prototipos y recogía las opiniones de los usuarios para mejorarlos. Diseñó sacos de dormir entrevistándose con exploradores del Ártico y envió a varios hombres al monte McKinley, la montaña más alta de Norteamérica, para que probaran durante diez semanas el material de campaña que luego iba a ser entregado a los soldados. Doriot parecía el hombre más indicado para dar un nuevo impulso a la investigación alimentaria, y así sería.

Doriot constató que las raciones que llegaban a los soldados, pese a mejorar las repugnantes latas de pemmican o de estofado de carne, seguían sin despertar precisamente el apetito. La carne y las verduras en lata perdían su color y sabor original, la grasa se separaba y se ponía rancia, y los huevos y los lácteos desprendían un olor desagradable. Aunque el consumo de esos alimentos era seguro desde el punto de vista microbiológico —de eso ya se había encargado el eficiente Laboratorio de Isker—, para unos soldados luchando en condiciones extremas de calor, frío o humedad, verse obligados a enfrentarse a esas raciones podía convertirse en un nuevo suplicio. Llegaron informes de soldados que preferían pasar hambre a comerse las raciones.

En esa nueva etapa iniciada por Doriot se trabajaría codo con codo con la industria alimentaria para buscar soluciones a los problemas detectados, una iniciativa que resultaría revolucionaria. Hasta entonces, las investigaciones y los adelantos estaban centrados en los aspectos nutricionales, sin duda los más importantes, pero a partir de entonces se cuidarían los relativos a la experiencia de quien debía consumir esos alimentos.

Así pues, se diseñaron métodos para analizar la aceptación de la comida, que dependía de factores como el color, el aroma, la viscosidad o la textura. También se tuvieron en cuenta aspectos que pueden resultar sorprendentes, como el ruido que hacía la comida al ser consumida —un alimento crujiente nos resulta mucho más apetitoso— e incluso el dolor, en el caso de las latas que contenían chile con carne. En total, se señalaron diecisiete factores que afectaban a la aceptación de la comida.

A partir de aquí, trabajando conjuntamente con el Laboratorio de Chicago, una asociación empresarial de la ciencia de la alimentación y varios expertos universitarios, se fue avanzando en el objetivo de ofrecer a los soldados una comida más saludable y atractiva. El fruto de ese esfuerzo sería palpable en 1944, con una mejora sustancial de la aceptación de la comida por parte de las tropas, gracias a los avances obtenidos en el procesado de los alimentos. Además, se añadieron nuevos platos a los menús y se produjeron dos raciones extragrandes, para 5 o 10 personas, con distintos tipos de carne y guarnición.

LAS RACIONES D

A finales del siglo XIX, el ejército norteamericano decidió proporcionar a sus soldados una ración de emergencia para estimularles en momentos de agotamiento que requerían de un aporte inmediato de energía, como por ejemplo una larga marcha a pie. No obstante, las primeras pruebas resultaron un fracaso, ya que el aporte calórico no resultaba suficiente. En 1910 se retomó el proyecto, pero también se abandonó al comprobar que la nueva ración, consistente en una galleta de chocolate y huevo, provocaba náuseas y hasta mareos.

La entrada de Estados Unidos en la Primera Guerra Mundial desempolvó el proyecto de la ración de

*La ración D consistía en una tableta de chocolate para
ser consumida en el caso de que el soldado requiriese
un aporte extra de energía. Archivo del autor.*

emergencia. Finalmente, el Ejército se decidió por
una galleta elaborada con azúcar y chocolate a partes
iguales, ideada por un maestro chocolatero de Nueva
York. Sin embargo, cuando el primer millón de estas
raciones estaba atravesando el Atlántico rumbo a
Europa, la guerra concluyó. La enorme partida de
galletas tuvo que ser vendida al público, obteniendo
una buena acogida entre cazadores y *boy scouts*.

En 1937, el Laboratorio de Investigación en
Intendencia, entonces bajo la batuta de McReynolds y
Logan, se planteó el objetivo de crear una nueva ración
de emergencia, que sería denominada ración D. Debía
fusionar proteínas, hidratos de carbono y dulce en un
solo producto pero, tal como se ha apuntado, no podía
tener un sabor agradable, porque de lo contrario los

hombres no esperarían a una situación de crisis para comérsela. Además, el chocolate, que se funde a la temperatura del cuerpo humano, no debía derretirse en los bolsillos o bajo los calores del trópico. Logan buscó una empresa dispuesta a afrontar el proyecto; la elegida sería Hershey, entonces el fabricante de chocolate más importante del país. Hershey aceptó encantada el encargo, ya que le iba a garantizar jugosos contratos con el ejército.

Entre el laboratorio y la empresa se determinó la composición de la chocolatina: un tercio de chocolate amargo resistente al calor, un tercio de azúcar, un sexto de leche en polvo desnatada, un quinceavo de harina de avena y un toque de vainilla. Aunque la masa resultante apenas resultaba comestible, se dio luz verde a la producción. Las tabletas, en forma de barritas, se envasaban al vacío en papel de aluminio y se empaquetaban en grupos de tres unidades. Las tres barritas proporcionaban 1800 calorías, suficientes para mantener a un hombre durante un día.

Hershey no se equivocó respecto a sus boyantes perspectivas. Entre 1941 y 1944, esta empresa fabricaría casi doscientos cincuenta millones de estas tabletas precursoras de las actuales barritas energéticas.

EL MEJOR DESTINO

Los esfuerzos del Laboratorio de Chicago estaban destinados a mejorar la alimentación de los soldados norteamericanos en general, pero había un cuerpo del ejército que no necesitaba de ellos. Gracias a que los barcos de guerra contaban con frigoríficos, despensas y cocinas, los soldados alistados en la Marina se podían considerar unos auténticos privilegiados. Aunque el servicio en los buques de guerra podía resultar en ocasiones estresante y agotador, la calidad y la cantidad de sus raciones superaban ampliamente a las que correspondían a las tropas que combatían en tierra firme.

Por ejemplo, en un menú extraído del libro de la Marina de los Estados Unidos en 1945 podemos ver que el desayuno se componía de «zumo de pomelo, cereales, salchichas a la plancha, torrijas, sirope de arce, mantequilla, leche y café». Para la comida, los marineros podían encontrar «panecillos, mantequilla, crema de verduras, rosbif, salsa de carne, patatas con mantequilla, remolacha en vinagre, ensalada de zanahoria y apio, helado y café». A la hora de la cena, las mesas aparecían surtidas con «fricasé de cordero, puré de patatas, ensalada verde, vinagreta de mostaza, pan, mantequilla y te», y de postre «donuts con gelatina de coco».

En el libro oficial de cocina de la Marina se podía leer: «Los siguientes términos se definen para el conocimiento de aquellos que no estén familiarizados con el vocabulario empleado en la cocina. Canapé: Rebanada de pan frita en mantequilla sobre la que se sirven anchoas o champiñones. Caviar: Huevas de esturión u otro pescado grande, usado como guarnición».

En las cocinas de los grandes buques, las recetas debían estar acordes con la enorme cantidad de comensales. Así, la receta del pastel de bacalao comenzaba: «Tomar

20 kg de patatas y 7 kg de bacalao…». Y la del *chop suey* de ternera: «15 kg de ternera, 15 kg de col, 0,5 litros de salsa Worcestershire…».

De todos modos, no siempre los marineros tenían la suerte de encontrarse esas delicias gastronómicas a bordo, ya que se dependía de un barco de aprovisionamiento que podía recorrer miles de kilómetros de distancia. Cuando no llegaban esos buques, las tripulaciones se veían obligados a recurrir a las latas de estofado de carne que debían padecer también sus compañeros del Ejército de Tierra.

LA BATALLA DE LA LEVADURA

Mientras los soldados norteamericanos se enfrentaban a alemanes o japoneses con las armas en la mano, los científicos estadounidenses debían afrontar otras batallas como las reflejadas en este capítulo. Eran menos cruentas y seguramente menos decisivas que las que se dirimían contra el enemigo, pero salir vencedor de ellas acercaba un poco más la victoria final.

Entre estas batallas destacaría una tan aparentemente trivial como la de la levadura, pero que provocaría muchos dolores de cabeza al Cuerpo de Intendencia, casi tantos como desalojar a los soldados japoneses de las islas del Pacífico en las que resistían a toda costa. Teniendo en cuenta que el pan es la base de la pirámide alimenticia occidental, los soldados destinados en el frente esperaban poder recibir su ración diaria de este alimento. Sin embargo, un ingrediente fundamental del pan, la levadura, presentaba unos problemas aparentemente irresolubles. La levadura viva no soportaba bien los viajes y moría en apenas diez días incluso si se conservaba refrigerada. Esa característica hacía que algo tan sencillo como hornear pan se convirtiera en una misión casi imposible, como habían podido comprobar los soldados norteamericanos durante la Primera Guerra Mundial, que debían conformarse con galletas endurecidas.

Al comenzar la Segunda Guerra Mundial, el problema de la levadura persistía. Distribuir levadura fresca a muchos kilómetros de distancia era una utopía. Había que confiar en los productores locales; en Italia, Bélgica o Luxemburgo accederían a compartir las existencias con los estadounidenses, pero en Francia serían muy reticentes a ello, al acaparar la levadura para sus insustituibles *baguettes*.

El reto para el Laboratorio de Investigación en Intendencia estaba claro; conseguir que la levadura viva quedase en estado de animación suspendida para que pudiera ser reanimada en otra parte del mundo, aunque hubieran transcurrido varios meses, y sin importar si el destino era el Ártico o los trópicos. Ante la dificultad de la tarea, el laboratorio tuvo que recurrir a los departamentos de investigación de las empresas del ramo. Se consiguió fabricar un tipo de levadura seca, pero tardaba casi un día en reactivarse y su vida útil era inferior a la requerida por el ejército, entre seis y ocho meses.

El problema radicaba en que no existía ninguna teoría de cómo inducir una letargia ilimitada a los hongos. Por tanto, se entró en una paciente, y a veces desesperante, dinámica de ensayo y error. Se probaron distintas cepas de hongos y se alteraron todas las variables (calor, humedad, tiempo...), pero la mortalidad de las levaduras era siempre elevada.

Finalmente, la empresa Fleischmann dio con la ansiada solución después de innumerables pruebas; se cultivaron las levaduras en un entorno de baja concentración de nitrógeno y después se las sometió a un secado con aire caliente, pasando de tener una humedad del 70 por ciento a otra del 8 por ciento. Tras este proceso, la levadura podía permanecer hasta un año en animación suspendida, no requería refrigeración y, además, llegado el momento de utilizarla, actuaba dos veces más rápido. Aunque se había conseguido el objetivo, los científicos no comprendían el funcionamiento de ese exitoso proceso. No sería hasta los años ochenta cuando se descubrió que esas condiciones favorecían la función protectora de una molécula de azúcar llamada trehalosa, que servía de coraza para que los hongos sobrevivieran en ambientes desfavorables hasta el momento de su reanimación.

Envuelta en paquetes de papel de aluminio, esa levadura seca y granulada fue distribuida a las cocinas de cuarteles y campamentos a partir de 1944 y hasta el final de la guerra, permitiendo así que los soldados pudieran disfrutar del pan recién horneado.

EL PAPEL FILM

En nuestras cocinas no puede faltar el papel film, de gran utilidad para la conservación de frutas, verduras o embutidos. Pero lo que seguramente el lector no sabrá es que ese artículo tiene su origen en la Segunda Guerra Mundial.

Una década antes de que estallase la contienda, en un laboratorio de la empresa Dow Chemical se descubrió por casualidad en el fondo de un matraz una sustancia plástica inmutable a cualquier producto químico. A finales de los años treinta, el Instituto Politécnico de Brooklyn, puntero en la investigación en ese campo, advirtió las posibilidades de ese polímero, desarrollando un método para fabricar una película con él.

Durante la contienda, el ejército norteamericano protegía de la corrosión los motores, armas y piezas metálicas, que eran enviados por mar en las cubiertas de los barcos a la intemperie, con celofán, papel encerado y papel de aluminio. En 1944, el Cuerpo de Intendencia reparó en la existencia de aquel polímero; si se le daba la suficiente flexibilidad y resistencia, podía ser ideal para ese cometido.

Así pues, el Instituto Politécnico de Brooklyn recibió el encargo de mejorarlo con ese fin, superando los principales problemas que presentaba ese material, que eran la estabilidad frente a la luz y el calor. Mediante el socorrido método de prueba y error, el 4 de mayo de 1945 se patentaba un «compuesto de cloruro de vinilideno estable a la luz», lo que no era otra cosa que el papel film. A partir de entonces, el Ejército dispondría de la película protectora que buscaba. La comercialización de ese nuevo producto autoadhesivo e impermeable, destinado a la conservación de alimentos, se llevaría a cabo en 1949.

Otro producto que suele compartir armario de cocina con el papel film es el papel de aluminio. Como el lector puede imaginar, también hay que *agradecer* a la Segunda Guerra Mundial la existencia de esa fina lámina metálica con la que seguramente ha envuelto tantos bocadillos. Tras el conflicto, la agencia de excedentes de guerra recuperó el aluminio con el que se habían construido más de 150 000 aviones, fundiéndolo en lingotes. Esa materia prima fue vendida a precio de ganga a Reynolds y otras empresas hojalateras. Para dar salida a todo ese aluminio, decidieron convertirlo en una lámina para uso doméstico, cuya capacidad para proteger y conservar los alimentos le llevaría a convertirse en un producto habitual de la cesta de la compra.

ESTUDIO DE LA DESNUTRICIÓN

Aunque su gran objetivo era tratar de alimentar lo mejor posible a las tropas, las autoridades militares se vieron en la necesidad de estudiar un proceso que inevitablemente aparece junto al fenómeno bélico, como es la desnutrición. Ya fuera entre la población civil o entre el propio personal militar, el hambre solía hacer acto de presencia, causando debilidad extrema, favoreciendo la propagación de enfermedades y golpeando duramente la moral. Pero hasta entonces no se había analizado desde el punto de vista científico cómo actúa la desnutrición sobre el cuerpo humano. El citado Ancel Keys sería el encargado de realizar ese trabajo.

Para su labor de investigación, Keys contaría con voluntarios, reclutados entre los objetores de conciencia. Éstos habían decidido no tomar las armas por razones religiosas o ideológicas, pero la mayoría de ellos estaban dispuestos igualmente a hacer sacrificios por su país, por lo que se integraban en el Servicio Público Civil (Civilian Public Service, CPS), una organización que quedaba a disposición del ejército norteamericano. La labor de esos objetores podía ser la extinción de incendios, colaborar en asilos y hospitales o trabajar en la industria de guerra.

Los integrantes del CPS también podían colaborar en el esfuerzo de guerra ofreciéndose voluntarios para experimentos médicos, aunque éstos nunca debían suponer un riesgo para su salud. Así, fueron requeridos para analizar el efecto de las vitaminas o del frío y calor extremos. También se estudió cómo afectaba al cuerpo permanecer mucho tiempo en cama, o se ensayaron métodos para acabar con los piojos. Igualmente, se llevaron a cabo experimentos destinados a combatir la malaria.

Para su estudio sobre la desnutrición, Keys requería 36 voluntarios. Cuando su departamento envió al CPS un folleto destinado a reclutarlos, le llegaron más de cuatrocientas solicitudes. El éxito de la convocatoria quizás se explique porque en el folleto aparecía la fotografía de un niño desnutrido con la frase «¿Pasarías hambre para que él sea mejor alimentado?». Después de que los voluntarios iniciales fueran sometidos a una serie de pruebas físicas y mentales, se determinó quiénes de ellos estaban preparados para afrontarlo, seleccionándose los 36 que finalmente participarían en él.

Keys era consciente de lo que implicaba llevar a cabo ese experimento, así que se fijó el principio de no hacer el proceso más duro de lo necesario. Durante el estudio se preguntaría él mismo a menudo «¿Qué le estoy haciendo a este hombre?», para no perder de vista en ningún momento que estaba experimentando con seres humanos.

El ensayo comenzó el 19 de noviembre de 1944, comenzando con una dieta normal de 3600 calorías diarias. Después de tres meses, comenzó el experimento propiamente dicho, reduciéndose la ingesta de calorías a 1570. Los sujetos debían caminar unos 30 kilómetros por semana. Además, eran sometidos a baterías de pruebas médicas y psicológicas. La única buena noticia para los voluntarios fue que, además de agua, podían disponer de todo el café, chicles y cigarrillos que quisieran. Esta fase de desnutrición debía prolongarse a lo largo de seis meses.

Durante el experimento, los voluntarios permanecían recluidos, pero podían salir acompañados por un vigilante para que no cayesen en la tentación de comer algo. Aun así, tres de los voluntarios fueron expulsados cuando se descubrió que ingerían alimentos ajenos al ensayo. Uno también tuvo que ser dispensado de continuar, al presentar sangre en la orina, aunque se pudo recuperar en poco tiempo. El único caso trágico fue el de un hombre que, en un momento de desesperación, se cortó tres dedos de una mano con un hacha, aunque, curiosamente, después insistió en seguir adelante con el experimento.

Tras nueve meses de estar sometidos a esas restricciones alimenticias, los sujetos que participaron en el experimento perdieron entre un cuarto y un tercio de su peso. Así, partiendo de una media de 69 kilos, adelgazaron hasta llegar a unos 52 kilos, lo que demuestra que la desnutrición no fue severa.

De la experiencia dirigida por Keys se extrajeron interesantes conclusiones, pero la que quizás fue más sorprendente es que los individuos, conforme el hambre se acrecentaba, se volvían más sumisos y obedientes. A esta conclusión pudieron haber llegado, antes que él y de manera intuitiva, los responsables que estaban a cargo de los campos de concentración nazis, en los que el hambre se convertiría en una eficaz herramienta de dominación. Esa reacción psicológica se invertiría durante la etapa de recuperación; conforme iban retomando fuerzas, los sujetos se mostraban más remisos a cumplir órdenes.

La fase primaria del experimento concluyó el 20 de octubre de 1945, cuando ya los japoneses se habían rendido y, por tanto, la guerra había concluido. Pero el experimento continuó para una docena de sujetos, que fueron sometidos a un proceso de recuperación «sin restricciones», en el que podían comer todo lo que quisieran. Además de esa actitud más reacia a obedecer, tal como se ha apuntado, se señaló otro efecto curioso; pese a que podían disponer de toda la comida que quisieran, la acaparaban por miedo de que se la pudieran quitar y, además, seguían sintiéndose hambrientos.

Además de establecer esos efectos psicológicos de la desnutrición, Keys llegó a otras conclusiones, como que en el proceso de recuperación los suplementos de proteínas o vitaminas no tienen efectos apreciables, por lo que esa recuperación era proporcional al número de calorías consumido.

Tanto los nutricionistas como los psicólogos extrajeron valiosas lecciones del trabajo de Keys, que publicó sus conclusiones en 1950, en una obra que se convertiría en la referencia en este campo.

LA NUEVA INDUSTRIA ALIMENTARIA

La Segunda Guerra Mundial supuso un paso de gigante en el ámbito de la comida procesada. Aunque en los años inmediatamente anteriores a la contienda los norteamericanos ya pusieron las bases de lo que iba a ser la nueva industria alimentaria, el salto que experimentó la tecnología de la alimentación durante la guerra fue absolutamente espectacular. Como en otros terrenos, la presión a la que fueron sometidos los científicos para que encontrasen soluciones rápidas y eficaces a los problemas planteados fue un estímulo que hizo avanzar la ciencia de los alimentos varias décadas en unos pocos años. Los efectos de este estallido son claramente constatables en la actualidad.

Por ejemplo, se produjo un avance ostensible en la conservación de la carne, un campo de enorme relevancia en el aprovisionamiento de los ejércitos. En la guerra de Secesión (1861-1865), la carne llegaba al frente «trashumando», es decir, que el ganado era acarreado vivo para ser consumido allí, pero los animales perdían peso por el camino y luego había que sacrificarlos y despiezarlos, con las dificultades que ese proceso entraña.

En la guerra que enfrentó a Estados Unidos con España en 1898, la carne llegaba en lata o en barcos frigoríficos, pero las técnicas de conservación no estaban tan avanzadas como para resistir el intenso calor. La cadena de frío se rompía y la carne en lata se volvía incomible. Las quejas de las tropas serían aireadas por la prensa, llegando el asunto al Congreso, convirtiéndose en el escándalo de la «carne embalsamada», que se cobraría algunas víctimas en el estamento militar.

En la Primera Guerra Mundial no se produjeron grandes avances; la carne de ternera enviada a Europa, al descongelarse, adquiría un color parduzco y perdía todo el sabor. En 1938, el departamento de Veterinaria de la Armada descubrió que el problema radicaba en la congelación lenta, que revienta las paredes celulares; aplicando un nuevo método de ultracongelación, la carne recuperaba casi todas sus condiciones en el momento de ser consumida.

También se avanzó en los métodos de deshuesado y empaquetado de la carne, para facilitar su transporte. Durante la Primera Guerra Mundial se habían evidenciado las ventajas de enviar la carne de ese modo, ya que la carne de ternera podía pesar un 25 por ciento menos si se le quitaban los huesos, las grasas y los cartílagos. Además, cuando se congelaba en una porción rectangular, se envolvía en arpillera y se apilaba, ocupaba un 60 por ciento menos de espacio en los barcos y trenes del Ejército, un factor a tener muy en cuenta. Sin embargo, el final de la contienda no dio tiempo a extender esa optimización y apenas el 8 por ciento de la carne enviada a las tropas en Europa lo hizo de ese modo.

En la Segunda Guerra Mundial se apostó decididamente por esos métodos de procesado. Se desarrollaron nuevas técnicas de deshuesado para obtener más carne de la res y para clasificar los distintos tipos de carne. También se idearon nuevos métodos de empaquetado al vacío, que facilitaban la conservación y el apilamiento. Todas esas innovaciones fueron cedidas a la industria cárnica; fruto de ellas fueron, por ejemplo, los primeros perritos calientes envasados en plástico, creados por la empresa Oscar Mayer.

Los alimentos liofilizados también nacieron con la Segunda Guerra Mundial. Aunque ese proceso de conservación basado en la deshidratación había sido inventado a principios del siglo XX, no sería hasta la contienda de 1939-1945 cuando se aplicó a la alimentación. No obstante, la gran utilidad de la liofilización fue para el transporte de plasma sanguíneo, al quedar reducido a polvo y no requerir refrigeración. También se recurrió a la compactación para reducir el volumen de los alimentos, lo que implicaba un grado de deshidratación, en el caso de las frutas y verduras, la harina, las patatas o incluso los huevos.

Con el mismo fin de facilitar el transporte a largas distancias se creó otra invención que podemos encontrar hoy en el supermercado: el zumo de naranja procedente de concentrado. Desde 1942, un equipo de científicos del Departamento de Agricultura trabajó por encargo del Ejército para dar con la manera de reducir el contenido en agua del zumo de naranja, conservando al mismo tiempo el sabor de la fruta recién exprimida. El objetivo era garantizar a las tropas una ingesta suficiente de vitamina C. Mediante un proceso de evaporación a baja temperatura se consiguió eliminar toda el agua del zumo, reduciéndolo a polvo. El agua para reconstituirlo se añadiría en destino.

El nuevo producto no estaría perfeccionado hasta 1945, cuando el Ejército pudo hacer ya un primer pedido de 227 toneladas de zumo concentrado a la empresa proveedora creada especialmente para este cometido, Florida Foods. Pero el final de la guerra ese mismo año hizo que el pedido fuera cancelado. Aun así, la empresa, al vislumbrar las posibilidades comerciales del zumo concentrado, siguió adelante con el proyecto, aunque dirigido al mercado de consumo. En lugar de eliminar totalmente el agua, se decidió reducir su contenido al 80 por ciento y comercializarlo congelado. El concentrado congelado Minute Maid saldría a la venta en abril de 1946, obteniendo una gran aceptación entre los consumidores.

Otro ejemplo de la influencia de la Segunda Guerra Mundial en la industria alimentaria sería el cambio que experimentaría el procesamiento del queso. Durante la Primera Guerra Mundial, pese a su entrada tardía en el conflicto, el ejército norteamericano consumió veinticinco millones de latas de un cuarto de libra de queso Kraft. Este queso había sido procesado con sales emulsionantes para poder soportar el calor, sin que la grasa se licuase. Además, al no ser natural sino procesado, se podía fabricar con restos y retales de bloques de queso destinado al consumo, por lo que resultaba más barato.

Ese éxito llevó a que, durante la Segunda Guerra Mundial, el Ejército recurriese al queso como uno de los alimentos fundamentales de la dieta del soldado. Sólo en 1944, el Cuerpo de Intendencia compró también a Kraft unas 50000 toneladas de queso cheddar de Wisconsin, además de 227 toneladas de queso de untar con trozos de beicon para completar las raciones K.

QUESO EN POLVO

Al igual que sucedía con las patatas o los huevos, también se procedió a la deshidratación del queso; sin embargo, en este caso los resultados no serían tan rápidos ni eficaces. Por su alto contenido graso, resultaba imposible deshidratarlo, ya que el calor fundía la grasa, hasta que en 1943 se inventó una técnica que permitía obtener queso concentrado en polvo; primero se secaba a bajas temperaturas, endureciendo las proteínas para que impidieran a las grasas escapar a través de ellas, lo que permitía luego deshidratarlo a una temperatura superior. Aun así, a la hora de consumirlo, no era posible hidratarlo para que recuperase su estado original, por lo que el queso tratado de este modo no tendría una gran aceptación. El queso en polvo se utilizaría, prensado en pastillas, como ración de emergencia en lugares en donde fuera difícil conservar el queso natural, como en los trópicos. También se emplearía en los comedores de los cuarteles para aderezar pasta o salsas.

Al finalizar la guerra, el Ejército se encontró con montañas de queso en polvo, que decidió vender a bajo precio para deshacerse de él. La atractiva oferta no tuvo mucha demanda, ya que las empresas no sabían qué hacer con ese queso deshidratado, excepto la Frito Company, que sí advirtió las posibilidades del nuevo producto. En 1948, esta empresa puso a la venta el primer aperitivo con sabor a queso; después de mezclar harina de maíz con agua, hincharla y freírla, se barnizaba con ese queso deshidratado de color naranja que, como el lector habrá tenido oportunidad de comprobar, posee una natural tendencia a quedar pegado a los dedos. Habían nacido los populares Cheetos. A partir de entonces, el queso deshidratado nacido en la Segunda Guerra Mundial se convertiría en un ingrediente fundamental de ganchitos, bolitas, galletitas saladas y demás aperitivos, así como de otros muchos productos precocinados.

IRRADIACIÓN DE ALIMENTOS

Sin embargo, hubo otra innovación de la industria alimentaria basada en «material sobrante» de la Segunda Guerra Mundial que puede ser calificada, como mínimo, de controvertida. Después de que el costosísimo Proyecto Manhattan lograse su objetivo de fabricar la primera bomba atómica, y de que dos de ellas fueran lanzadas sobre Japón, el Ejército se encontró en posesión de una gran cantidad de elementos combustibles empleados en el programa, que aún emitían rayos gamma.

En 1946, el Cuerpo de Intendencia empezó a experimentar con la aplicación de esos rayos para esterilizar alimentos. La irradiación se vio como una alternativa a los tratamientos químicos, ya fueran herbicidas o insecticidas, eliminando microorganismos e insectos que causaban plagas en cosechas almacenadas. También se comprobó que la radioesterilización retrasaba la germinación de los frutos y semillas. Igualmente, los alimentos así tratados se conservaban más tiempo, ya que la radiación mataba los microorganismos que intervienen en la descomposición.

Los ensayos llevados a cabo por el Cuerpo de Intendencia fueron considerados un éxito, por lo que esos elementos combustibles radiactivos fueron aprovechados para construir varias plantas de irradiación de alimentos, distribuidas por la geografía estadounidense. A los soldados enviados a la guerra de Corea ya se les suministraron alimentos irradiados, que soportaban intactos el largo viaje.

Como es natural, desde el primer momento surgieron dudas razonables sobre la seguridad de los alimentos irradiados, una intuición que se vería reforzada en los años sesenta con estudios que alertaban de su peligrosidad. Aun así el Ejército seguiría recurriendo a este método de esterilización, que cuenta desde 1984 con la aprobación de las autoridades alimentarias norteamericanas para ser aplicado en frutas, verduras y especias, y desde 1997 en la carne, lácteos o pescado.

En la actualidad, muchos países en vías de desarrollo utilizan la radiación para garantizar que sus productos llegarán en buen estado a su destino, a veces a miles de kilómetros de distancia. El hecho de que resulte difícil comprobar si un alimento ha sido o no irradiado hace que este poco tranquilizador método de conservación quizás esté más extendido de lo que pudiera parecer.

TECNOLOGÍA DE LA ALIMENTACIÓN

Aunque no pertenezca al ámbito de la alimentación, hay un elemento en muchas cocinas que también tiene su origen en la Segunda Guerra Mundial. El lavavajillas fue inventado a finales del siglo XIX, pero hasta la guerra fue exclusivamente utilizado en restaurantes e instituciones. Fue durante el conflicto que el Cuerpo de Intendencia rediseñó el aparato para que fuera más barato y eficiente, a fin de prevenir en las cantinas enfermedades transmitidas por los restos de alimentos. El resultado de ese avance sería el electrodoméstico que después se haría tan popular.

Tras la guerra, el Laboratorio de Investigación en Intendencia de Chicago se convertiría en el Instituto de la Alimentación y el Envasado de las Fuerzas Armadas, un organismo que marcaría la pauta de la investigación en este campo y de cuyos avances se aprovecharían las principales empresas alimentarias, representadas en él. Los profesores universitarios que trabajaron para el laboratorio, al regresar a sus instituciones de procedencia, fundaron programas de tecnología de la alimentación, hasta entonces inexistentes. Las empresas que participaron en el programa crearon asociaciones con afiliados en todo el mundo para promover la investigación alimentaria y el intercambio de información, convocar congresos y editar revistas especializadas.

La colaboración entre el ejército norteamericano y las empresas alimentarias continúa en la actualidad, manteniendo unos lazos estrechísimos. La investigación militar en ese campo la lleva a cabo el organismo heredero de aquel Laboratorio de Chicago, el Centro del Ejército Estadounidense para la Investigación, Desarrollo e Ingeniería de Soldados, con sede en Natick, cerca de Boston.

Los objetivos militares de contar con alimentos de fácil elaboración, portabilidad, tiempo de conservación dilatado a temperatura ambiente, precio ajustado y presencia atractiva para aprovisionar a sus tropas destinadas a miles de kilómetros, coinciden plenamente con los de la industria alimentaria y con los de los consumidores, que valoran cada vez más la rapidez y facilidad de preparación. Por tanto, los militares invierten millones de dólares en esas investigaciones y obsequian a las empresas privadas con sus descubrimientos, que los acogen encantadas. A cambio, el Ejército sabe que las empresas tendrán listas sus cadenas de producción para proporcionarles toneladas de esos alimentos procesados cuando les sean necesarios.

La contienda finalizada en 1945 provocó una destrucción sin precedentes en la historia de la humanidad pero, paradójicamente, como hemos visto, reportaría a la población civil unos inesperados beneficios en el campo de la tecnología de la alimentación. La necesidad de aprovisionar a las tropas norteamericanas supuso estimular unos avances en este campo cuyos resultados podemos apreciar a diario, todavía hoy, en nuestras cocinas, tiendas y supermercados, sin sospechar que tienen su origen en aquel devastador conflicto.

CUANDO LOS LIBROS
FUERON A LA GUERRA

El dominio nazi sobre Europa llevó a la destrucción premeditada de millones de libros, con el saqueo y destrucción de miles de bibliotecas. Para compensar, en cierto modo, semejante barbaridad, en el campo aliado se puso en marcha la que sería, sin duda, la mayor iniciativa editorial de la historia. La contienda no sólo se libraría con fusiles, balas o bombas, sino también con papel, tinta y rotativas.

Ese plan estaba imbricado en el extraordinario esfuerzo de guerra que llevaron a cabo los norteamericanos, quienes fueron los primeros en comprender que la guerra moderna tiene un carácter industrial, en el que juega un papel determinante la logística y la intendencia. Así, tras el desembarco en Normandía, los estadounidenses calcularon que sus soldados consumían diariamente 18 584 kilos de material, desde el combustible y la munición a la goma de mascar. A eso había que añadir la heterogeneidad de esos suministros;

800 000 artículos distintos, ocho veces más de los que tenía entonces a la venta la famosa cadena de grandes almacenes Sears.

El estudio de ese fabuloso esfuerzo de guerra que resultó decisivo para la victoria aliada se suele centrar en la producción de aviones, tanques o barcos. Pero hay un terreno aparentemente secundario que tendría gran incidencia en la moral del soldado norteamericano y al que los historiadores no han prestado ninguna atención: la lectura. En efecto, los norteamericanos pusieron en marcha un ambicioso proyecto que tenía como objetivo llevar la lectura hasta el frente más remoto, para aliviar el tedio, elevar los espíritus, estimular el humor, renovar la esperanza y proporcionar una válvula de escape.

No obstante, lo que al lector le puede parecer una labor sencilla y prosaica, como suele ser editar y distribuir libros, en la que difícilmente podríamos encontrar algo de épica, en realidad demostraría ser un camino plagado de sucesivas dificultades, convirtiéndose en un apasionante desafío que seguramente no aparecerá en su libro de la Segunda Guerra Mundial[6].

CAMPAÑA DE DONACIONES

La necesidad del Ejército de disponer de libros para sus tropas surgió a partir de octubre de 1940, cuando comenzaron a llegar a los campos de entrenamiento

[6] Para la confección de este capítulo me he basado en el novedoso estudio realizado por la historiadora y periodista norteamericana Molly Guptill Manning, publicado en 2014 con el título de *When Books Went to War. The Stories that Helped us Win World War II.*

los hombres que habían sido llamados a filas tras aprobarse el servicio militar obligatorio. En ellos era preciso proporcionar a los reclutas algún entretenimiento en su tiempo de ocio, y el Ejército consideró que las bibliotecas cumplían esa función. Ya existía una tradición al respecto; en la guerra de Secesión y en la Primera Guerra Mundial, organizaciones voluntarias enviaron libros al frente, que eran muy apreciados por los soldados.

El éxito de la última campaña llevó en 1921 a la creación del Army Library Service («Servicio de Biblioteca del Ejército») para dotar de bibliotecas a los cuarteles. Sin embargo, la falta de presupuesto para nuevas compras hizo que ese servicio languideciese; en 1940, su catálogo se había quedado ya anticuado, por lo que el Ejército se vio en la necesidad de renovar los libros que debía poner a disposición de los reclutas, aunque no se asignó presupuesto para ese objetivo.

Así pues, en 1941 se propuso a los bibliotecarios de Nueva York emprender una campaña de donaciones de libros. La llamada tuvo una excelente acogida, por lo que acabó extendiéndose a todo el país, recogiéndose decenas de miles de ejemplares. Ese éxito animó al gobierno a lanzar en noviembre de 1941 una ambiciosa campaña nacional, con el objetivo de recoger diez millones de libros. Se puso entonces en marcha la mayor campaña de donación de libros de la historia, con anuncios en prensa y radio, medio millón de carteles y la participación de personajes famosos para animar a la participación de la población.

Las universidades también colaboraron activamente. Para promocionar la campaña, se recomendó a las facultades que difundiesen esta cita del poeta inglés John Milton: «Los libros no son cosas muertas, pues contienen una potencia vital capaz de volverlos tan activos como los espíritus de sus progenitores. Más que eso, incluso; preservan, como en una ampolla, la más pura eficacia y esencia de aquel intelecto vivo que los generó».

Las cajas para recibir los libros llegaron hasta el último rincón del país. La campaña fue un éxito, ya que en sólo dos semanas se recogieron medio millón de ejemplares.

TÍTULOS INADECUADOS

El 7 de diciembre de 1941, los japoneses atacaron Pearl Harbor, lo que precipitó la entrada de Estados Unidos en la guerra. A partir de ese momento, la campaña de donación de libros, que pasó a llamarse Victory Book Campaign, tomó un fuerte cariz patriótico, lo que se tradujo en una avalancha de volúmenes. En enero de 1942 ya se había conseguido un millón de ejemplares, aunque las frías cifras decían que faltaban todavía nueve millones. El esfuerzo de los organizadores continuó y en marzo de 1942 ya eran cuatro millones los ejemplares recogidos.

No obstante, pronto se hizo evidente un punto débil de la campaña; buena parte de los títulos donados no presentaban ningún interés para un joven en edad militar. Por ejemplo, llegaban manuales para aprender a tricotar, novelas románticas o cuentos infantiles, que eran descartados en una primera selección. Cuando los soldados comenzaron a ser enviados al frente y se les entregó libros para que los llevaran consigo, se reveló un nuevo problema; la mayoría de ejemplares eran grandes y de tapa dura, lo que dificultaba llevarlos en el petate o en cualquier bolsillo. Además, llegaban bastantes ejemplares en mal estado; muchos ciudadanos habían confundido la campaña de donación de libros con otra de recogida de papel y cartón usado.

En mayo de 1942 se alcanzó por fin el objetivo de recoger diez millones de libros. El éxito dejó un regusto agridulce entre los organizadores, ya que, tal como se ha apuntado, se habían cubierto las expectativas de cantidad, pero no de calidad. Con el crecimiento de las fuerzas armadas se hizo necesaria una nueva campaña, pero se trató de enmendar los errores cometidos en la anterior. En este caso, se pidió a las editoriales que donaran libros de actualidad en edición de bolsillo; aunque las aportaciones fueron generosas, no pasaron de unos pocos miles de ejemplares. La solución definitiva al reto parecía todavía lejana.

Por otro lado, a principios de 1942 el Ejército decidió enviar también revistas a las tropas, pero tropezó con graves problemas de distribución. Los paquetes de revistas acababan varados en cualquier almacén postal durante meses, llegando siempre con retraso a su destino, cuando finalmente llegaban. Los soldados se quejaban de que les resultaba imposible seguir las historias por capítulos, habituales en las publicaciones de la época. Esos problemas se resolvieron al modo norteamericano, instalando un depósito gigantesco en Nueva York, en el que se clasificaban y empaquetaban decenas de millones de revistas. A partir de marzo de 1943, las entregas fueron regulares y los soldados pudieron disfrutar puntualmente de la lectura de sus revistas favoritas, sin importar el lugar del planeta en el que se encontrasen.

FORMATO ESPECIAL

Para ahorrar papel, facilitar los envíos y resultar más cómodas de guardar para los soldados, algunas revistas pasaron a editarse a un tamaño menor y con un papel más fino. Entonces se planteó la idea de hacer lo mismo con los libros; el propio Ejército compraría ediciones especialmente concebidas para su lectura por los soldados. La idea levantó un gran entusiasmo; para ponerla en práctica se creó la Armed Services Edition (ASE).

Había que crear un modelo de libro que se adaptase a su destino, pero el reto no iba a resultar sencillo. Así, se escogió una medida (16,4 x 11,4 centímetros) que permitiese que un soldado pudiera guardarlo en el bolsillo trasero del pantalón. Incluso el libro más grueso que se editaría, de 512 páginas, cumpliría con esa regla. También existiría un formato menor (14 x 8,5 centímetros), que debía caber en el bolsillo interior de la chaqueta. De este modo, hasta los soldados que luchasen en primera línea del frente podrían guardar o sacar su libro del bolsillo en cualquier momento.

Igualmente, para evitar cargar a los soldados con peso innecesario, se optó por la tapa blanda y se decidió reducir el gramaje del papel, hasta conseguir que éste pesase una quinta parte del que se usaba normalmente en los libros de tapa dura.

El ejército norteamericano promovió la edición de libros especialmente diseñados para los soldados. El éxito de esta iniciativa superó todas las expectativas. Archivo del autor.

El problema llegó cuando se buscaron las máquinas de imprimir libros de ese tamaño, ya que, sencillamente, no existían. Se tuvieron que emplear máquinas utilizadas en la impresión de revistas, pero como no se editaban revistas en tamaño bolsillo, la solución fue imprimir dos libros a la vez, uno encima del otro, que eran después separados por un corte horizontal. Pero los problemas no acababan ahí; como los libros no tienen todos la misma extensión, había que acortar uno u otro, contando meticulosamente caracteres y palabras, para que ambos textos se emparejasen. De ese modo se evitaba imprimir páginas en blanco, lo que suponía un derroche en una época de racionamiento de papel. Cuando no era posible emparejarlos, las páginas en blanco se llenaban con una biografía del autor o con pasatiempos.

Se realizaron igualmente estudios para encontrar el formato más adecuado, teniendo en cuenta que los libros iban a ser leídos en condiciones que no serían precisamente las que uno puede disfrutar en casa. El diseño definitivo consistiría en uno apaisado, con dos columnas en cada página, que debía ser más cómodo de leer para un soldado cansado por los combates, o con iluminación insuficiente. Se comprobó que el formato apaisado permitía incorporar un 12 por ciento más de texto. Un memorándum del proyecto aseguraba que el prototipo acabado era «pequeño, ligero, atractivo... y bien legible incluso bajo condiciones difíciles de luz y movimiento». También se decidió apostar por las grapas en lugar de la cola para unir las páginas, ya que se temía que la cola atrajese a los insectos o se derritiese en ambientes húmedos.

El proyecto hizo hincapié en el diseño de unas portadas que resultasen atractivas; éstas incluían una imagen en miniatura de la portada original, y el título y el nombre del autor eran exhibidos de forma destacada. Las tapas serían imprimidas en papel resistente y de alto gramaje, en colores vibrantes. Para llamar la atención de los lectores sobre otros títulos disponibles, la penúltima página informaba de los últimos lanzamientos.

Teniendo en cuenta que el objetivo era imprimir dos millones y medio de libros al mes, se consiguió un precio asumible por el Ejército, de tan sólo 7 centavos de dólar por ejemplar, que más adelante se vería aún más reducido, a 5,90 centavos. En concepto de derechos, el Ejército pagaría un centavo por ejemplar, a repartir a partes iguales entre el autor y la editorial original.

A partir de septiembre de 1943 comenzaron a llegar los libros a las tropas, siendo acogidos con entusiasmo. El 80 por ciento de los ejemplares fueron distribuidos entre los soldados del Ejército de Tierra, y el 20 por ciento restante sería para la Marina. Aunque el ambicioso objetivo inicial era publicar medio centenar de novedades al mes, al final ese número se vería reducido a treinta, ya que los desafíos editoriales y de producción eran hercúleos.

SELECCIÓN DE TÍTULOS

Para seleccionar los títulos que iban a ser editados se seguía un proceso de tres etapas. Los editores consultaban su catálogo para verificar qué libros podrían resultar más atractivos a los soldados. Después, un equipo de lectura independiente reducía la selección. Finalmente, los títulos escogidos se sometían a la aprobación del gobierno. También se tenían en cuenta las sugerencias de los soldados.

Pero no era suficiente con elegir un listado de libros; había que examinarlos detenidamente por si contenían algún pasaje que pudiera ser inadecuado. Por ejemplo, en una novela del lejano oeste, uno de los personajes hacía una referencia negativa a los mormones, por lo que ese pasaje fue censurado para que los soldados de esta confesión no se sintieran ofendidos. Curiosamente, también se eliminaban los fragmentos que podían ofender a los alemanes o los japoneses, para facilitar que pudieran ser leídos por los soldados en caso de ser hechos prisioneros.

Entre los títulos seleccionados había clásicos, novelas, historia, suspense, biografías, fantasía, actualidad, ciencia, viajes, deporte, humor... El género más popular era el de la ficción contemporánea; uno de cada cinco títulos correspondía a esta temática. Al final de su misión, la ASE habría publicado 1200 títulos, entre los que cualquier soldado podía encontrar sus temas de interés, ya fuera el béisbol, las matemáticas, la psicología o la música.

Para un autor, que un libro suyo fuera seleccionado para formar parte del catálogo de la ASE suponía un gran honor, por encima de los derechos que podía percibir. De repente pasaba a contar con centenares de miles, o incluso millones, de lectores, que hablaban de la obra a sus familiares y amigos. Esa amplia difusión impulsaba la reedición del libro en formato comercial. Los autores también agradecían el estímulo que suponía recibir cartas de los soldados en las que explicaban sus impresiones sobre la obra.

La inclusión en el catálogo se revelaría como un potente revitalizador de carreras literarias marchitas. El caso más extremo sería el F. Scott Fitzgerald y su célebre novela *El gran Gatsby*, publicada en 1925 con escaso éxito. Scott murió en 1940, convencido de que su libro había caído en el olvido. Pero después de ser editado por la ASE en 1945, y su cálida acogida entre los soldados —se tuvieron que imprimir 155 000 ejemplares para satisfacer la demanda cuando lo habitual era 50 000—, la novela adquirió una repentina popularidad entre el público norteamericano, que la llevaría a ser incluida en el plan de estudios de la escuela secundaria. Gracias a haber sido seleccionada en su día como lectura para las tropas, hoy *El gran Gatsby* está considerado un clásico de la literatura.

LISTAS DE ESPERA

Resulta difícil para nosotros llegar a comprender lo que esos sencillos libros significaron para los soldados. Cuando se extendía el comentario de que cierto libro era muy bueno, se confeccionaban listas de espera para identificar qué soldado sería el siguiente en tener el privilegio de leerlo. Aquellos que no querían esperar a que les llegase su turno trataban de escalar puestos en la lista practicando el soborno con cigarrillos, chocolate o dinero.

Los ejemplares eran leídos con avidez, pasando de mano en mano y desgastándose hasta quedar prácticamente ilegibles. No era extraño que un soldado arrancase la parte que ya había leído para dársela al siguiente hombre en la lista de espera y aplacar así su insistencia para que terminase pronto de leerlo.

En una ocasión, alguien forzó la puerta del coche de un oficial durante la noche; de entre los objetos de valor que había en su interior, el ladrón sólo se llevó una caja con 32 libros. En otra ocasión, un inspector de la ASE en el frente debía llevarse algunos ejemplares desgastados para ser estudiados y tratar de mejorarlos;

los soldados le imploraron que no se llevase los libros, a pesar de que estaban casi deshechos, asegurándole que todavía los podían leer. Las páginas acababan estando tan sucias que a veces no se distinguían las letras. Pero, aunque los libros estuvieran casi deshechos, a nadie se le ocurría desprenderse de ellos: «Tirar un libro a la basura era como si uno pegase a su abuela», aseguró una vez un soldado.

Aquellos libros despertaron la pasión por la lectura en muchos soldados que nunca antes habían tenido uno en sus manos; leían en cualquier lugar y circunstancia, ya fuera en una trinchera, la cola del rancho, un puesto de mando, en la litera, un *jeep*, la cama de un hospital o una lancha de desembarco. Se hizo extraño ver un soldado sin un libro de la ASE asomando por el bolsillo trasero de su pantalón.

Sirva como ejemplo de la excelente acogida que había tenido entre la tropa la iniciativa una carta remitida a la ASE por un soldado, en nombre suyo y en el de sus compañeros: «Queremos expresar nuestro agradecimiento a uno de los mejores programas del Ejército: el Armed Services Editions. Siempre que llegan los libros, son tan bienvenidos como las cartas de casa. Son tan populares como las *pin-ups*, principalmente aquí donde, si no fuese por sus ediciones, nos sería muy difícil encontrar algún libro». Un soldado destinado en Italia afirmaba que enviar libros a los soldados del frente era «como hacer llover en el desierto», mientras que un oficial médico del Ejército escribió: «Después de la penicilina, los libros del Armed Services Editions son el mayor perfeccionamiento de la técnica militar desde la batalla del Marne».

Pero no todas las cartas recibidas por la ASE eran elogiosas. También había duras críticas. La mayoría de éstas eran quejas porque algunos ejemplares presentaban graves errores de impresión. Las misivas más airadas correspondían a los soldados que llegaban al desenlace del libro y, para su desesperación, veían cómo las páginas aparecían en blanco. En estos casos, la ASE se saltaba su política de no enviar libros de forma individual y remitía un ejemplar completo del libro para aplacar así la rabia del frustrado lector. La frustración de los soldados a los que les había tocado en suerte un ejemplar defectuoso era tal, que alguno acusó seriamente a la ASE de albergar en su seno un grupo de quintacolumnistas del Eje.

El deseo de los soldados de leer un título del catálogo en concreto llevó a muchos a emprender una búsqueda desesperada. Un sargento llegó a acudir a la Cruz Roja en busca de ayuda para localizar un ejemplar de *Low Man on a Totem Pole*, de H. Allen Smith, su autor favorito. La ASE recibía numerosas cartas de soldados suplicando que les enviasen el libro que no lograban encontrar, a pesar de que esas peticiones particulares, como se ha indicado, no podían ser atendidas.

Consciente de que los libros resultaban útiles para mantener alta la moral, en las semanas previas al desembarco de Normandía el general Eisenhower ordenó que se distribuyesen libros de la ASE entre las tropas que debían participar en la invasión, asegurándose de que a cada hombre le llegase un ejemplar.

Aunque resulte difícil de creer para el lector, pese a que se distribuyeron también cigarrillos y barras de chocolate, los libros eran el artículo más deseado por los soldados. De hecho, cuando los hombres comenzaron a embarcar rumbo a las playas de Normandía y tuvieron que deshacerse de los objetos superfluos para no cargar con demasiado peso, prácticamente nadie dejó en tierra sus libros. En las tensas horas que los soldados tuvieron que permanecer embarcados a la espera de que se diese la orden de zarpar, aquellos libritos sirvieron para mantener la mente ocupada y no dejarse llevar por el nerviosismo. Un teniente aseguró que «muchos permanecían indiferentes a las incomodidades gracias a su interés por lo que estaban leyendo».

TÍTULOS FAVORITOS

Entre los libros más buscados por los soldados destacaban dos novelas, *Forever Amber* y *Strange Fruit*, que contenían algunas escenas consideradas entonces como subidas de tono. La primera narraba la historia de ascensión de una joven disoluta en la Inglaterra del siglo XVII y la segunda la historia de una pareja interracial que se veía enfrentada a un embarazo, en la que se describían escenas de seducción, incluyendo partes del cuerpo y ropas arrancadas.

Strange Fruit llegó a ser prohibido por un juez de Boston; la sentencia afirmaba que «las cuatro escenas de relación sexual presentan connotaciones intensamente eróticas» y que tienden a «promover pensamientos lascivos y despertar deseos lujuriosos en las mentes» de aquellos que leen el libro. La prohibición no era ninguna broma; un librero que siguió vendiendo ejemplares de *Strange Fruit* en su tienda fue detenido y encarcelado por «vender literatura que contiene lenguaje indecente, impuro, tendiendo manifiestamente a corromper la moral de los jóvenes». El libro tampoco podría ser enviado a través del correo en todo el territorio estadounidense, cumpliendo un estatuto federal que prohibía el envío por correo de libros libertinos; ni siquiera podrían enviarse las publicaciones que contuviesen anuncios del libro. Naturalmente, cuando la noticia de la prohibición corrió entre la tropa, la popularidad del libro creció como la espuma. Las listas de espera para leerlo ya no bajarían de treinta hombres. Los ejemplares de ambos títulos estaban deteriorados por el uso continuo al que se veían sometidos.

Pero también hubo algún éxito inesperado, como el de un libro de cuentos de la escritora tejana Katherine Anne Porter, que ganaría el premio Pulitzer años después. Su obra *Selected Short Stories* era muy apreciada por los soldados, ya que les daba la sensación de que la autora compartía con ellos sus sentimientos más íntimos. Uno de ellos llevó consigo un ejemplar a lo largo de toda la guerra y lo guardó cuando volvió a casa. La autora recibió a lo largo de la guerra más de seiscientas cartas, en las que los soldados, que la veían como una amiga, le expresaban también sus propios sentimientos. Porter respondía algunas de las misivas, interesándose por las circunstancias personales del soldado, lo que llenaba de alegría al afortunado que la recibía.

Otro éxito inopinado fue el del libro *Chicken Every Sunday*, de Rosemary Taylor. La narradora de la obra es una adolescente que hace un divertido relato de la experiencia de su madre al frente de una ajetreada pensión, por la que pasan personajes de todo tipo. La clave del éxito de la novela seguramente fue el acento en las cualidades culinarias de la madre, lo que estimulaba la nostalgia de los soldados por la vida en el hogar.

No obstante, en el número uno de las preferencias de los soldados figuraba la novela *A Tree Grows in Brooklyn*, de Betty Smith, una autora hoy olvidada. El libro, de marcado carácter autobiográfico, narra los primeros años de la vida de una muchacha hija de emigrantes que crece en la pobreza en ese barrio neoyorquino, soñando con llegar a ser escritora. Fue publicado en 1943 y alcanzó un gran éxito, en parte gracias a la entusiasta acogida que tuvo la edición destinada a los soldados. Smith recibiría unas tres mil cartas de soldados que habían disfrutado con su libro, sobre todo con sus golpes de humor. Un hombre que estaba recuperándose en un hospital le escribió diciéndole que el libro había sido para él «una fuente interminable de placer», ya que le traía a la memoria su propia infancia en Brooklyn. Otro soldado mandó una misiva al editor de la novela asegurándole que «por primera vez encontré un libro que realmente me gustó leer» y que gracias al libro de Smith «los libros son uno de nuestros escasos placeres».

La popular autora respondía la mayoría de cartas de sus admiradores e incluso les enviaba fotos autografiadas cuando así se lo solicitaban. Esas fotos se convertían en una preciada posesión que confortaba a su poseedor en los momentos más difíciles. Uno de ellos se vio forzado a pedirle una nueva foto, ya que la primera se había deteriorado después de llevarla consigo por todos los campos de batalla europeos por los que había pasado: «Voy a necesitar otra foto, ya que llevé ésta bajo la nieve y la lluvia, en el barro y en combate, hasta parecer que estuvo en la guerra». Otro soldado le agradecía de este modo la foto que le había enviado la autora: «Usted me ayudó a inspirarme en los días más difíciles de la batalla, durante la fatiga del combate y la depresión. Su foto me ayudó a acordarme de la mujer que amo y me inspiró a seguir en favor de las mejores cosas de la vida por las cuales estaba luchando».

El libro de Betty Smith parecía tener efectos milagrosos. Un coronel explicaba en una carta dirigida a la ASE que, durante un violento ataque de la artillería alemana sobre una batería antiaérea norteamericana, un soldado leía *A Tree Grows in Brooklyn*, completamente ajeno a las explosiones. Éste comenzó a leer a sus compañeros un pasaje divertido, provocando sus risas y rebajando la tensión provocada por el bombardeo. Todos sobrevivieron al ataque germano.

HÁBITO DE LECTURA

El que las tropas norteamericanas pudieran disfrutar de la lectura proporcionada por la ASE despertaba las envidias de sus aliados. Aquellos libros dejaban una impresión profunda en los soldados británicos, por lo que los estadounidenses solían regalarles ejemplares. Una iniciativa similar estaba fuera del alcance del gobierno británico, debido a la escasez de papel y a la situación precaria de la industria editorial en aquel país. Sin embargo, en 1945 los editores británicos impulsarían un proyecto para publicar libros con un formato muy parecido a los de la ASE, que se venderían a un precio de dos peniques, y que alcanzarían también una gran popularidad.

En total, la ASE publicó hasta septiembre de 1947, cuando se dio por concluido el programa, la ingente cantidad de 123 millones de ejemplares, a los que había que sumar los 18 millones conseguidos en las campañas de donación. Pero aquellos libros no sirvieron sólo para que la vida en el frente fuera más soportable. La mayoría de soldados, antes de entrar en el Ejército, no eran lectores habituales; su relación con los libros se limitaba a los trabajos escolares obligatorios, y apenas acudían a las bibliotecas de sus comunidades. En su etapa civil, sus lecturas se limitaban a los cómics, los periódicos y los artículos de las revistas. Un soldado afirmó en una ocasión: «Apostaría unas cuantas latas de carne a que la mitad de los hombres no habían abierto un libro antes». Tras su paso por el Ejército, gracias a las ediciones de la ASE, muchos ellos se transformarían en lectores de libros para el resto de su vida. Tantas lecturas llevaron a muchos soldados a creer que podían ser escritores. Tras la contienda, los editores serían asediados con propuestas de veteranos que expresaban su deseo de publicar sus historias personales.

Ese hábito de lectura adquirido durante la guerra resultaría muy útil. Por ejemplo, acabado el conflicto, los más de dos millones de veteranos que se matricularon en la universidad obtuvieron notas muy por encima de la media y adquirieron reputación de estudiantes serios y maduros. Las lecturas realizadas durante la guerra les proporcionaron la base cultural para destacar de ese modo.

Los libros de la ASE sirvieron también para revelar vocaciones profesionales; un par de novelas ambientadas en el mundo de la abogacía inspirarían a muchos soldados a ingresar en la facultad de Derecho, los reportajes del corresponsal de guerra Ernie Pyle llevarían a otros a estudiar Periodismo, mientras que una guía para emprendedores animaría a crear una empresa sobre agricultura, que estimularía la dedicación a esta actividad.

EDICIONES EN EL EXTERIOR

Además de ese exitoso programa para fomentar la lectura entre sus soldados, los norteamericanos llevarían a cabo una campaña para *repoblar* Europa de libros. Por un lado, los soldados entrarían en los territorios anteriormente controlados por los nazis llevando consigo libros de autores que habían sido proscritos por ellos, como Ernest Hemingway, Jack London, Voltaire, Thomas Mann, Stefan Zweig, H.G. Wells o Erich Maria Remarque. Pero, desde luego, no era suficiente con los libros que los soldados norteamericanos llevaban en sus mochilas para que pudiera reverdecer el erial dejado por los nazis, en forma de bibliotecas clausuradas o quemadas. Había que impulsar un auténtico programa de reconstrucción cultural.

La idea había surgido en 1944, cuando se consideró la necesidad de publicar libros para regiones que habían estado privadas de libros norteamericanos desde 1939. El proyecto consistía en traducir una selección de libros y distribuirlos en Europa conforme el continente iba siendo liberado. La ASE aprobó la iniciativa y escogió entre sus títulos un centenar para poner en marcha las «ediciones en el exterior», de lo que se encargaría un organismo de nueva creación, la Overseas Editions Inc. (OEI). El criterio para la selección fue la promoción de los principios defendidos por el bando aliado.

Si la edición de los libros para los soldados había resultado compleja, tal como hemos podido comprobar, esta edición internacional lo sería aún más, ya que era necesario traducir los libros al francés y al italiano, lo que llevaba su tiempo. Además, la impresión no podía comenzar hasta que todas las traducciones estuvieran concluidas, para optimizar los costes de producción. También existían problemas con los derechos de publicación en el extranjero, pero poco a poco los obstáculos se fueron superando.

En febrero de 1945 comenzaron a llegar a Europa los primeros libros salidos de este ambicioso proyecto. Su tamaño sería de 12 x 16,2 centímetros, casi el mismo formato que los libros mayores de la ASE. Aunque la apariencia no resultaba demasiado atractiva, servían para alimentar a una Europa carente de libros. La excelente acogida que tuvieron hizo que en marzo se decidiese extender las traducciones al alemán, el chino y el japonés, aunque problemas de financiación obligarían a prescindir de los dos últimos. Finalmente sólo se editaron 72 títulos, pero se llegaron a imprimir un total de 3 636 074 ejemplares, que fueron distribuidos por Francia, Bélgica, Holanda, Noruega, Dinamarca, Rumanía, Checoslovaquia, Polonia, Yugoslavia, Hungría, Italia, Grecia, Austria, Turquía e incluso el norte de África y Siria.

Aunque esos tres millones y medio de ejemplares apenas eran una gota en el océano, ya que la guerra había provocado la destrucción de más de cien millones de libros, el plan supondría un estímulo a la producción editorial europea, ayudando así a la reconstrucción de un continente que había quedado devastado, también, culturalmente.

Con su apuesta por publicar libros en vez de quemarlos, los norteamericanos consiguieron que, durante la Segunda Guerra Mundial, la pluma y la espada fueran de la mano.

ZOOLÓGICOS EN GUERRA

Los parques zoológicos han proporcionado agradables momentos de aprendizaje y esparcimiento a niños y mayores desde que en 1765 se inauguró el primer zoo moderno, en Viena. A partir de entonces, toda gran urbe que se preciase de serlo contaría con uno de estos parques para disfrute de sus ciudadanos, como en París en 1793, Londres en 1828, Berlín en 1844 o Nueva York en 1864.

Durante la Segunda Guerra Mundial, los parques zoológicos no pudieron quedar al margen de la hecatombe general. Son muchas las historias que tuvieron como escenario estas instalaciones ligadas al ocio familiar. Algunas de ellas las vamos a conocer a continuación, en un capítulo que probablemente no figurará en su libro de la Segunda Guerra Mundial.

MORAL ALTA EN LONDRES

El zoo de Londres cerró sus puertas a los visitantes la misma mañana del domingo 3 de septiembre de 1939 en que Gran Bretaña declaró la guerra a Alemania. Esa medida de precaución, ordenada por el gobierno, alcanzó a todos los recintos públicos en los que podía reunirse gente en gran número.

Lo que no se puede decir es que el estallido de la guerra cogiese por sorpresa al zoo londinense. Unos meses antes, cuando la tensión en Europa iba en aumento y la posibilidad de un enfrentamiento bélico se vislumbraba en el horizonte, las autoridades del parque llevaron a cabo el traslado de sus animales más valiosos a otro zoo situado cerca de Luton, al norte de Londres, el de Whipsnade. Hasta allí llegaron dos pandas gigantes, dos orangutanes, cuatro chimpancés, tres elefantes y un avestruz.

Al comenzar la guerra se decidió tomar otra medida, en este caso más drástica. Todos los animales venenosos, como las serpientes o arañas que poseen esa característica, fueron sacrificados, ante el temor de que pudieran quedar libres en caso de que las instalaciones del zoo fuesen bombardeadas. Algunos grandes reptiles, como un dragón de Komodo y varios cocodrilos y serpientes pitón, fueron trasladados también a Whipsnade en grandes cajas construidas para ese cometido.

Tras los primeros días de confusión ante el nuevo estado de guerra, el zoo de Londres reabrió sus puertas el 15 de septiembre. No obstante, el acuario fue vaciado; parte de la colección de peces fue sacrificada, mientras que algunos ejemplares fueron trasladados a un estanque. El acuario no reabriría hasta mayo de 1943.

La guerra impuso penurias a la población británica, y los animales del zoo no serían ajenos a las mismas. Las restricciones en el consumo de combustible obligarían a recurrir a camellos y llamas para transportar el forraje por el interior del parque. Si algún empleado debía realizar alguna tarea fuera del recinto, no era extraño que recurriese a los ponis para desplazarse. Las dificultades para obtener comida hicieron que algunos animales tuvieran que cambiar su dieta para adaptarse a lo que hubiera disponible. Por ejemplo, como no era posible conseguir peces para los pelícanos, se les *engañó* con carne recubierta de aceite de pescado.

A esas dificultades se sumó el hecho de que las visitas disminuyeron, debido a las evacuaciones de niños al campo y a la preocupación general por el ambiente bélico, lo que supuso un descenso de los ingresos. Con el fin de conseguir alimentos para los animales, se lanzó una campaña de apadrinamiento, en la que los ciudadanos podían colaborar en el mantenimiento de los ejemplares de la especie que ellos escogiesen.

A partir de agosto de 1940, Londres se convirtió en objetivo para la Luftwaffe. Las bombas cayeron sobre el zoo en varias ocasiones. Algunos edificios quedarían totalmente destruidos pero la mayoría de animales sobrevivirían. Una cebra se fugó después de que cediese un muro durante un bombardeo ocurrido el 27 de septiembre; el animal fue localizado en Camden Town, y capturado de nuevo. El parque siguió abierto al público, excepto durante una semana, después de que se encontrase una bomba sin explotar. En enero de 1941, el recinto de los camellos quedó destruido por el estallido de una bomba, pero ninguno de los animales sufrió daños.

En otro ataque aéreo, una bomba cayó en el recinto en el que residían los monos, conocido como Monkey

Hill. La explosión causó la muerte de algunos de ellos, pero el servicio de noticias de la BBC aprovechó este suceso para animar a los londinenses a continuar resistiendo. El locutor, demostrando un sentido del humor inequívocamente británico, aseguró con voz solemne que «tras el ataque alemán al zoo, la moral de los monos sigue muy alta».

HIPOPÓTAMO SUPERVIVIENTE

Cuando las tropas alemanas invadieron la Unión Soviética el 22 de junio de 1941, el zoo de Leningrado tomó las primeras medidas impuestas por la guerra que acababa de estallar. Las instalaciones quedaron cerradas al público. De los 450 animales que tenía, los 80 considerados más valiosos fueron trasladados en agosto a Kazán. Los depredadores que no pudieron ser trasladados, como leones, tigres o lobos, fueron sacrificados, para evitar que pudieran escapar del recinto a consecuencia de los previsibles ataques que iba a soportar la ciudad. Dos cachorros de tigre fueron conservados con vida. En el parque quedarían monos, un hipopótamo, varios osos y antílopes o un elefante.

Los animales sufrirían también las consecuencias del terrible asedio al que fue sometido durante casi dos años y medio por el ejército alemán. Las primeras bombas disparadas contra la ciudad, el 8 de septiembre de 1941, alcanzaron precisamente al único elefante del parque, que murió en el acto.

Al igual que había sucedido en Londres, los animales se verían forzados a cambiar de hábitos alimenticios para adaptarse a la falta de comida. Así, los osos no tuvieron otro remedio que hacerse vegetarianos. La población, a pesar de que apenas disponía de comida para sobrevivir, acudía al zoo para arrojar a los animales unas migajas de su escasa ración de pan.

Pese a los esfuerzos de la veintena de trabajadores con que contaba el zoo, 37 animales murieron en noviembre y diciembre de 1941, 24 en enero de 1942 y 21 el mes siguiente. Sólo 162 animales sobrevivieron al primer invierno de asedio. Los dos cachorros de tigre seguían con vida, pero ambos acabarían muriendo a consecuencia de sendos ataques al corazón provocados por los bombardeos. En mayo de 1942, las instalaciones volvieron a abrirse al público. Ese verano, 2432 niños pudieron visitar el zoo.

Entre los animales supervivientes destacaría una hembra de hipopótamo llamada Belle. En 1941 quedó cortado el suministro de agua al parque, lo que provocó que la charca en la que vivía Belle quedase seca. Eso tenía graves consecuencias para ella, ya que la piel se le secó y comenzó a quebrarse. Para que la charca estuviera en todo momento llena, su cuidadora, Yevdokia Dashina, se dedicó diariamente a traer medio centenar de bidones de agua del río Neva. Además, untaba con aceite la piel del hipopótamo para protegerla de la sequedad. Durante los frecuentes bombardeos, el animal pasaba un miedo atroz, por lo que su cuidadora permanecía siempre junto a ella. Gracias a los cuidados de Dashina, Belle pudo ver la liberación del cerco de la ciudad.

Belle murió de muerte natural en 1952. El último *veterano de guerra*, un oso llamado Grishka, moriría en 1972. Como homenaje a los cuidadores del zoo, aunque la ciudad recuperó en 1991 la histórica toponimia de San Petersburgo, el parque conservaría su nombre de zoo de Leningrado.

DESTRUCCIÓN EN BERLÍN

El de Berlín fue el primer zoológico abierto en Alemania. Los primeros animales que lo habitaron fueron donados por Federico Guillermo IV de Prusia. En 1913 se inauguró un acuario.

En 1931, la dirección de las instalaciones quedó en manos del zoólogo Lutz Heck, relevando a su padre. Al subir Hitler al poder, Heck abrazaría la ideología nazi y trataría de aplicarla al parque. Así, coincidiendo con las Olimpiadas de 1936, celebradas en Berlín, abrió una sección denominada «Zoológico Alemán», una exhibición que homenajeaba la fauna y la flora del país, y que completaba una roca central en forma de lobo, casualmente el animal con el que más se identificaba Hitler. La enorme roca estaba rodeada de recintos para los osos, linces, nutrias y demás especies consideradas autóctonas. Igualmente, tratando de aplicar el principio nazi de pureza racial al mundo animal, Heck trató de resucitar tres especies extintas de pura sangre: los caballos neolíticos conocidos como caballos salvajes, los uros (toros salvajes de los cuales desciende el ganado europeo) y el bisonte europeo.

Varias veces al año, Heck organizaba viajes y safaris con el fin de capturar animales para su zoo y tomar cientos de fotografías. Publicó varios libros que alcanzarían cierta popularidad, como *Mis aventuras con los animales.* Heck se convertiría en un asiduo compañero de caza del jefe de la Luftwaffe y *Reichsjägermeister* (Maestro Cazador del Reich), Hermann Göring.

Al comenzar la Segunda Guerra Mundial, el de Berlín era uno de los zoológicos más importantes del mundo, pero la contienda lo dejaría prácticamente destruido. De los 3195 animales con que contaba, tan sólo 91 sobrevivirían. Incluso esa pequeña cantidad parece un milagro, a tenor del martirio que tuvo que sufrir el recinto debido a los bombardeos aéreos.

Como muestra de la destrucción sufrida por el zoo de Berlín, basta conocer las consecuencias del bombardeo que sufrió la capital germana el 22 de noviembre de 1943. Las bombas incendiarias y los bidones de fósforo arrojados por los bombarderos aliados prendieron fuego a quince de los edificios del parque. La casa de los antílopes y la de las fieras, el edificio de la administración y el chalé del director ardieron por completo, la casa de los monos, el pabellón de las cuarentenas, el restaurante principal y el templo indio de los elefantes resultaron gravemente destrozados o dañados.

Una tercera parte de los animales que, después de haber llevado a cabo un traslado, eran aún unos dos mil, encontraron la muerte bajo las bombas. Los ciervos y los monos habían quedado en libertad y los pájaros habían huido volando por los techos de cristal rotos. Corrió el rumor de que se habían visto leones merodeando por las proximidades de la iglesia conmemorativa del emperador Guillermo, pero en realidad yacían asfixiados y carbonizados en sus jaulas.

Al día siguiente fueron también destruidos por una

mina aérea el edificio ornamental de tres pisos del acuario y el pabellón de los cocodrilos, de 30 metros de largo, con todo el paisaje de selva artificial. Rodeados de trozos de cemento, tierra, fragmentos de cristal, palmeras derribadas y troncos de árbol, los cocodrilos permanecían en el agua o descendían por la escalera de visitantes.

La escena más irreal tuvo como protagonistas a los siete elefantes que murieron a consecuencia del bombardeo, cuyos nombres eran: Aida, Jenny II, Indra, Taku II, Birma, Toni III y Lindi. Otro más, llamado Wastl, tuvo que ser sacrificado con varios disparos tras enloquecer y escapar corriendo. Wastl ya tenía antecedentes violentos —en 1938 había matado a un guardia—, por lo que se consideró que esa opción estaba justificada. Todos ellos tuvieron que ser descuartizados allí mismo, ya que no se contaba con los medios para trasladar los pesados cuerpos enteros a otro lugar. Así, en los días que siguieron, los operarios se metían arrastrándose dentro de la caja torácica de los paquidermos, hurgando entre montañas de entrañas. El único elefante que no pereció en el devastador bombardeo fue uno llamado Siam.

Los cuerpos de los animales muertos sirvieron de alimento a los berlineses menos escrupulosos. Las colas de cocodrilo fueron cocidas en grandes recipientes; los que las comieron aseguraron que el sabor era parecido al de la carne de pollo. Más éxito tuvieron los jamones y las salchichas de oso, que serían considerados como una exquisitez.

EL ZOO DE BUCHENWALD

No todos los zoológicos estaban situados en las ciudades. Aunque resulte sorprendente, el campo de concentración de Buchenwald, situado en las proximidades de la bella ciudad de Weimar, en Turingia, contaba con uno, aunque fuera de dimensiones reducidas[7].

El zoo fue construido en 1938 por orden del comandante del campo, Karl Otto Koch, para que sirviese de lugar de recreo a los oficiales de las SS, los guardianes y sus familias. Según afirmaba Koch en una nota oficial, «los jardines zoológicos de Buchenwald han sido creados para proveer de diversión y entretenimiento a los hombres en su tiempo libre, y mostrar la belleza y las peculiaridades de varios animales que difícilmente podemos observar en estado salvaje». Sobre el papel, el zoo debía servir de lugar de ocio también para los internos del campo, aunque estos apenas podían verlo desde el otro lado de la alambrada electrificada, o al pasar cerca de él cuando entraban o salían del campo para trabajar en el exterior.

En su momento de máximo esplendor, el recinto contaba con un lobo, cinco monos, varios ciervos y cuatro osos. Al principio hubo incluso un rinoceronte. Koch no estaba dispuesto a tolerar ningún maltrato a aquellos animales. Por ejemplo, después de que un ciervo apareciese con los cuernos atados a una valla, el comandante advirtió que los que habían perpetrado esos actos serían descubiertos,

---

[7] La historia del zoo, así como la del campo de Buchenwald, se relata en mi libro *Bestias nazis. Los verdugos de las SS*, Melusina, Santa Cruz de Tenerife, 2013.

puestos a su disposición y castigados «por crueldad con los animales», lo que contrastaba con la absoluta impunidad con que se movían los que maltrataban sistemáticamente a los internos.

Otra prueba de que los animales del zoo de Buchenwald gozaban de más protección y mejores condiciones de vida que los prisioneros era su alimentación, mucho más rica y variada que la que éstos recibían. Incluso en el año 1944, cuando en el campo se padecía una gran escasez de alimentos, los osos, monos y aves de rapiña comían diariamente carne procedente de la cocina de los prisioneros.

La dieta de los osos incluía carne, miel y mermelada, mientras los monos recibían puré de patatas con leche, copos de avena, bizcochos y pan blanco. Las sobras de la comida destinada a los animales, que hubiera sido recibida como una bendición por los famélicos prisioneros, era arrojada a los pájaros. En una ocasión, el interno que estaba encargado de la limpieza del foso de los osos del zoo, Hans Ptaschnik, decidió guardarse en los bolsillos algo de comida que había encontrado en el suelo, con tan mala suerte que Ilse Koch, la esposa del comandante del campo que se haría tristemente célebre por su brutalidad con los internos, le vio. Esta se le acercó y le golpeó en la cara con la fusta, dañándole seriamente un ojo.

Pero no sólo el zoo era un lugar de esparcimiento vedado a los internos, sino que éste era una fuente de humillaciones para ellos. Como en teoría estaba destinado a su disfrute, eran los prisioneros los que debían correr con los gastos de mantenimiento del recinto, contribuyendo con el dinero que les mandaban

El campo de concentración de Buchenwald contaba con un zoológico en el que llegaron a haber osos. En la imagen inferior se aprecia la chimenea del crematorio detrás de las ruinas de esas instalaciones. Fotos del autor, marzo 2016.

El campo de concentración de Neuengamme, dedicado a la fabricación de ladrillos, disponía de un pequeño recinto zoológico alrededor del sauce de la imagen inferior. Fotos del autor, diciembre 2016.

sus familias al pago de los jardineros profesionales que se encargaban de cuidar la instalación.

Igualmente, si moría algún animal, los judíos se veían obligados a aportar un «donativo voluntario en dinero» para sustituirlo por otro. En una ocasión, uno de los osos logró salir del foso y escaparse del zoo y del campo, lo que provocó la alarma en los alrededores. Unos oficiales de las SS aficionados a la caza formaron una partida para atrapar al plantígrado fugado. Al no poderlo capturar vivo, uno de los oficiales, Arthur Rödl, le acertó con su arma, y acabó posando orgullosamente junto a él. Koch encargó la compra de un nuevo oso; el coste del animal, 8000 marcos, lo tuvieron que pagar los prisioneros judíos. La valoración de los animales era bastante arbitraria, ya que, por ejemplo, la reposición de un lobo costó lo mismo que la de una ardilla, unos 4000 marcos.

Aunque se hace difícil de creer, el interno Eugen Kogon[8] aseguraría que uno de los pasatiempos de los oficiales de los SS era arrojar a los prisioneros al foso de los osos para que fueran despedazados por ellos.

La presencia de animales en Buchenwald no se ceñía al zoo. El recinto contaba con una enorme pista cubierta de media hectárea para que Ilse Koch practicase su deporte favorito, la hípica. También, a un escaso kilómetro del campo, se levantaba un pabellón

---

[8] El historiador y sociólogo Eugen Kogon (1903-1987) pasó seis años encarcelado en Buchenwald, trabajando como ayudante del médico del campo. Tras su liberación, escribió un informe para el ejército norteamericano sobre el funcionamiento de los campos de concentración. Ese trabajo sería publicado en forma de libro en 1946 con título de *El Estado de la SS. El sistema de los campos de concentración alemanes* (edición en español: Alba Editorial, Barcelona, 2005), convirtiéndose en una obra de referencia básica en este tema.

de cetrería, una práctica a la que los SS eran especialmente aficionados. La casa contaba a su vez con una pequeña reserva de caza vallada en la que había ciervos, jabalíes, conejos, zorros, gamos, faisanes, pavos y otros animales, y varias jaulas con gatos monteses. Una cuadrilla de diez prisioneros se encargaba del mantenimiento de las instalaciones. Para hacer frente a los costes, el recinto se abrió a las visitas turísticas cobrando un marco de entrada.

Tanto la pista de hípica como el pabellón de cetrería quedaron totalmente destruidos durante la guerra. En cambio, en la actualidad pueden verse los restos bien conservados de aquel peculiar parque zoológico, un elemento extraño y fuera de lugar en un infierno como aquél, pero representativo del delirante concepto que tenían las SS de lo que debía ser un campo de concentración.

El zoo de Buchenwald es un caso único entre los campos de concentración nazis, ya que en ningún otro se planteó la existencia de semejante instalación recreativa. No obstante, en el campo de Neuengamme hubo un pequeño recinto que también pretendía cumplir una función similar. A la derecha de la entrada del campo, en un emplazamiento similar al de Buchenwald, se encontraba un jardín de reducidas dimensiones alrededor de un enorme sauce llorón, que pretendía ser una isla de paz y de quietud en el universo cruel y brutal del campo de concentración. El jardín, del que disfrutaba el personal de las SS, pero de cuyo mantenimiento debían encargarse los prisioneros, era conocido como el *oasis*. Para completar esa parcela de naturaleza, el jardín contaba con una pareja de monos.

ASALTO AL ACUARIO

Nápoles cuenta con un histórico centro de investigación de la fauna marina, la *Stazione Zoologica Anton Dohrn*. Ése es el nombre del científico prusiano que lo fundó en 1872, en lo que sería el primer centro de este tipo en todo el mundo. Para financiar el trabajo de investigación, Dohrn abrió al público un acuario.

Si, tal como hemos visto, los hambrientos berlineses vieron en el destruido zoo un lugar en el que poder proveerse de alimentos, los napolitanos advirtieron también esa posibilidad en las instalaciones del acuario. A consecuencia de la llegada de la guerra a la península italiana, en el otoño de 1943 el sur del país era víctima de un hambre atroz. Las cosechas se habían perdido y había que recurrir al mercado negro para conseguir algo de comida.

El hambre estaba haciendo estragos en Nápoles. Los alemanes habían destruido por completo las instalaciones portuarias y habían dejado a la ciudad sin agua ni electricidad. Empujados por el hambre, la mitad de los 800 000 habitantes de Nápoles huyó hacia el campo. La desesperación de los napolitanos llegó a tal punto que irrumpieron en la *Stazione Zoologica* para comerse a los peces que allí se exhibían. Así, la mayor parte de la colección de peces tropicales fue consumida.

No obstante, los habitantes de Nápoles decidieron guardar el bocado más apetecible, una tierna cría de manatí, para ofrecérsela a los Aliados cuando liberasen la ciudad. Aunque la carne de este mamífero acuático que vive en el Caribe no es muy apreciada, no hay duda de que para cualquier napolitano hubiera sabido a gloria. El afortunado que tendría el dudoso privilegio de hincarle el diente al manatí sería el general norteamericano Mark Clark, a quien el destino tenía reservado hacer la entrada triunfal en Roma al frente de las tropas aliadas. El manatí fue sacrificado, cocinado en salsa de ajo y ofrecido a Clark, como agradecimiento por liberarles de la ocupación alemana.

UN PILOTO EN UNA JAULA

En marzo de 1945, los visitantes del zoo de Ueno, en el centro de Tokio, se encontraron con una sorpresa. En una de las jaulas se exhibía un piloto norteamericano que había sido hecho prisionero. Atado a las barras de la jaula, presentaba un estado deplorable. Estaba desnudo y sucio, ya que no le habían permitido lavarse en mucho tiempo y mostraba una espesa barba negra. Además, su cuerpo presentaba numerosas llagas provocadas por las picaduras de piojos y chinches. Contraviniendo las disposiciones de la Convención de Ginebra, el piloto estaba expuesto a la humillación pública para ser objeto de la curiosidad y el desprecio de la población civil.

El nombre de aquel desgraciado piloto de 23 años era Ray Halloran. A comienzos de 1942 se había presentado como voluntario en la Fuerza Aérea estadounidense. Allí se ganó el apodo de Hap («afortunado»), por mostrarse en todo momento sonriente. Tras completar su formación como piloto, se le encomendó su primera misión, consistente en trasladar una Fortaleza Volante B-29, recién salida de la factoría, hasta la isla de Saipán. Ya en el Pacífico, Hap y sus compañeros realizaron tres misiones de bombardeo sobre Japón, que discurrieron con normalidad, pero la cuarta misión, llevada a cabo el 27 de enero de 1945, sería muy diferente. El objetivo era destruir una fábrica de aviones del extrarradio de Tokio. Lo que estaba previsto que fuera una misión sencilla, puesto que los cazas nipones eran ya escasos y los B-29 podían volar a más de 10 000 metros de altura, acabaría sin embargo en tragedia. Varios aviones japoneses sorprendieron a la formación de bombarderos cuando sobrevolaban a media altura el monte Fuji. Uno de ellos logró alcanzar con el fuego de sus ametralladoras al B-29 de Hap.

Tres de los motores del bombardero se incendiaron, por lo que era preciso saltar en paracaídas. Justo antes de que Hap saltara, la parte delantera del avión saltó en pedazos, pereciendo el resto de la tripulación. Hap se arrojó al vacío desde esos 10 000 metros y su paracaídas se desplegó a 2000 metros del suelo.

Mientras iba descendiendo, tres cazas japoneses le localizaron, volando en círculos a su alrededor para que fuera capturado al llegar a tierra. El aviador estadounidense acabó posándose en una zona suburbial de Tokio y de inmediato fue rodeado por un enjambre de civiles, quienes la emprendieron a golpes con él. Afortunadamente, llegaron a tiempo los miembros de la policía, que lo rescataron antes de que fuera linchado por la multitud. Sin embargo, la suerte que le esperaba no era nada envidiable; fue entregado a los agentes de la temible Kempeitai, la policía secreta del Estado, que lo trasladaron a una prisión.

Antes de ser sometido a interrogatorios, estuvo encerrado en una celda fría y oscura durante un mes.

A partir de ahí, Hap sufriría todo tipo de palizas y torturas mientras se le intentaba extraer información.

El 10 de marzo de 1945 estuvo cerca de la muerte, pero no a causa del trato de sus captores, sino del apocalíptico bombardeo que los norteamericanos efectuaron sobre Tokio. La tormenta de fuego que se desató en la capital nipona estuvo a punto de llegar a la prisión, pero al final no fue alcanzada por las llamas.

Las torturas y privaciones continuarían para el norteamericano, que las soportaba con total entereza, pero los japoneses le tenían reservada una inesperada humillación. Unos días después del bombardeo, el aviador fue sacado de su celda y lo encerraron en un camión. Hap estaba convencido de que lo iban a ejecutar, pero quedó desconcertado cuando le hicieron bajar del vehículo una vez que éste había estacionado en el interior del parque zoológico de Tokio. Sus vigilantes le obligaron a entrar en una de las jaulas destinada a los tigres y, como se ha apuntado, quedó allí expuesto a los visitantes, como si fuera un animal más. Hap reconocería que no pudo reprimir el llanto ante semejante degradación y que trató de encontrar consuelo rezando.

Dos semanas después, cuando los japoneses se cansaron de la nueva *atracción*, el piloto fue trasladado a un campo de prisioneros. El 29 de agosto de 1945, dos semanas después de que los japoneses aceptasen su derrota en un mensaje radiado del emperador, fue por fin liberado por sus compatriotas y trasladado a un barco hospital. Hap había perdido 45 kilos durante su cautiverio.

Como reconocimiento a la entereza que había demostrado, Halloran recibió, además del Corazón

Púrpura, la Medalla del Aire y la Medalla del Prisionero de Guerra, así como una citación presidencial. En 1988 escribió un libro titulado *Hap's War* («La guerra de Hap»), en el que relataba su terrible experiencia.

No sólo los japoneses exhibieron prisioneros de guerra en un zoo. Cuando los británicos liberaron la ciudad belga de Amberes, el 4 de septiembre de 1944, las jaulas de los leones del zoo sirvieron para mostrar al público a los prisioneros germanos y a sus colaboradores belgas, quienes pasaban las horas sentados sobre el suelo cubierto de paja.

Pero las instalaciones del parque zoológico de Amberes todavía jugarían otro papel durante la guerra. El sábado 16 de diciembre de 1944, una bomba volante V2 cayó de lleno sobre el cine Rex en el momento en el que la sala estaba llena para asistir a la proyección de una película de Buffalo Bill. El ataque causó la muerte de 567 personas, entre soldados norteamericanos, británicos, canadienses y civiles belgas. Los cadáveres de los civiles serían expuestos en los jardines del zoo para su identificación por parte de familiares y amigos.

EL OSO SOLDADO

Durante la posguerra, el zoo de Edimburgo tenía el honor de contar con una celebridad. Entre los animales que allí se exponían a la curiosidad de sus visitantes destacaba la presencia de un auténtico héroe de la Segunda Guerra Mundial. Se trataba de un oso llamado Wojtek, conocido como el *oso soldado*. Durante la batalla de Montecasino, ignorando el estallido de las bombas y el tableteo de las ametralladoras, aquel animal había cargado a sus espaldas las cajas de munición que requerían los soldados polacos que luchaban en las fuerzas aliadas, unos soldados que al final fueron los que tomarían la cumbre de la montaña. Pero aquellos emocionantes días parecían ya muy lejanos, comparados con la vida apacible pero rutinaria en aquel parque zoológico escocés.

El oso había sido encontrado por soldados polacos que, tras su cautiverio como prisioneros de guerra en la Unión Soviética, se trasladaron al Líbano vía Irán e Irak para encuadrarse en las filas británicas. El oso, que apenas era un cachorro, fue adoptado como mascota, y a partir de ahí se convirtió en un compañero inseparable de los polacos, que le llamaron Wojtek.

En los meses siguientes, durante su estancia en Oriente Medio, el osezno recibió todo tipo de atenciones, y éste se integró plenamente en el ambiente castrense. Se aficionó a la cerveza y el vodka, le gustaban los cigarrillos —aunque se los comía en vez de fumarlos— y en los desfiles caminaba erguido sobre las dos patas traseras. En los trayectos en *jeep* o camión iba sentado como cualquier pasajero.

Cuando los polacos fueron requeridos en el frente italiano, los británicos prohibieron el embarque del oso en el puerto de Alejandría. Pero los polacos, que ni se planteaban dejar atrás a su compañero, le proporcionaron la correspondiente documentación militar, por lo que los británicos tuvieron que permitirle embarcar con ellos.

Como se ha apuntado, en Montecasino Wojtek demostraría su compromiso con el Ejército que le había acogido; mientras los polacos estaban bajando cajas de munición de un camión para cargarlas luego sobre las mulas que debían llevarlas a primera línea, Wojtek se acercó al vehículo y se puso en pie sobre las dos patas traseras, mientras que con las delanteras intentaba acercarse a las cajas de material. Sus compañeros, maravillados por la escena, interpretaron que Wojtek trataba de decirles: «Dejadme a mí este trabajo. ¡Puedo hacerlo!». Y así fue. Sin dar muestras de fatiga, y sin asustarse por el ruido de las continuas explosiones, el animal colaboró con su hercúlea fuerza y su recia resistencia al heroico papel de los polacos en Montecasino, que culminaría en mayo con la toma de la abadía y la colocación de la bandera polaca en las ruinas del disputado edificio. Un soldado dibujó la imagen de Wojtek trasladando al hombro una gran bomba; ésa pasaría a ser la insignia oficial de la unidad.

Cuando acabó la guerra, los soldados polacos fueron trasladados a Gran Bretaña y Wojtek fue con ellos. Pero en 1947 los integrantes de la fuerza polaca se vieron obligados a despojarse de su uniforme militar y a tomar su propio camino, ya fuera arriesgándose a regresar a Polonia, bajo dominio soviético, quedarse en territorio británico para buscar trabajo e iniciar una nueva vida, o emigrar a otro país. Los que habían sido sus compañeros deseaban poner a Wojtek en libertad en algún bosque, pero las leyes británicas lo impedían, por lo que se tomó la decisión de enviarlo al zoo de Edimburgo, en donde gozaría de una gran popularidad. Sus antiguos compañeros le visitaban a menudo; cuando le llamaban por su nombre, él les reconocía y les saludaba levantando una pata. Algunos incluso saltaban la valla para jugar un rato con él, ante la sorpresa de los visitantes.

*Estatua dedicada a Wojtek, el oso soldado, erigida
en un jardín público de Edimburgo. Su recuerdo
es ya imborrable. Archivo del autor.*

Sin embargo, como es natural, las visitas de sus antiguos compañeros de armas se fueron espaciando cada vez más. Wojtek no se adaptaría a la vida en cautividad y pasaría cada vez más tiempo en la guarida de que disponía en su recinto, alejado de las miradas de los visitantes. La admiración que despertaba entre los que se acercaban a verle no le compensaba por la pérdida de su emocionante vida anterior.

Durante los últimos años de su existencia, Wojtek apenas reaccionaría a los estímulos. Permanecía acostado, impávido ante las llamadas del público, aquejado de melancolía. Tan sólo levantaba la cabeza cuando alguien le lanzaba un saludo en polaco, lo que le debía recordar los tiempos en los que disfrutó de la compañía de sus amigos.

El *oso soldado* murió el 15 de noviembre de 1963 a los 22 años. Las autoridades del zoo erigieron una placa en su memoria, en una ceremonia a la que asistió una representación de sus antiguos compañeros de armas. Ese no sería el único reconocimiento de la ciudad de Edimburgo a la memoria del insigne plantígrado; en noviembre de 2015 se inauguró en un jardín público una estatua suya en bronce, a tamaño natural, dispuesta sobre una losa de granito traída desde Polonia, como homenaje al único héroe de la Segunda Guerra Mundial que acabó sus días en un zoo.

EL ZOO DE VARSOVIA

Los parques zoológicos también sirvieron para salvar vidas humanas. Eso fue lo que ocurrió con el de Varsovia, situado en la orilla oriental del río Vístula. Su director era el prestigioso profesor de zoología Jan Zabinski (1897-1974). Él y su mujer, Antonina, vivían el día a día del parque con una pasión desmedida por los animales. Vivían en una casa en el propio recinto, y no dudaban en acoger en ella a los pequeños animales que requerían de una atención especial, lo que incluía unos cachorros de hiena, además de contar con varias mascotas inusuales, como tejones o linces.

Ya antes de que comenzase la guerra, las autoridades habían tomado la decisión de sacrificar a los animales que podían resultar peligrosos para la población en el caso de que se fugasen a consecuencia de los bombardeos.

Cuando la guerra estalló, Varsovia sería atacada por la Luftwaffe en un total de 1150 misiones. El zoo, al encontrarse cerca de la artillería antiaérea, se convirtió desde el primer momento en uno de los objetivos. La caída de las bombas sobre el recinto provocó que las jaulas estallasen, las paredes de los fosos se derrumbasen, los edificios de madera se hundiesen y los fragmentos de vidrio y metal mutilasen indiscriminadamente a los animales.

La elefanta Kasia pereció alcanzada por una bomba, aunque su cría de dos años, Tuzinka, sobrevivió. Los animales que se habían escondido en sus jaulas y cubículos fueron engullidos por oleadas de llamas. Los guardas corrían por todas partes intentando rescatar a algunos animales y liberar a otros, ignorando sus propias heridas. Dos jirafas muertas quedaron tendidas en el suelo, con las patas cruzadas. Algunos monos y antílopes habían caído por fuego de fusil, otros se dispersaron por las ruinas de la ciudad. Los cocodrilos salían del agua y trotaban con rapidez. Los pájaros exóticos desaparecieron. Otras aves tropicales se escondían en los arbustos y árboles o intentaban volar con sus alas chamuscadas. Una jirafa que había enloquecido fue abatida por unos disparos. Varios camellos, llamas y un ciervo deambulaban por las orillas del Vístula, al igual que las focas, que buscaban la cercanía del agua. De los zorros y los tejones no se volvió a saber nada. De alguna forma, hipopótamos, osos, cebras, linces, pavos reales, monos, nutrias o castores lograron sobrevivir a las bombas arrojadas por los aviones germanos.

Cuando Varsovia capituló, el parque había perdido buena parte de los mil quinientos animales con que contaba, ya fuera por haber muerto a consecuencia de los bombardeos, o porque habían huido por la ciudad en ruinas.

La mayor parte de los animales supervivientes serían confiscados por los alemanes como botín de guerra y trasladados a varios zoos germanos. El encargado de esa misión sería el referido director del zoo de Berlín, Lutz Heck, quien casualmente conocía al matrimonio Zabinski de antes de la guerra y con quienes mantenía una cierta amistad. Heck, que trató de que la incautación fuera lo menos dolorosa posible, les dio su palabra de que sus animales estarían bien cuidados y que se los devolvería cuando la guerra hubiera acabado. Aunque los Zabinski no se llamaban a engaño sobre las vanas promesas de un nazi convencido como Heck, no les quedaba otra opción que contemplar cómo sus animales les eran arrebatados y llevados a Alemania.

Así pues, Tuzinka fue enviada al zoo de Königsberg —hoy, la ciudad rusa de Kaliningrado—, los camellos y las llamas al de Hannover, los hipopótamos al de Núremberg, los caballos más valiosos al de Múnich y los búfalos, cebras y linces al de Berlín. Tras completar el saqueo, varios de los alemanes encargados del traslado se emborracharon y dispararon a sangre fría a los animales restantes, en un demencial remedo de partida de caza, sin que Heck hiciera nada por evitarlo. Tan sólo quedaron en el zoo algunos linces, faisanes, pavos reales, monos y pájaros.

Ante el inminente cierre del zoo, Zabinski decidió poner en marcha un plan que le iba a permitir seguir al frente de las instalaciones y, lo que era más importante, disponer de la tapadera ideal para colaborar con el movimiento de resistencia, al que se había sumado. Así pues, Zabinski propuso a los alemanes convertir el zoo en una granja de cerdos para abastecer a las tropas alemanas destinadas en Varsovia. Los animales serían alimentados con los deshechos del gueto en el que habían quedado confinados los judíos, además de con las sobras de comedores y hospitales. Los alemanes aceptaron la idea y a partir de marzo de 1940 Zabinski, con la inestimable colaboración de Antonina y su hijo Ryszard, comenzó a aprovechar las facilidades de movimiento que le otorgaba su nueva tarea. Del buen concepto que las autoridades de ocupación tenían de él da idea el que fuera nombrado responsable de los parques públicos de la ciudad.

Tanto para recoger los deshechos como para inspeccionar los parques que habían quedado dentro de sus límites, el zoólogo tenía entrada libre en el gueto, por lo que podía introducir en él alimentos y medicinas. Zabinski se había criado en el barrio judío de Varsovia; sus amigos de juventud eran judíos, así como muchos de sus colegas de profesión. Por tanto, no podía permanecer ajeno a sus sufrimientos. El éxito de ese contrabando le llevó unos meses después a afrontar un riesgo mayor, como era el del rescate de personas.

Zabinski comenzó a utilizar su propia casa, situada en el recinto del zoo, como refugio de los judíos que habían logrado escapar del gueto gracias a las redes clandestinas que acabarían salvando a entre veinte y treinta mil de ellos a lo largo de la guerra. Ese escondite debía durar el tiempo necesario para que la red de apoyo les pudiera proporcionar documentación falsa y un nuevo refugio. Al principio, los judíos que tenían un aspecto ario —según los pseudocientíficos criterios raciales nazis— vivían en la casa haciendo el papel de parientes lejanos, llegando a participar en las reuniones y fiestas que solían celebrar los Zabinski precisamente para no levantar sospechas entre los alemanes. Pero pronto se vio que esa afluencia continua de «parientes», así como la llegada de judíos que físicamente no podían hacerse pasar por arios podía dar al traste con todo, por lo que el zoólogo decidió acondicionar las jaulas del parque que habían quedado vacías para que sirviesen de escondrijo a los judíos rescatados.

A partir del verano de 1941, Zabinski se aventuró a rescatar judíos él mismo. Para ello utilizó la confianza que se había ganado con los guardias del gueto, debido a sus frecuentes visitas como inspector de parques. Llevaba ropa limpia en su maletín, con la que se vestía el judío a rescatar, y a quien se le entregaba un documento falso del departamento de parques; luego ambos salían por otra de las puertas, como si ambos hubieran acabado de girar una rutinaria visita de inspección.

La argucia dio siempre resultado, gracias a la admirable sangre fría de Zabinski; en vez de tratar de atravesar el punto de control lo más rápido posible una vez que el guardia les había franqueado el paso, solía ofrecer un cigarrillo al soldado y fumar juntos mientras departían tranquilamente, lo que alejaba de él cualquier sospecha, aunque seguramente esa táctica exasperaba los nervios de los fugitivos, a quienes se les debía salir el corazón del pecho durante esos minutos que se les tenían que hacer eternos.

Aunque resulte difícil de creer, el recinto del zoo contaba con presencia de guardianes alemanes, para vigilar un almacén para las armas confiscadas a la resistencia polaca que se había construido en el foso de los leones, situado en medio del zoo. También, de vez en cuando, había soldados germanos que visitaban el recinto en su tiempo libre, pero con el ánimo de quien está fuera de servicio, no de patrullar. Como a los alemanes nunca se les podría pasar por la cabeza que pudieran llevarse a cabo actividades clandestinas junto a un almacén militar, la resistencia aprovecharía para emplazar un depósito subterráneo de munición junto al foso de los elefantes.

Gracias a la despreocupación de los alemanes, la operación de rescate de los judíos del gueto discurriría ante sus narices sin que llegasen en ningún momento a sospechar nada. Con el fin de evitar que fueran descubiertos, Zabinski estipuló algunas señales de advertencia para que todos se ocultaran en los rincones más oscuros de las jaulas.

Los distintos grupos de refugiados recibían un nombre en clave, que siempre eran nombres de animales. Una de las refugiadas llamaba a aquel providencial refugio, que les había salvado la vida, «Arca de Noé», aunque el zoo también sería conocido como la «Casa de la buena estrella»[9]. Gracias a la ayuda proporcionada por la familia Zabinski, más de trescientos judíos conseguirían escapar del gueto de Varsovia y de una muerte segura.

En el invierno de 1942-1943, los alemanes decidieron abandonar la explotación de las instalaciones del

---

[9] *La casa de la buena estrella* sería el título en español del libro de 2008 de la escritora Diane Ackermann que narra estos hechos, *The Zookeeper's Wife*. En 2017 se estrenó una película norteamericana con este último título (*La casa de la esperanza* en español), dirigida por Niki Caro.

zoo como granja porcina y utilizarlas para la cría del zorro, con vistas a utilizar su piel en la confección de ropa de abrigo para las tropas destinadas al gélido frente ruso. Esa decisión trajo consigo un peligro; los alemanes situaron al frente del proyecto a un experto polaco, que fue a vivir al zoo. Al principio los Zabinski vieron en él un riesgo, sobre todo cuando el hombre decidió abandonar la cabaña que se le había asignado junto al criadero para irse a vivir a la casa por su propia iniciativa, pero pronto se vio que él, aunque prefirió no involucrarse en aquellos movimientos, apoyaba la causa de la familia.

Mientras tanto, la red tejida por la resistencia polaca para rescatar personas y proporcionarles una nueva identidad, de la que el zoo formaba parte como refugio temporal, funcionaba a toda máquina, gracias al personal infiltrado en las oficinas de registro. Se confeccionaron tantos documentos que para el verano de 1943 se estimaba que el 15 por ciento de los carnés de identidad y el 25 por ciento de los permisos de trabajo eran falsos. Se llegaron a falsificar incluso carnés de oficiales de las SS y de la Gestapo.

Zabinski continuó con su discreta labor de auxilio a los perseguidos por los nazis hasta que llegó el Alzamiento de Varsovia de agosto de 1944. El zoólogo dio apoyo a la lucha emprendida por el ejército clandestino polaco Armia Krajowa, con quien ya estaba colaborando antes de la sublevación proporcionándoles armas.

En una ocasión, la casa del zoo sufrió un violento registro de los alemanes en busca de rebeldes, una acción en la que se dio un espantoso episodio; un soldado se llevó al pequeño Ryszard detrás de la casa y se escuchó un disparo. Su madre, que sostenía a su hija recién nacida, se derrumbó pensando que lo habían matado, pero el soldado volvió riéndose, sosteniendo por las patas un pollo al que, en realidad, había disparado. Sus compañeros celebraron la macabra broma, pero Antonina tardó tiempo en recuperarse del susto.

Durante la sublevación, Jan Zabinski resultó herido de bala en el cuello. Aunque todos pensaban que iba a morir, consiguió recuperarse. Tras la derrota de los patriotas polacos después de sesenta y tres días de lucha, el zoólogo fue enviado a un campo de prisioneros en Alemania, de donde no regresaría hasta después de la guerra. El zoo fue clausurado. Su mujer y sus dos hijos, junto al polaco encargado de los zorros, además de los propios zorros, fueron todos enviados a Alemania. Durante el trayecto, Antonina y los niños consiguieron escapar y ocultarse en una aldea hasta el final de la contienda.

Superando todas esas vicisitudes, la familia Zabinski pudo reunirse de nuevo, una merecida recompensa después de haber salvado la vida a tantos semejantes. Como no podía ser de otro modo, se pusieron manos a la obra para reconstruir el zoo. En 1949 reabrió sus puertas, con Jan Zabinski nuevamente como director. Sin embargo, la nueva etapa supuso una decepción para él, ya que se veía sometido continuamente a la intromisión de las autoridades comunistas, lo que le llevó a dimitir en 1951. La familia todavía pudo vivir allí durante dos años más, pero después tuvo que marcharse.

Zabinski se dedicó a la docencia, escribió medio centenar de libros y dirigió un programa de radio dedicado a su gran pasión, los animales. En 1965, en una modesta ceremonia en el memorial Yad Vashem de Jerusalén a la que asistieron algunos de los judíos por él rescatados, el zoólogo fue reconocido como Justo entre las Naciones. Falleció en 1974 a los setenta y siete años, tres años después que la esposa con la que había compartido tantos peligros y tanta pasión por los animales.

LLANTO POR UN HIPOPÓTAMO

Para concluir este recorrido por los parques zoológicos, y el efecto que tuvo sobre ellos la contienda, regresaremos al de Berlín, para ver cómo se vivió allí el final de la Segunda Guerra Mundial. Habíamos dejado el relato en los trágicos efectos que había tenido en el parque el bombardeo del 22 de noviembre de 1943.

A pesar de los daños causados por aquel ataque aéreo y otros posteriores, el parque continuaría abierto al público hasta el 20 de abril de 1945. Ese día, las bombas de agua dejaron de funcionar, al quedar cortada la electricidad. En los días siguientes, las enormes cantidades de comida que necesitaban los animales, lo que incluía desde carne de caballo y pescado a arroz, trigo e incluso larvas de hormiga, ya no pudieron llegar a las instalaciones. La mayoría de los animales que no habían sido evacuados a otros parques zoológicos de Alemania morirían a consecuencia del asalto final del Ejército Rojo a la capital del Reich. Antes de que éste se produjese, su director, Lutz Heck, a quien hemos visto cómo el matrimonio Zabinski no había tenido otro remedio que confiar sus animales, abandonó la ciudad para evitar ser arrestado por los soviéticos por saquear los zoológicos ucranianos.

Cuando el 2 de mayo de 1945 los soviéticos ocuparon las instalaciones del zoo, éstas ofrecían un aspecto desolador. Hasta un centenar de bombas de gran potencia habían caído allí, destruyendo jaulas, fosos, restaurantes y hasta salas de cine. Los soldados que se internaron en el recinto no pudieron sustraerse a la impresión causada por los aullidos de dolor de algunos de los escasos animales supervivientes, así que los sacrificaron para acortarles el sufrimiento.

Un soldado soviético recordaría más tarde que lo que más les impactó fue el llanto desconsolado de un guardián del zoo que había resistido junto a sus animales hasta el último momento. Estaba abrazado a un enorme hipopótamo, muerto en su charca por la explosión de una granada. Se trataba de Rosa, un hipopótamo hembra que un año y medio antes había sido madre de un pequeño hipopótamo llamado Knautschke, que sí logró sobrevivir.

Entre las ruinas humeantes del zoo destacaba la mastodóntica figura del que se reveló como un auténtico superviviente de la Segunda Guerra Mundial: Siam, el único elefante que no había muerto en el bombardeo del 22 de noviembre de 1943, también había superado la cruenta batalla de Berlín.

Gracias al apoyo de los berlineses, para quienes el zoo era todo un símbolo de la ciudad, las instalaciones volvieron a abrirse al público tan sólo dos meses después del final de la guerra, con el invulnerable Siam como gran atracción, junto al hipopótamo huérfano y una chimpancé llamada Suse. A pesar de las dificultades para conseguir alimentos en el Berlín de la posguerra, los propios ciudadanos se encargaban de aprovisionar al zoo con comida para los animales, tal como hemos visto que hacían también los habitantes de la sitiada Leningrado.

El paquidermo Siam moriría en 1947, pero no como víctima inocente de las cruentas luchas humanas, como sus otros congéneres, sino de muerte natural. También Knautschke moriría cuando le llegó su hora, en 1988, aunque a punto estuvo de morir en 1947 cuando se voló con explosivos una torre antiaérea cercana y le cayeron encima varios cascotes. Para recordar a Knautschke, se le dedicó una escultura en bronce a tamaño natural que puede verse junto al recinto de los hipopótamos del zoo de Berlín.

CAPÍTULO 4.
LA GUERRA EN ASIA, ESA GRAN DESCONOCIDA

Si el lector echa un vistazo a su biblioteca personal de la Segunda Guerra Mundial, comprobará que son muy pocos los ejemplares dedicados en exclusiva a la guerra en Asia. Para el lector occidental, el conflicto de 1939-1945 fue básicamente un conflicto europeo, en el que la otra parte del mundo cobra importancia sólo cuando los norteamericanos, en el Pacífico, van saltando de isla en isla hasta llegar a Japón.

Esa comprensible visión eurocentrista de la contienda ha hecho que la guerra en el continente asiático haya quedado postergada y, en buena parte, ignorada. Hay que tener presente que cuando la conflagración mundial se extendió a Asia y Oceanía, a partir del ataque japonés a Pearl Harbor el 7 de diciembre de 1941, ya hacía cuatro años que en China se estaba combatiendo el expansionismo nipón en una guerra sanguinaria y brutal, un adelanto de lo que luego vería el Viejo Continente.

En este capítulo, el lector podrá conocer ese inmenso,

complejo e inexplorado teatro de operaciones, que va de Manchuria a la jungla de Birmania, y en el que encontrará historias que, a buen seguro, le van a sorprender.

El PAÍS MÁS POBLADO DEL EJE

En este capítulo, el autor quiere proponer un pequeño juego. El lector debe preguntar a alguien que se considere entendido en el tema de Segunda Guerra Mundial cuál fue el país del Eje con mayor población.

Seguramente, la primera respuesta que obtenga sea «Alemania». Esa respuesta no está mal encaminada, ya que el Reich alemán, contando los 10 millones de habitantes de la anexionada Austria y los 7 millones de habitantes de las regiones checas de Bohemia y Moravia, que también habían sido anexionadas por Hitler, sumaba en 1939 un total de 79 100 000 almas.

Sin embargo, ésa no es la respuesta correcta. Entonces, el sorprendido experto contestará seguramente «Japón». También es una buena opción, ya que Japón contaba en 1940 con 71 900 000 habitantes, pero la respuesta sigue sin ser correcta.

Llegados a ese punto, el desconcertado entendido en el conflicto de 1939-1945 responderá dubitativamente «Entonces... ¿Italia?». Esas dudas están justificadas, ya que el país transalpino tan sólo tenía 44 500 000 de habitantes en 1940.

No siendo correcta ninguna de esas respuestas, el interlocutor habrá quedado sumido en el desconcierto, y pensará que se le está tomando el pelo. Pero no es así; el problema es que seguramente la respuesta no figura en sus libros de la Segunda Guerra Mundial[10].

EL EXPANSIONISMO NIPÓN

Antes de revelar cuál es el país en cuestión, es necesario poner en antecedentes al lector sobre el complejo camino que llevó a su creación, ligado al expansionismo nipón. Esa agresiva tendencia de la política exterior del Imperio del Sol Naciente acabaría forzando la entrada en guerra de Estados Unidos, resultando así determinante para el desenlace de la conflagración. Con esta introducción, el lector también podrá tener una idea aproximada de la génesis de un conflicto, el chino-japonés, al que apenas se le dedica atención en los libros de la Segunda Guerra Mundial. Ese enfrentamiento, que se inició en 1937 y que enlazó con la contienda mundial en 1941, prolongándose hasta 1945, causaría más de veinte millones de muertos, la mayoría de ellos civiles.

Los japoneses, confinados en su pequeño territorio insular, habían contemplado a los chinos con un ambivalente complejo de superioridad e inferioridad,

---

[10] Para este capítulo y los siguientes he tomado como principal referencia el excelente estudio sobre el colaboracionismo militar extranjero con el Imperio nipón *Los Ejércitos del Dragón. Voluntarios extranjeros en el ejército japonés (1931-1945)*, de Rubén Villamor.

lo que sería el origen de los conflictos que les enfrentarían a lo largo de medio siglo. Desde el abandono de una estructura feudal y la apertura del país al comercio con occidente en 1868, los japoneses demostrarían su capacidad para incorporarse rápidamente con éxito a la sociedad industrial. Por el contrario, el gran imperio chino permanecía mientras tanto anclado en su pasado, impermeable a los grandes cambios que se estaban desarrollando en el mundo a toda velocidad. Los japoneses, convencidos de su superioridad como pueblo, contemplaban cómo sus atrasados vecinos controlaban, no obstante, grandes territorios e inmensas fuentes de recursos, lo que les provocaba una insoportable sensación de inferioridad.

La resolución de ese conflicto psicológico, si lo podemos simplificar así, llevaría a los japoneses a poner sus ojos en Corea, que entonces era un reino vasallo del imperio chino. Corea, con sus yacimientos de carbón y mineral de hierro, resultaba muy apetecible para la incipiente industria nipona. Así, en 1876, tras algunos incidentes provocados por japoneses residentes en Corea y coreanos que querían sumarse al carro del progreso, Japón consiguió imponer a China un tratado por el que Corea se abría al comercio internacional. No obstante, ese acuerdo no sería más que el pie en la puerta entreabierta que los japoneses necesitaban para su posterior expansión continental.

En 1882, Corea padeció una fuerte sequía que provocó escasez de alimentos. La hambruna resultante derivó en revueltas populares que incluyeron el ataque a la colonia nipona en el país. Esos ataques fueron la excusa perfecta para que los japoneses enviaran buques de guerra y tropas. El ejército chino trató de hacerles frente, sin éxito. Al final, los chinos tuvieron que transigir con que Japón estableciese sus tropas de forma permanente en Corea, además de pagar una fuerte indemnización.

Ese éxito, lejos de apaciguar a los japoneses, les envalentonó para lanzarse al objetivo final, que no era otro que situar a Corea bajo su control, relevando en ese papel a los chinos. Dos años después, un grupo de japoneses intentó un golpe de Estado que fracasó; la reacción militar china obligó a Japón a dar un paso atrás, acordando con los chinos la evacuación de las tropas de ambos países en Corea.

Pero Japón no iba a soltar tan fácilmente su presa. En 1894, el rey de Corea reclamó ayuda militar a China para hacer frente a un levantamiento popular; la irrupción de tropas chinas, anunciada con antelación, llevó a que Japón enviase también las suyas para mantener el equilibrio. Una vez sofocada la revuelta, China se dispuso a retirar a su ejército, pero los japoneses presentaron una serie de exigencias para proceder a la retirada, que en la práctica suponían una ampliación de la influencia nipona en el país.

LA PRIMERA GUERRA CHINO-JAPONESA

Los chinos no deseaban un enfrentamiento bélico y recurrieron a las potencias occidentales para obtener su mediación. Mientras que China centraba sus esfuerzos en obtener la paz, Japón se preparaba para la guerra comprando carbón, enviando espías a la región y enviando más tropas a Corea. En junio de 1894, los japoneses tenían ya cerca de diez mil soldados en Corea por sólo dos mil chinos. Fue entonces cuando se decidieron a asaltar el palacio del rey coreano y establecer un gobierno títere, que concedió a Japón el derecho a expulsar a las fuerzas chinas.

El nuevo gobierno coreano, obviamente, no fue reconocido por China; una vez comprobado que su política de apaciguamiento no había logrado nada, los chinos se dispusieron a enfrentarse a Japón, falsamente instalados en el convencimiento de su superioridad militar. La marina de guerra china contaba con unidades de reciente construcción, y su ejército, además de muy numeroso, disponía de armamento moderno.

El 25 de julio de 1895, los japoneses inauguraron una tradición que se reeditaría años después en Pearl Harbor, atacando por sorpresa a un buque de guerra chino, dándose inicio así a la que se denominaría primera guerra chino-japonesa. Una vez desatadas las hostilidades, los chinos comprobaron que su supuesta superioridad militar era un espejismo. Aunque, en efecto, contaban con armamento moderno, las tropas tenían una instrucción deficiente, por lo que a veces los soldados no sabían utilizar sus armas. La falta de disciplina provocó frecuentes deserciones. Los estrategas estaban a tono con sus tropas; a pesar de que el ejército chino era varias veces más numeroso que el nipón, los japoneses lograban una y otra vez entablar combate en superioridad numérica.

Las fuerzas chinas, por tanto, acumularon derrota tras derrota, hasta que en marzo de 1895 las tropas niponas amenazaron con tomar Pekín. Los chinos no tuvieron otra alternativa que solicitar la paz, aceptando unos términos humillantes, incluyendo cesiones territoriales, como la isla de Taiwán, además del reconocimiento del protectorado nipón sobre Corea y el pago de grandes sumas en concepto de reparaciones de guerra. Esa rápida victoria reforzaría el complejo de superioridad que poseían los japoneses; en apenas ocho meses habían logrado doblegar al milenario gigante chino.

EL CONTROL DE MANCHURIA

Si la lucha por el control de Corea había supuesto la raíz del conflicto que había enfrentado a Japón con China, la siguiente región que despertaría las apetencias niponas sería Manchuria. Tras la guerra ruso-japonesa de 1904-1905, concluida con victoria nipona, los japoneses sustituirían a los rusos en su influencia en esa región que nominalmente pertenecía al decadente imperio chino. En 1906, los japoneses construyeron allí una línea de ferrocarril que facilitó la penetración económica en la región, en forma de explotaciones mineras y la creación de industria, así como el establecimiento de numerosos comerciantes nipones. Al igual que sucedía con otras potencias que tenían concesiones en territorio chino, el gobierno de Pekín permitió que los japoneses trasladaran tropas a Manchuria para proteger su línea de ferrocarril.

Con el derrocamiento de la dinastía Qing en 1912, y el fin del imperio, China quedó sumida en un período turbulento que sirvió para que los japoneses tuvieran hasta cierto punto las manos libres en Manchuria. Progresivamente, las fuerzas militares del partido nacionalista chino Kuomintang, que habían elegido Nanking como capital, irían haciéndose con el control de gran parte de China, pero Manchuria permanecería en manos de los señores de la guerra locales, que seguirían tolerando la presencia nipona en la región.

A mediados de la década de los veinte, Manchuria se convertiría en motivo de disputa en el propio Japón. El gobierno deseaba llegar a un entendimiento con los nacionalistas chinos, siendo partidario de apostar por el comercio y la cooperación, así como de reducir la presencia militar. Por el contrario, los militares nipones aspiraban a eliminar cualquier influencia china en la región, por lo que no estaban dispuestos a realizar concesiones. El curso de los acontecimientos no ayudaría al gobierno nipón a imponer su visión pacifista; el Kuomintang obtendría cada vez más partidarios en Manchuria, mientras los caudillos militares locales no veían con malos ojos la reunificación. La tensión era cada vez mayor en la región y las provocaciones procedentes de ambos bandos eran constantes. Mientras tanto, los políticos japoneses insistían en su política de concesiones a los nacionalistas chinos, una actitud considerada débil y entreguista por parte de los sectores militaristas, que no estaban dispuestos a participar de ella.

En el verano de 1931, las relaciones entre Japón y China se hallaban en su punto más tenso. Las fricciones sobre el terreno se sucedían y los chinos optaron por decretar un boicot a los productos japoneses. El Estado Mayor nipón se frotaba las manos, ya que estaba esperando un *casus belli* para poder actuar y tomar el control de la región. Sin embargo, ante la evidencia de que ambos países se encaminaban a una guerra, en septiembre los gobiernos japonés y chino abrieron la puerta del diálogo. Esa perspectiva disgustó a los militares japoneses, por lo que se decidieron a forzar los acontecimientos.

El 18 de septiembre de 1931 se produjo el llamado Incidente de Mukden, cuando estallaron explosivos en una sección del ferrocarril japonés que atravesaba Manchuria. El ejército japonés acusó a un grupo de soldados chinos del ataque y, alegando legítima defensa, comenzó a ocupar las principales localidades. Los militares ya tenían su ansiado *casus belli*. Pero quince años más tarde, durante los juicios de Tokio —el Núremberg japonés—, se supo que todo había sido un montaje pergeñado por un grupo de oficiales nipones, en connivencia con los sectores más duros del ejército y del Ministerio de Defensa. En realidad, el ataque a las vías fue llevado a cabo por zapadores japoneses, y luego se culpó a unos soldados chinos que fueron llevados hasta el lugar y asesinados como si hubieran sido abatidos al intentar huir.

El incidente cogió por sorpresa al gobierno japonés. Desde Tokio se intentó recomponer la situación para impedir la escalada violenta, pero los militares vieron llegado el momento de tomar el control definitivo de Manchuria, y no iban a desaprovecharlo. Aunque el gobierno logró el apoyo del emperador Hirohito a su política de apaciguamiento, que incluyó una promesa ante la Sociedad de Naciones de retirada de las tropas, el Estado Mayor nipón demostró que ya funcionaba ajeno a cualquier control civil y que estaba decidido a eliminar de una vez por todas la influencia china en la región.

Así, se puso en marcha un plan para que Manchuria se independizase de China, con un régimen favorable a Japón al frente. Para ello, los militares utilizaron al pequeño movimiento independentista local.

Finalmente, el 18 de febrero de 1932, Manchuria se declaró independiente de China. El que había sido último emperador de la dinastía Qing, Puyi, fue colocado al frente del gobierno títere y en 1934 fue proclamado emperador de Manchuria, que a partir de entonces sería el Gran Imperio Manchukuo. Sin embargo, Puyi no sería más que un hombre de paja de los ocupantes japoneses.

El gobierno de Tokio, incapaz de controlar al Ejército, tuvo que admitir esa política de hechos consumados. Pero no sólo el gobierno reconoció esa falta de control sobre los militares, sino que el propio Estado Mayor vio como el ejército nipón desplegado en China había actuado de manera autónoma. Por su parte, el gobierno chino elevó sus quejas a la Sociedad de Naciones, que declaró que Manchuria seguía siendo parte de China. Japón mostró su desacuerdo retirándose de la Sociedad de Naciones en 1934.

A pesar de que Manchukuo se presentaba como un Estado independiente, la presencia militar nipona aumentaba día a día, oficialmente para proteger los intereses japoneses en el nuevo país. En realidad, los militares nipones estaban acumulando fuerzas, ya que consideraban que Manchuria era la cabeza de puente para lanzarse, llegado el momento, tras el gran objetivo, que no era otro que el sometimiento de toda China, o al menos la franja costera oriental, en la que se situaban los principales centros de actividad económica.

DISPUTA POR SHANGHÁI

El otro punto de tensión, además de Manchuria, era Shanghái, en donde Japón disponía de una guarnición. Ese privilegio era el fruto de los acuerdos de 1901 que siguieron a la Rebelión de los Bóxers, y que establecían en esa y en otras zonas estratégicas, como Pekín, el estacionamiento de tropas de las principales potencias, entre las que se encontraba Japón. A nadie se le escapaba la importancia estratégica de Shanghái como foco de penetración nipona en territorio chino. Los japoneses lo podían utilizar, junto a Manchuria en el norte, para atrapar a China en una gigantesca maniobra de tenaza. Además, el que la capital nacionalista, Nanking, se encontrase a tan sólo 290 kilómetros de Shanghái hacía que el control de esa ciudad tuviera una importancia decisiva.

Fruto de esa pugna se produjo en 1932 el violento episodio que los chinos conocerían como el Incidente del 28 de enero y que los japoneses llamarían el Primer Incidente de Shanghái. El origen de esa escaramuza que adquiriría tintes de auténtica batalla fue la agresión que diez días antes sufrieron cinco monjes budistas japoneses, miembros de una secta nacionalista nipona, a manos de civiles chinos; dos resultaron heridos y uno murió. Ese ataque fue la expresión del fuerte sentimiento antijaponés de los residentes chinos. A partir de ahí se produjeron violentos disturbios en las calles y llamadas al boicot a los productos y comercios japoneses.

Por su parte, el ejército japonés tomó posiciones para defender los intereses nipones en la ciudad. En los días siguientes llegaron a Shanghái siete mil soldados, cuarenta aviones y treinta buques de guerra, dispuestos a intervenir. El gobierno nacionalista chino, por su parte, también envió tropas a Shanghái por lo que el conflicto parecía inevitable.

El 28 de enero de 1932, los japoneses bombardearon la ciudad, dando inicio así a una serie de combates callejeros que se prolongarían hasta el 1 de marzo, cuando las tropas chinas se retiraron de la ciudad. El 5 de mayo se firmaría un acuerdo por el que Shanghái quedaba desmilitarizada, aunque los japoneses podrían mantener algunas unidades en la ciudad. De este modo, los japoneses conservaban intacta la posibilidad de utilizar Shanghái para penetrar en China en caso de que estallase un conflicto abierto, lo que tardaría cinco años en suceder.

LA SEGUNDA GUERRA CHINO-JAPONESA

Las crisis de Manchuria y Shanghái se habían saldado de manera favorable a los intereses japoneses, pero los planes expansionistas nipones no se iban a detener. Para proteger a Manchuria, los japoneses trataron de extender su influencia a las zonas limítrofes. Los nacionalistas del Kuomintang rechazaron la oferta de Tokio para firmar un acuerdo que garantizase la presencia nipona en la parte septentrional de China. Ambos gobiernos acabaron rompiendo relaciones el 8 de enero de 1936.

En ese ambiente de tensión, la noche del 7 de julio de 1937 se produjo el llamado Incidente del Puente de Marco Polo, en los alrededores de Pekín, en el que se produjo un confuso tiroteo entre soldados chinos y japoneses. El suceso dio origen a una escalada de provocaciones por ambos bandos que llevaría al gobierno de Nanking a poner en marcha un contingente de tropas en dirección a Manchuria. Los japoneses se prepararon para responder adecuadamente a la iniciativa militar china.

Las hostilidades se desataron definitivamente el 9 de agosto de 1937. Tal como había sucedido en la primera guerra chino-japonesa, las fuerzas chinas, pese a ser más numerosas, se mostrarían inferiores a las niponas en el campo de batalla. Los japoneses no sólo rechazaron fácilmente a las tropas que avanzaban hacia Manchuria, sino que, siguiendo el impulso que habían tomado, avanzaron hacia Pekín. Por su parte, los chinos trataron de expulsar a los japoneses de Shanghái, lo que provocaría una de las batallas más feroces y desconocidas de todo el siglo xx, que se prolongaría a lo largo de tres sangrientos meses.

Los chinos fracasaron en su intento de desalojar a las fuerzas niponas de Shanghái y, una vez derrotados, decidieron retirarse hacia la capital, Nanking, a orillas del río Yangtsé. Allí esperaban establecer una última línea de defensa, mientras las mejores tropas se retiraban hacia el interior del país. Se prohibió a la población civil evacuar la ciudad, lo que resultaría un terrible error, a la luz de lo que ocurriría después. El 2 de diciembre de 1937 se inició el asalto nipón a Nanking. La resistencia china, con unas tropas desmoralizadas y el río a la espalda, no podía prolongarse mucho. En una semana los japoneses rodearon la ciudad y conminaron a los defensores a rendirse, pero los chinos optaron por seguir luchando. Se produjo el asalto final y el 13 de diciembre la ciudad fue tomada.

Comenzó entonces una orgía criminal tan devastadora que ha pasado a la historia como la Violación de Nanking. Nada más conquistar la ciudad, se emitió una orden por la que todos los soldados chinos que habían sido hechos prisioneros, unos noventa mil, debían ser ejecutados. La orden se cumplió metódicamente. Otros cincuenta mil soldados chinos capturados más al norte correrían la misma suerte. Las torturas y asesinatos de civiles se extendieron por toda la ciudad. Las tropas niponas recurrieron a la decapitación, mutilación, crucifixión o incluso el enterramiento en vida. También disfrutaban quemando vivas a sus víctimas. El peor destino era el que esperaba a las mujeres; se calcula que unas ochenta mil fueron violadas por los soldados japoneses, sin reparar en su edad. La mayoría de ellas serían después asesinadas. Es difícil saber cuántas personas fueron masacradas en Nanking, pero la cifra podría rondar las trescientas mil.

La conquista de la capital nacionalista no fue suficiente para que el gobierno chino se rindiera. Los chinos trasladaron la capital a Wuhan y, después de que esta ciudad fuera también tomada, a Chongqing. La resistencia continuó en algunos enclaves costeros pero, sobre todo, en las regiones rurales, en donde también actuaría la guerrilla comunista. Los japoneses se vieron así entrampados en un conflicto en el que resultaba imposible derrotar por completo al enemigo.

A finales de 1938 el frente se estabilizó y, a partir de ahí, los japoneses únicamente pudieron llevar a cabo sucesivas campañas punitivas, sin llegar nunca a someter los núcleos de resistencia, que se iban trasladando de un punto a otro por la inabarcable geografía china, para desesperación de los invasores. En una serie de campañas que parecían dirigidas por el propio Sísifo, Japón se vio obligado a destinar al teatro de operaciones chino más de un millón de soldados.

Aunque ese enorme contingente nipón empeñado en China hubiera sido destinado a la lucha contra los norteamericanos en el frente del Pacífico, lo más probable es que Japón hubiera sido igualmente derrotado, pero la factura pagada por Estados Unidos por su victoria habría sido también, sin duda, mucho más sangrienta.

EL COLABORACIONISTA WANG

En los planes japoneses para China jugó un papel fundamental un político chino nacido en la provincia de Cantón en 1883, Wang Jingwei. Él estaba destinado a ostentar el honor de ser el líder del que sería el país más poblado del Eje durante la Segunda Guerra Mundial. Aun así, Wang es un personaje desconocido fuera de China, incomprensiblemente ausente de la práctica totalidad de los libros de la Segunda Guerra Mundial.

Durante su juventud, Wang había vivido en Japón, como estudiante de Derecho, patrocinado por el gobierno imperial de China. Allí pudo vivir de cerca la victoria nipona en la guerra ruso-japonesa. Aquel sorprendente triunfo de un país asiático contra una potencia europea dejó en él una profunda huella de admiración por todo lo nipón. Influido por aquella sociedad más moderna, a su regreso se convirtió en opositor al imperio, al que consideraba responsable del atraso de su país. También le echaba la culpa de las prerrogativas económicas y jurídicas que tenían las potencias occidentales en China, que la convertían en una nación sometida. La consecuencia fue que Wang, que demostraría ser un gran orador, se convirtió en un ferviente nacionalista y en un revolucionario, manteniendo contacto con círculos anarquistas rusos. Su supuesta participación en un complot para asesinar a un miembro de la casa imperial lo llevaría a la cárcel.

Con la caída del imperio y la proclamación de la república, Wang fue liberado, siendo aclamado como un héroe. En 1917 se afilió al Kuomintang, el referido partido nacionalista chino, en el que tenía cabida todo el arco ideológico, desde la derecha hasta la izquierda revolucionaria, el sector con el que Wang se sentía más identificado. Además, estaba marcado por su ferviente antiimperialismo occidental.

Wang iría ocupando distintos cargos en el gobierno del Kuomintang, hasta que en 1925 se habló de él como aspirante a su liderazgo. El puesto acabaría en manos de Chiang Kai-shek, quien sería uno de los grandes protagonistas de la Segunda Guerra Mundial, aunque él conservaría momentáneamente su parcela de poder. No obstante, Wang comenzaría a ser apartado de la cúpula del poder, lo que le llevaría a convertirse en el líder de la vertiente más izquierdista del Kuomintang. Llegó a coquetear con los comunistas, a pesar de que él se oponía a esta ideología, ya que consideraba que un comunista, por su internacionalismo, nunca podría ser un auténtico nacionalista chino.

Los miembros del ala derechista del partido lograron que Wang fuera enviado a Europa de «vacaciones», junto a su familia, para apartarlo de ese modo de la circulación política. Pero Wang aprovecharía ese exilio para crecer políticamente. Buscó el apoyo de los movimientos fascistas europeos, como el italiano, el alemán o el rumano. La figura de un Wang culto y educado, siempre impecablemente vestido, y con el pelo engominado y peinado hacia atrás, rompería con algunos de los estereotipos que se tenían en Europa de los chinos. Wang alcanzaría un cierto prestigio en su gira, que le valdría para regresar rehabillitado en 1929.

El 29 de enero de 1932 fue nombrado primer ministro de China, por deseo expreso de Chiang Kai-shek, quien esperaba de él, por sus simpatías izquierdistas, que lavara la cara a un régimen que estaba considerado como abiertamente derechista[11], y que sirviera así de escudo ante los embates de los comunistas. Su presidencia no sería plácida, ya que existía una fuerte oposición contra él en el propio partido. Eso hizo que Wang se dedicase a emprender largos viajes que le mantuvieran alejado de las puñaladas domésticas. Regresó a Europa, en donde se entrevistó con Hitler después de que éste hubiera

---

[11] Pese a ese esfuerzo para maquillar la imagen derechista del Kuomintang, el 1 de marzo de 1932 el partido aceptaría un movimiento fascista entre sus filas, la Sociedad de los Camisas Azules. Formada por unos 30 000 jóvenes procedentes de todas las clases sociales, ideológicamente eran una copia de los Camisas Negras italianos. Defendían la exaltación histórica y cultural de los valores nacionales chinos y la implantación de una economía corporativista. Aunque glorificaban al líder del Kuomintang, Chiang Kai-shek, al igual que sus homólogos italianos con Mussolini, Chiang no llegaría a tomarles en serio.

El político chino Wang Jingwei se convirtió en el líder del país más poblado del Eje. Archivo del autor.

alcanzado el poder. La presión sobre Wang fue tan alta que el 1 de noviembre de 1935 sufrió un atentado, cuando un radical le disparó tres tiros durante un congreso del partido, lo que le hizo tirar la toalla y presentar la dimisión un mes después.

Durante su presidencia, Wang había demostrado poseer una visión geopolítica hasta cierto punto clarividente. Por entonces, la guerra contra Japón se veía como inevitable, pero los nacionalistas chinos, con Chiang Kai-shek a la cabeza, estaban convencidos de que podrían derrotarle si contaban con el tiempo suficiente para modernizar su atrasado ejército. Por entonces, la Alemania nazi estaba proporcionando adiestramiento y material a las tropas chinas. Los instructores germanos enseñaron a los soldados chinos las más novedosas tácticas militares, y se les proporcionaron, por ejemplo, 350 000 cascos típicos del ejército alemán, así como fusiles Mauser, ametralladoras, vehículos semioruga y una decena de tanques Panzer I. Eso haría que, en la futura guerra chino-japonesa, las tropas chinas ofreciesen un aspecto similar al que los alemanes mostrarían durante la Segunda Guerra Mundial, lo que puede resultar un tanto sorprendente a nuestros ojos en las fotografías y filmaciones que se han conservado.

Wang, consciente del calibre del poderío nipón por haberlo conocido de primera mano, creía que, pese a ese esfuerzo de modernización, China no tenía ninguna opción de victoria en un conflicto contra Japón. Para él, se imponía la necesidad de sellar una alianza con la Unión Soviética, para frenar así las ansias expansionistas niponas, ya que consideraba que la amistad con Alemania o Italia no suponía un factor de disuasión suficiente. En todo caso, era partidario de alcanzar algún acuerdo de conveniencia con los japoneses para alejar la amenaza de esa guerra que, según él, iba a suponer una catástrofe para el país.

Tras el comienzo de la segunda guerra chino-japonesa en 1937, Wang apoyó sin reservas al gobierno nacionalista, pero la constatación de la superioridad militar nipona, tal como había pronosticado, le llevaría a mostrarse pesimista sobre el resultado de la guerra. Wang no se había equivocado en su apreciación de que la amistad con Alemania e Italia iba a resultar inútil. Tanto Hitler como Mussolini decidieron apostar a caballo ganador, suspendiendo la venta de armas a China y mostrando su apoyo a Japón. China, aunque contaba con las simpatías occidentales, se quedaba sola.

El derrotismo de Wang, para el que no le faltaban argumentos, fue objeto de duras críticas en el seno del Kuomintang. En 1938, después de perder toda esperanza de victoria ante los japoneses, Wang decidió abandonarlo todo y marcharse a la Indochina francesa. En 1939, cuando se encontraba todavía en la colonia gala, Wang fue objeto de un atentado cometido por agentes enviados por el Kuomintang, que no perdonaban su defección. Aunque resultó herido, pudo sobrevivir al ataque. Una vez recuperado, rompió todos los lazos con el partido en el que había militado durante veinte años y decidió viajar a Shanghi, en donde iniciaría contactos con las autoridades niponas para tratar de abrirse un futuro político en esa nueva coyuntura política que se abría en su país.

LA NUEVA REPÚBLICA DE CHINA

Los japoneses, conforme iban conquistando territorio chino, vieron la necesidad de crear una administración civil. Así, en diciembre de 1937 crearon en Pekín el llamado Gobierno Provisional de la República de China, que asumiría el control de una parte del nordeste del país.

El gobierno de Pekín conviviría con otro establecido también por los invasores japoneses en Nanking, en marzo de 1938. Allí se fundó el denominado Gobierno Reformado de la República de China. Aun habría otro gobierno más, el de Mengjiang, en la Mongolia Interior. Para escoger a los miembros de esos gobiernos títeres, los japoneses recurrieron a políticos nacionalistas chinos de segunda fila, dispuestos a colaborar con el invasor y medrar así en esa nueva tesitura.

En 1940, los japoneses decidieron unificar esos gobiernos en otro, que tendría su capital en Nanking. Así, el 30 marzo de 1940 se proclamó en Nanking, en una jornada lluviosa que no parecía augurar nada bueno, la República de China. Ése era su nombre oficial pero, para distinguirlo de la república gobernada por el Kuomintang, y que era la que los Aliados consideraban legítima, ese nuevo estado sería conocido como República de China-Nanking o Gobierno nacionalista de Nanking. A la confusión que causaba el nombre se sumaba el hecho de que la bandera elegida fuera exactamente la misma de la China gobernada por el Kuomintang, para arrebatarle de ese modo su legitimidad; a efectos prácticos, se le añadirían dos banderines triangulares en amarillo y blanco para que pudiera diferenciarse de la otra.

La ideología del nuevo Estado se resumía en tres principios: «Nacionalismo, democracia y bienestar», que coincidían también con los que promulgaba originalmente el Kuomintang. Luego, bajo la inspiración nipona, se añadirían tres más: «Amistad vecinal, anticomunismo y cooperación económica».

Para presidir ese régimen, los japoneses pensaron en alguien que tuviera experiencia de gobierno, contactos internacionales y que hablase japonés. La persona que cumplía todos esos requisitos era Wang Jingwei, que aceptó la propuesta. Wang se convirtió así en el jefe de estado chino reconocido por Japón y los otros países del Eje.

Curiosamente, el gobierno español llegó a enviar en mayo de 1940 una misión diplomática a esa flamante República de China, compuesta de una veintena de personas y encabezada por un teniente general. El objetivo era conservar algunos privilegios que databan de la guerra de los Bóxers, como el de extraterritorialidad en el puerto de Xiamen, desde donde partía el tráfico marítimo hacia las Filipinas. También se esperaba que la visita sirviera para obtener reconocimiento internacional para el régimen franquista, aunque procediese de un gobierno títere de los japoneses.

La República de China-Nanking, pese a verse delimitada por las conquistas japonesas en territorio chino, tenía una extensión de 1 264 000 kilómetros cuadrados y contaba con 182 millones de habitantes. Como integrante del Eje a partir del 9 de enero de 1943, cuando declaró la guerra a los Aliados, su población prácticamente igualaba a la de Alemania, Japón e Italia juntas, lo que, sobre el papel, la convertía en toda una potencia.

Sin embargo, la aportación de ese imponente Estado al esfuerzo de guerra del Eje sería prácticamente nulo. En primer lugar, la jurisdicción del gobierno de Wang se extendía apenas sobre las regiones más próximas a Nanking, las que habían formado el Gobierno Reformado entre 1938 y 1940. En realidad, los otros dos gobiernos títeres que se habían integrado en el régimen unificado, el Gobierno Provisional y el de Mengjiang, seguían funcionando de manera autónoma, al dictado de las respectivas autoridades militares japonesas.

Mientras tanto, la población que vivía bajo el gobierno de Wang veía cómo escaseaban los productos de primera necesidad y los precios subían, lo que obligaba a acudir al mercado negro. En Shanghái, los precios sufrieron una inflación de un 1100 por ciento en 1941. Con la entrada en guerra de Japón contra norteamericanos y británicos, y la consiguiente necesidad de más recursos para el esfuerzo de guerra, las condiciones de vida de la población empeorarían aún más.

Pero los ciudadanos de la nueva república se lo pensaban dos veces antes de expresar su descontento. Los japoneses crearon allí una policía secreta china, a semejanza de su Kempeitai —la Gestapo nipona—, que se dedicaría a detener, torturar y, llegado el caso, asesinar a los opositores. Aun así, el aparato represivo no pudo evitar que se produjesen regularmente algunos actos de sabotaje contra el régimen de Wang, considerado un traidor al pueblo chino y demonizado tanto por sus súbditos como, obviamente, por los nacionalistas del Kuomintang y los comunistas.

Ante esa situación complicada, Wang trató de galvanizar a la población en torno a su figura, convirtiéndose en un líder nacional indiscutible, tal como había hecho Hitler en Alemania o Stalin en la Unión Soviética. Para ello se autoproclamó Shang Chiang, un término equivalente al de Führer o Duce, y lanzó una campaña de culto al líder, consistente en la insistente publicación de su fotografía en carteles y periódicos, así como la proyección de imágenes suyas en los cines. También decidió vestir uniforme militar y que sus apariciones públicas fueran acompañadas de bandas de música y desfiles. Por otro lado, Wang creó el Movimiento de los Nuevos Ciudadanos, integrado por grupos de jóvenes, para que sirviese de apoyo al régimen, realizando misiones de propaganda y de intimidación de los disidentes.

En enero de 1943, los japoneses tratarían de ganarse el apoyo de los nacionalistas chinos anulando todos los privilegios con que contaban los extranjeros en China desde el siglo xix. A partir de entonces, los extranjeros no podrían tener territorios gobernados de manera autónoma frente al poder central ni leyes que les protegieran de las autoridades locales. Se trataba de una decisión coyuntural y con escasos efectos prácticos, ya que la República de China-Nanking acababa de declarar la guerra a las potencias occidentales. Pero el gesto poseía cierta fuerza simbólica, al avanzar en la línea seguida por el conjunto de China para ganar autoconfianza después de décadas sometida a las exigencias de las potencias extranjeras. Fruto de esa decisión, los japoneses acabaron con la autonomía del barrio diplomático de Pekín, gobernado por ocho potencias extranjeras —incluyendo Japón— desde 1901.

En noviembre de 1943 se celebró en Japón la Conferencia de la Gran Asia Oriental, a la que acudieron los líderes de los regímenes colaboracionistas, lo que incluyó a Wang en representación de China. Su connivencia con los japoneses en un tiempo en el que cada vez se veía más claro que, tarde o temprano, serían derrotados, no auguraba nada prometedor para el futuro de Wang en cuanto desapareciesen sus protectores. Sin embargo, el destino le ahorraría tener que enfrentarse a las consecuencias de su traición.

En marzo de 1944, Wang viajó a Japón para tratarse de las secuelas de la herida provocada por el atentado sufrido en Indochina. Pero ya no regresaría a China. Su estado de salud empeoraría y el 10 de noviembre fallecería en Nagoya. Su cuerpo fue trasladado a Nanking, en donde fue enterrado con todos los honores en un mausoleo especialmente construido para él.

DEPURACIÓN SANGRIENTA

Lo que sucedió en la anterior República de China-Nanking tras la derrota de Japón no dejaría dudas sobre el destino que le hubiera esperado a Wang Jingwei de haber estado todavía vivo. En cuanto los japoneses rindieron las armas, y con ellos los chinos colaboracionistas, comenzó una sangrienta venganza por parte de los vencedores. Esa revancha fue llevada a cabo tanto por el Kuomintang como por los comunistas, pero serían los primeros los que la efectuarían de manera más sistemática, al aprobar una serie de disposiciones que estipulaban los castigos que debían sufrir los colaboracionistas. En la práctica, esas leyes proporcionarían un paraguas legal a todo tipo de abusos. A los colaboracionistas se les confiscarían tierras y propiedades, serían expuestos a humillación pública y, en muchos casos, se les torturaría y ejecutaría.

Todos los dirigentes del régimen colaboracionista de Nanking serían juzgados. Los más afortunados fueron los que recibieron una condena de quince años de prisión. Los que detentaban las responsabilidades más altas fueron sentenciados a muerte, mientras que a otros se les condenó a cadena perpetua, como ocurrió con la viuda de Wang. Pero la represión llegó a todos aquellos ciudadanos que se consideraba que habían colaborado con los invasores, lo que incluía, por ejemplo, a los traductores de japonés. A los que presentaban delitos menores se les restringiría el acceso al trabajo.

En esa depuración masiva se contabilizaron 2720 ejecuciones, 2300 cadenas perpetuas y más de 13000 condenas de cárcel. La represión se extendería hasta marzo de 1948, cuando el gobierno del Kuomintang decretó una amnistía general, para ganar así adeptos en su lucha contra el comunismo. Pero el infortunio de los colaboracionistas no terminaría con esa amnistía. Una vez que los comunistas se impusieron al Kuomintang en la guerra civil china y Mao Tse-Tung proclamó la República Popular de China en 1949, los amnistiados fueron considerados de nuevo criminales, siendo sentenciados a nuevas penas de cárcel o ejecutados. Los últimos encarcelados serían liberados en los años setenta.

Aunque Wang ya no estaba en el mundo de los vivos cuando Japón fue derrotado, los que le tenían por traidor a la patria no habían renunciado a ajustarle las cuentas. Cuando las tropas del Kuomintang entraron victoriosas en Nanking, el mausoleo de Wang fue destruido con 150 toneladas de explosivo y sus restos mortales, quemados. De ese modo desaparecía todo vestigio de un líder que puso su ambición política por encima de la lealtad a su pueblo.

LAS TRÍADAS DE HONG KONG,
CON LOS JAPONESES

Durante la Segunda Guerra Mundial, las diferentes potencias en liza no dudaron en recurrir a los delincuentes comunes para sumar sus habilidades, capacidades o influencias al esfuerzo de guerra. En un momento en el que todos debían aportar su granito de arena a la lucha por la victoria, los malhechores no tenían por qué quedar fuera.

Por ejemplo, los servicios secretos británicos reclutaron falsificadores de moneda que se encontraban en aquellos momentos en prisión cumpliendo sus condenas. La iniciativa, llevada a cabo por el departamento de falsificaciones del Ejecutivo de Operaciones Especiales (Special Operations Executive, SOE), tenía como objetivo proporcionar pasaportes, visados, documentos de identidad y tarjetas de racionamiento a los agentes infiltrados tanto en Alemania como en los países ocupados. Igualmente, se imprimieron cupones de racionamiento para arrojarlos sobre algunas ciudades alemanas, con el fin de hundir el sistema de distribución de alimentos a la población civil.

Los alemanes también revisaron los expedientes de sus presos comunes en busca de avezados profesionales de la falsificación. El objetivo era fabricar grandes cantidades de libras esterlinas y lanzarlas sobre las ciudades británicas para desatar una inflación que arruinaría la economía de su enemigo. Posteriormente se localizó a un experto en la falsificación de dólares, que se sumaría al proyecto. Sin embargo, los continuos retrasos en la ejecución del plan llevarían a su cancelación definitiva en diciembre de 1944. Aunque los fajos de libras esterlinas ya estaban preparados para ser lanzados, la Luftwaffe ya no tenía capacidad para sobrevolar Inglaterra. El ambicioso plan de desestabilización de la economía británica había fracasado[12].

Una vez finalizada la guerra, los soviéticos buscarían entre su población reclusa a los más destacados falsificadores con la misión de fabricar moneda británica o, preferiblemente, norteamericana, para sabotear la economía occidental en los primeros compases de la Guerra Fría.

Los delincuentes comunes también jugarían un papel importante tanto en los campos de concentración nazis como en el Gulag soviético. En ambos, los criminales se convirtieron en la extensión de los guardias. En los campos nazis, la mayoría de *kapos*, o encargados de barracón, eran escogidos de entre ese colectivo,

---

[12] Este plan, impulsado por el jefe de las SS Heinrich Himmler y conocido como Operación Bernhard, aparece reflejado en la coproduccion austrogermana *Die Fälscher* (*Los falsificadores*, 2007), dirigida por Stefan Ruzowitsky, que obtuvo el Óscar a la mejor película de habla no inglesa en 2008.

mientras que en los gulags obtenían prebendas por amedrentar y paralizar por medio del terror a los que cumplían penas por motivos políticos.

El caso más llamativo de colaboración con el mundo de la delincuencia sería el de la connivencia del gobierno de Washington con el gánster Lucky Luciano, quien estaba en prisión desde 1936, cumpliendo una condena de treinta años por sus actividades criminales. Al estallar la guerra, las autoridades norteamericanas estaban convencidas de la presencia de espías del Eje en el puerto de Nueva York. Con cierta frecuencia, los barcos eran atacados por submarinos al poco de zarpar, por lo que se sospechaba que los alemanes tenían agentes infiltrados entre los trabajadores de los muelles. Sin embargo, las investigaciones de la inteligencia naval chocaron con un muro de silencio, ya que el puerto estaba firmemente controlado por la mafia y nadie estaba dispuesto a abrir la boca sin el permiso de sus patrones. El incendio el 9 de febrero de 1942 de un transatlántico utilizado como transporte de tropas, el *Normandie*, parecía confirmar esas sospechas, a pesar de que posteriormente se sabría que fue un suceso fortuito. Para evitar sabotajes, así como para poner fin a las huelgas que se venían produciendo allí, el gobierno acudió a Luciano. Aunque oficialmente nunca hubo un trato, la realidad es que, a partir de entonces, los trabajadores colaboraron con las autoridades y no se convocó ninguna huelga más.

El gobierno norteamericano requeriría de nuevo la mediación de Luciano en 1943, durante la planificación del desembarco en Sicilia, que tendría lugar en julio. El mafioso, que poseía un gran ascendiente sobre las principales familias de la isla, facilitó la colaboración de los sicilianos con las tropas aliadas. Presuntamente en pago por sus servicios, en 1946 Luciano fue liberado, cuando sólo llevaba cumplido un tercio de su condena, con la condición de ser deportado a Italia. Aunque incumplió el pacto, trasladándose a Cuba para controlar desde allí sus negocios en Estados Unidos, finalmente recaló en Italia, en donde moriría en 1962, llevándose a la tumba sus secretos.

Otra potencia que recurrió al crimen organizado para alcanzar sus objetivos bélicos fue Japón. El escenario sería la colonia británica de Hong Kong. Allí, los japoneses no dudarían en recurrir a las famosas tríadas, la poderosa mafia oriental dedicada a la extorsión, el juego o la prostitución. Era una fuerza nada desdeñable, ya que contaba en Hong Kong con unos sesenta mil integrantes, dispuestos a obedecer ciegamente a lo que dispusiesen sus cabecillas. Entre los invasores nipones y las tríadas surgiría una inesperada e insólita alianza de la que seguramente nada dirá su libro de la Segunda Guerra Mundial.

CONFIANZA BRITÁNICA

Hong Kong se mantenía nominalmente neutral en la guerra chino-japonesa que se dirimía desde 1937 en el norte, cuya génesis y desarrollo hemos podido conocer en el capítulo anterior. La colonia se había convertido en una de las principales vías de abastecimiento de las fuerzas nacionalista lideradas por Chiang Kai-shek. A ese puerto llegaban mensualmente unas 6000 toneladas de munición con destino a su ejército, siempre ávido de suministros para poder enfrentarse a la bien engrasada máquina de guerra nipona.

A pesar de ese apoyo encubierto de la colonia británica a los nacionalistas chinos en su lucha contra el ocupante nipón, los chinos no renunciaban a querer recuperar ese territorio, perdido a manos británicas en 1841 a consecuencia de las guerras del opio. Los japoneses utilizarían el sentimiento antibritánico de parte de la población china de Hong Kong para expulsar a los ocupantes europeos. Con ese fin, desde 1939 las autoridades niponas elaboraron un plan para invadir la colonia. La comunidad japonesa proporcionó a Tokio información detallada de las instalaciones defensivas británicas, señalando sus posibles puntos flacos. Al mismo tiempo, los nipones se dedicaron secretamente a reclutar una fuerza paramilitar dentro de Hong Kong, dispuesta a realizar labores de sabotaje que facilitasen, llegado el momento, la entrada de las tropas libertadoras.

Por su parte, los británicos parecían confiar plenamente en sus fuerzas para conjurar el peligro de un ataque japonés. Tras tantos años de dominio incontestable en la región, decidieron prescindir de la ayuda que les podían proporcionar los chinos de Hong Kong que preferían permanecer bajo control británico a caer en manos niponas, después de ver lo que había ocurrido, por ejemplo, en Nanking en 1937, en donde las tropas japonesas habían cometido todo tipo de salvajes atropellos contra los soldados chinos capturados y la población civil en general, tal como ha quedado ya relatado.

Aunque los nacionalistas de Chiang Kai-shek se ofrecieron a colaborar en la defensa de la colonia, los británicos rechazaron la propuesta de ayuda, temiendo que fuera una maniobra de Chiang para recuperar el dominio chino sobre Hong Kong. Aunque era innegable que ésa era la meta última de los nacionalistas chinos, a éstos les convenía que los británicos continuasen allí mientras se prolongase la guerra con los japoneses, así que las suspicacias inglesas estaban, en este caso, injustificadas. Tampoco aceptaron la ayuda de otras comunidades locales, como la india, poniendo toda su confianza en sus doce mil soldados pertenecientes al Imperio británico y en los voluntarios del Cuerpo de Defensa de Hong Kong, en su mayoría europeos.

Esa soberbia y autosuficiencia acabaría demostrándose fatal para los intereses británicos. Curiosamente, en los únicos que depositaron alguna confianza fue en los partisanos comunistas que, en número de tres mil, estaban desplegados por los alrededores de la colonia, con el nombre de Guerrilla del Río Oriental. Los británicos debieron advertir en ellos una mayor determinación bélica que en las siempre volubles tropas nacionalistas, por lo que incluso llegarían a proporcionarles ametralladoras.

EL PODER DE LAS TRÍADAS

Mientras tanto, al contrario que los altivos ingleses, los japoneses continuaban tratando de ganarse complicidades en el interior de la colonia. El elemento más relevante de esa quinta columna serían las referidas tríadas.

Esta auténtica institución criminal había detentando históricamente un gran poder sobre la sociedad china.

La primera había sido creada en el siglo XVII para ayudar al emperador Ming a recuperar su trono, usurpado por los invasores mongoles que habían instaurado la dinastía manchú de los Qing. A partir de ahí, las tríadas, imbricadas en todas las capas sociales, se constituirían como un contrapoder que defendía al pueblo llano de los abusos de los gobernantes. Con el tiempo, esa acción social degeneraría en el crimen organizado, aunque nunca llegarían a perder del todo su ascendiente sobre la población. Las tríadas se instalaron en Hong Kong atraídas por el comercio legal de opio establecido por los británicos, alcanzando una gran influencia en la colonia, una autoridad que los japoneses estaban dispuestos a aprovechar.

Los agentes nipones desplazados a Hong Kong se dedicaron a sobornar con gran generosidad a los miembros de estas organizaciones criminales. Cuando los británicos sospecharon de la connivencia de las tríadas con los japoneses, llevaron a cabo una amplia batida que supuso un duro golpe a estas bandas. Aun así, sus líderes, con el apoyo nipón, lograron igualmente formar un pequeño ejército de diez mil hombres, armados con revólveres y granadas, divididos en dos fuerzas con el nombre de Grupo del Cielo y Grupo de Ayuda. Las tríadas ya estaban preparadas para facilitar el asalto nipón a la colonia.

COMIENZA LA INVASIÓN

En el otoño de 1941, ante el peligro creciente de un ataque japonés, Churchill reconoció que no había «la más remota posibilidad de conservar o salvar Hong Kong». Aun así, la presión norteamericana, que temía también un asalto nipón a las Filipinas, logró que se reforzase la guarnición de la ciudad con dos mil soldados canadienses. El irreal plan aliado consistía en soportar durante unos tres meses las embestidas niponas para dar tiempo a la llegada de las fuerzas navales norteamericanas.

De repente, Londres recordó la oferta de apoyo de Chiang Kai-shek y consideró que, ahora sí, cualquier ayuda debía ser bienvenida. El gobernador de la colonia, sir Mark Young, dejó a un lado pasadas desconfianzas y acudió a los nacionalistas chinos para pedirles que colaborasen en la defensa de la colonia. Young obtuvo la promesa de que más de doscientos mil soldados chinos acudirían a protegerla desde el interior del país en caso de ataque nipón.

La invasión japonesa de Hong Kong comenzó el 8 de diciembre a las 8:20 horas, hora local, sólo ocho horas después del ataque a Pearl Harbor. La campaña comenzó con un ataque aéreo efectuado por una docena de bombarderos contra el aeródromo en el que se encontraban los únicos cinco aparatos con los que contaba la colonia, consiguiendo destruir cuatro de ellos. Los barcos de guerra británicos recibieron la orden de abandonar de inmediato el puerto y poner proa a Singapur en busca de refugio. Por tanto, las tropas se quedaron ya el primer día sin cobertura aérea ni naval. La defensa a ultranza de la colonia, que supuestamente debía prolongarse a lo largo de esos tres meses, no comenzaba del modo más prometedor.

Para la mayor parte de la población china de Hong

Kong, aquella no era su guerra. Los chóferes que trabajaban para el Ejército se esfumaron, abandonando sus vehículos, mientras que los policías chinos y los miembros de los servicios de protección antiaérea simplemente se marcharon a sus casas. Los policías indios también desertaron. Los británicos estaban pagando las consecuencias de no haber intentado ganarse al conjunto de la población de Hong Kong para participar en la defensa de la colonia.

Pero si los japoneses creían que se habían asegurado la fidelidad de las tríadas para que facilitasen su avance, estaban equivocados. Como buenos gánsteres, los líderes de estas bandas no harían oídos sordos a las interesantes ofertas de soborno que les llegarían también del lado británico, por boca del almirante Chan Chak, representante de Chiang Kai-shek en la colonia.

Los desesperados ingleses habían suplicado ayuda a Chan Chak, quien había organizado un grupo armado de quince mil hombres al que había llamado Leal y Honesta Asociación Caritativa. La actuación de ese ejército privado no haría honor a tan beatífico nombre, ya que se dedicaba a detener a chinos que supuestamente colaboraban con los japoneses y a asesinarlos por los callejones. Los ingleses prefirieron mirar hacia otro lado ante los métodos expeditivos pero eficaces de Chan Chak.

El almirante, consciente de que el control de las tríadas podía inclinar la balanza, se reunió con sus representantes en el Hotel Cecil; las exorbitadas exigencias económicas de los criminales fueron satisfechas, lo que supuestamente garantizaba el cambio de bando de las tríadas. Sin embargo, ese viraje no se produciría y el crimen organizado de Hong Kong seguiría apostando a caballo ganador, que todo apuntaba a que sería el nipón.

En cuanto a los soldados chinos que debían acudir en socorro de los británicos, en el momento del ataque se encontraban a un mes de marcha de Hong Kong. De todos modos, esas tropas estaban pobremente armadas, por lo que difícilmente hubieran podido salvar la colonia.

El empuje japonés comenzó a dar frutos de inmediato. Las líneas de defensa establecidas con anterioridad por los británicos fueron rebasadas el 10 de diciembre de 1941. Las cargas a la bayoneta de los soldados nipones extendían el pánico entre los defensores, que retrocedían continuamente.

El ataque japonés activó esa quinta columna largamente preparada. Los soldados nipones recibieron la ayuda de los chinos hongkoneses, que les iban indicando las mejores rutas de avance por el territorio, o les señalaban los objetivos para la artillería. Los hombres armados de las tríadas se dedicaron a hostigar a las tropas británicas, junto a las fuerzas paramilitares. Estos grupos criminales recurrieron a la referida influencia sobre algunas capas de la población para entorpecer las maniobras británicas; lanzaron la consigna de salir a las calles y carreteras para que el tráfico militar quedase colapsado y una multitud de chinos la siguió. Las tríadas emplearon también algún ingenioso ardid, por ejemplo izando banderas japonesas para que los británicos pensasen que una determinada área había sido tomada ya por el enemigo.

El 13 de diciembre, las fuerzas británicas se reorganizaron en la isla de Hong Kong. Al menos, el almirante

Chan Chak consiguió que la Marina Nacionalista China trasladase a la colonia una fuerza de socorro compuesta de dos mil hombres, que apenas servían para alimentar un hilo de esperanza. El gobernador Young, a pesar de las negras perspectivas, rechazó un primer ofrecimiento de rendición. El 16 de diciembre, los japoneses comenzaron a bombardear la isla. Dos días después comenzaría la invasión de ese último reducto.

CAOS EN LAS CALLES

El 21 de diciembre de 1941, la situación ya era insostenible para los británicos. El gobernador envió un mensaje a Londres solicitando permiso para negociar con el comandante japonés. Churchill respondió que «una rendición es impensable. Hay que luchar por cada palmo de la isla y resistir al enemigo con absoluta determinación. Cada día que mantenga su oposición, usted estará ayudando a la causa aliada en todo el mundo». Young no tuvo otro remedio que seguir con la defensa a ultranza ordenada por Churchill, a pesar de que estaba condenada al fracaso.

La proliferación de incendios provocados por los bombardeos, unido a la falta de agua potable, ya que los japoneses habían ocupado las fuentes de agua dulce de la isla, llevó a los civiles británicos a presionar al gobernador para que desoyese las órdenes de Londres y se aviniese a rendir la colonia. Young seguía decidido a resistir, pero finalmente, en la tarde del día de Navidad de 1941, cedió y dio su brazo a torcer, rindiéndose ante el general Sakai Takashi en el Hotel Peninsula.

Por su parte, el almirante Chan Chak, que no esperaba piedad por parte de los vencedores, en cuanto se formalizó la rendición escapó de la isla junto a 72 oficiales británicos y un grupo de soldados chinos en unas lanchas torpederas. Pero para huir era necesario atravesar el bloqueo naval nipón a la isla, lo que se antojaba muy difícil. Aun así, se dispusieron a lograrlo o morir en el intento. Cerca estuvo que ocurriera esto último, ya que los japoneses ametrallaron las lanchas, hundiéndolas todas. Afortunadamente para los náufragos, las guerrillas comunistas consiguieron rescatarles, a pesar de que los nacionalistas de Chiang Kai-shek eran enemigos suyos.

En cuanto comenzó a correr por la colonia la noticia de la rendición británica, las tríadas decidieron pasar al cobro su decisiva colaboración con los victoriosos japoneses. Las bandas de gánsteres se dedicaron al saqueo de las propiedades británicas, apoderándose de dinero, joyas, casas o vehículos. La población se sumó al saqueo.

Por su parte, los soldados nipones también se dedicaron al pillaje y a cometer excesos. Contrastando con la aterradora actuación de las tropas en la guerra chino-japonesa, los europeos fueron tratados, comparativamente, con cierto respeto. Aunque algunos médicos y soldados fueron asesinados, ya fuera a bayonetazos o en la horca, apenas se dieron casos de violaciones de mujeres europeas, siendo los escasos agresores severamente castigados. Por ejemplo, un alto oficial ordenó la ejecución de los nueve soldados acusados de haber violado a unas enfermeras británicas. Por el contrario, se calcula que unas diez mujeres chinas fueron violadas y cientos de civiles fueron asesinados por soldados ebrios durante la celebración por la victoria en la batalla, sin que se tomara ninguna medida para frenar esas tropelías. En todo caso, Hong Kong fue un remanso de paz y tranquilidad comparado con el dantesco castigo infligido a la población de Nanking cuatro años antes.

Los japoneses querían que la ocupación de Hong Kong se desarrollara de manera sosegada y con contención, pero enseguida comprobaron que el pacto con la organización criminal se les había ido de las manos; la ciudad estaba sumida en el caos y las tríadas no se mostraban proclives a que volviese la calma a la colonia. Sorprendentemente, los soldados japoneses llegaron a recurrir a los policías británicos para que les ayudasen a reinstaurar el orden, junto a voluntarios hongkoneses. Con el fin de parar los pies a las bandas desatadas, los nipones llegaron a ahorcar a varios integrantes de las bandas, hasta que poco a poco fueron imponiendo su autoridad.

No obstante, las tríadas no se conformaban con el producto de su pillaje como pago por la ayuda prestada, amenazando con seguir desestabilizando la ciudad. Para dejar finiquitada la deuda de una vez por todas, un teniente nipón se reunió con los dos principales representantes mafiosos, con los que llegó a un acuerdo que satisfizo a las organizaciones criminales.

Según ese pacto, la parte occidental de Hong Kong fue cedida a las tríadas para que tuvieran allí el control total sobre los casinos y salas de juego, aunque en la práctica podrían montar sus antros de juego en cualquier punto de la ciudad. Otras bandas criminales de menor envergadura también pudieron campar a sus anchas, ante la vista gorda de las autoridades militares, siempre que se mantuviera una apariencia de orden. Con los gánsteres ocupados en sus lucrativos negocios, la calma volvería por fin a la antigua colonia británica.

Al mismo tiempo, los altos oficiales nipones desarrollaron métodos sistemáticos de saqueo de los almacenes y depósitos para su beneficio personal, no diferenciándose mucho de aquellas organizaciones criminales a las que habían conseguido por fin embridar.

PERSONAL DE CASINOS

Aunque el precio de la colaboración del crimen organizado no había sido barato, los ocupantes nipones solicitarían nuevamente ayuda a las tríadas. A principios de 1945, la guerra parecía ya perdida para el Imperio japonés. Además, Hong Kong era bombardeada a diario por los aviones norteamericanos y en el interior de la colonia ya actuaban grupos organizados de saboteadores. La población se mostraba cada vez más descontenta debido a la falta de comida. El régimen de terror desplegado por la policía secreta nipona, el temido Kempeitai, tampoco había ayudado a que los ocupantes se hubieran granjeado las simpatías de los locales.

Temiendo una sublevación popular, los japoneses decidieron reforzar sus fuerzas policiales reclutando voluntarios civiles, pero consideraron más efectivo recurrir a las tríadas. El personal de seguridad de los casinos controlados por la organización constaba de unos tres mil hombres armados. Los japoneses consiguieron que ese pequeño ejército de vigilantes se convirtiera en fuerza de policía, pasando a denominarse Grupo Asistencial de Orden.

La temida sublevación no tendría lugar y los gánsteres no tuvieron que actuar. De hecho, los japoneses no tendrían que hacer frente a la invasión enemiga, ya que depusieron las armas cuando el 14 de agosto de 1945 el emperador anunció la rendición de Japón. Los británicos no llegarían a su colonia hasta el 30 de agosto, poniendo así fin a la ocupación nipona de Hong Kong.

PEARL HARBOR,
SEGUNDA PARTE

De todos es conocido el ataque japonés a la base naval norteamericana de Pearl Harbor, en Hawái, lanzado a primera hora de la mañana del 7 de diciembre de 1941. Aquella incursión nipona, sin previa declaración de guerra, supondría un punto de inflexión en la contienda, con la extensión de la lucha a los cinco continentes, dando lugar a la auténtica conflagración mundial en la que se convertiría a partir de entonces.

Ese histórico domingo, el presidente Roosevelt se encontraba en su oficina de la segunda planta de la Casa Blanca, disfrutando de una jornada tranquila. Después de departir con sus asesores sobre la creciente tensión diplomática con Japón, sobre la una del mediodía, encargó unos bocadillos y algo de fruta. El mandatario tenía previsto, después de la comida, dedicar unas horas a ordenar su colección de sellos.

Pero sobre la una y media, mientras estaba dando buena cuenta de una manzana, sonó el teléfono, pese a que había dicho que no le pasasen ninguna llamada. Era el secretario de Marina, Frank Knox, quien, sin tan siquiera saludarle, le espetó desde el otro lado de la línea: «¡Los japoneses han atacado Pearl Harbor!». Roosevelt, estupefacto, dejó caer la manzana.

En efecto, una media hora antes, cuando faltaban cinco minutos para que fueran las ocho de la mañana en Hawái, los marineros del centenar de buques norteamericanos que se encontraban anclados en Pearl Harbor se vieron sorprendidos por una repentina tormenta de explosiones. Todos comenzaron a correr de un lado a otro, viendo como los aviones que lucían el círculo rojo del Sol Naciente en el fuselaje pasaban a pocos metros de las cubiertas, con los motores a toda potencia. Estaban siendo atacados por aviones japoneses.

La confusión en la base fue total. Los desesperados marineros se encontraron con que las armas estaban cubiertas con lonas perfectamente atadas, que tuvieron que ser cortadas con cuchillos de cocina. Las cajas de municiones estaban cerradas con candados y nadie sabía quién tenía la llave: tuvieron que aserrarlos para poder abrirlas. En los aeródromos, los aviones estaban agrupados, lo que provocó que 188 aparatos fueran destruidos en tierra, mientras que los nipones tan sólo perderían 29 de los 353 aparatos participantes en el ataque. Además, en el puerto, hasta ocho grandes acorazados formaban una línea continua, formando la que se llamaría Avenida de los Acorazados. No se lo pudieron poner más fácil a los pilotos nipones.

En total, los japoneses hundieron en el ataque 18 barcos, causando 2330 víctimas, de las que 1770 correspondían a la tripulación del acorazado *Arizona*. Afortunadamente para los norteamericanos, ese día no estaban en el puerto sus tres portaaviones: el *Enterprise*, el *Lexington* y el *Saratoga*. También por suerte, los enormes depósitos que almacenaban las reservas de combustible para todo un año no llegaron a ser atacados, al renunciar los japoneses a efectuar una tercera oleada. Los talleres y diques secos tampoco resultarían afectados, lo que permitiría reparar los barcos dañados en el ataque. Aun así, la flota norteamericana había recibido un duro golpe del que tardaría meses en recuperarse.

Todos los norteamericanos recordarían siempre lo que estaban haciendo en el momento en el que se enteraron del ataque. Por ejemplo, entre los que acabarían siendo presidentes de Estados Unidos, John Fitzgerald Kennedy estaba escuchando las noticias por la radio mientras conducía, cuando regresaba a su casa tras asistir a un partido de fútbol americano en Washington; Richard Nixon salía de un cine en Los Ángeles cuando se topó con los vendedores de periódicos que anunciaban a gritos la gran noticia; en cambio, al general Dwight Eisenhower o al entonces actor Ronald Reagan les despertaron de sus respectivas siestas para informarles de lo que acababa de ocurrir.

Ese ataque a traición supondría la declaración de guerra de Estados Unidos a Japón, después de una votación en el Congreso y el Senado que tendría lugar a las cuatro de la tarde del día siguiente. Sólo hubo un voto en contra. En su discurso, Roosevelt había hablado del Día de la Infamia, una expresión que haría fortuna. El 11 de diciembre, sería Alemania la que declararía la guerra a Estados Unidos, en una decisión de Hitler poco meditada que resultaría trascendental para el desenlace de la contienda.

El nombre de Pearl Harbor, hasta entonces casi desconocido —en el cuartel general de Hitler alguien tuvo que ir a buscar un mapamundi porque nadie sabía dónde estaba—, pasaría a la historia después del ataque nipón. Pero lo que quizás no figure en su libro de la Segunda Guerra Mundial es que los japoneses lanzarían un segundo ataque contra la misma base tres meses después.

OPERACIÓN K

Aquella nueva, e igualmente indeseada, visita de los aviones nipones a Pearl Harbor sería denominada Operacion K, la letra que era el nombre nipón en código para Hawái. No obstante, la misión contaría con medios mucho más modestos que la primera. En ella debían participar cinco hidroaviones cuatrimotores Kawanishi H8K. Estos novedosos aparatos, que habían visto la luz a principios de 1942, poseían una gran autonomía de vuelo, lo que iba a permitir alcanzar Pearl Harbor sin necesidad de utilizar portaaviones, como en el primer ataque.

La operación tenía dos objetivos. El primero era comprobar el estado de los trabajos de reparación en la base, los astilleros y los campos de aviación, para determinar la capacidad estadounidense de recuperación. El segundo era aprovechar la incursión aérea para bombardear el muelle principal, de unos 300 metros de longitud y dificultar así esos trabajos. Pero existía un tercer objetivo, en función de los resultados obtenidos, que era calibrar la posibilidad de emprender posteriormente nuevos ataques a larga distancia, con la mira puesta en California o incluso Texas.

Los hidroaviones despegarían del atolón de Wotje, en las islas Marshall. Los aparatos serían reabastecidos de combustible en un encuentro programado con dos submarinos que los esperarían en un solitario atolón deshabitado de las islas de Sotavento de Hawái, conocido como French Frigate Shoals[13]. El piloto al frente de la operación era el teniente Hisao Hashizume, que poseía una gran experiencia en navegación aérea sobre el océano.

NUEVO ERROR NORTEAMERICANO

Aunque estaba previsto que fueran cinco los hidroaviones que debían participar en la misión, finalmente sólo habría dos disponibles. Los dos hidroaviones, cargado cada uno con cuatro bombas de 250 kilos, partieron de Wotje la noche del 3 de marzo de 1942 y llegaron sin novedad al atolón en el que les esperaban los dos submarinos. Allí llenaron sus depósitos de combustible y reemprendieron el camino hacia Pearl Harbor, volando a unos 5000 metros de altitud.

Por su parte, los norteamericanos cometieron el mismo error que en el ataque de diciembre de 1941, cuando ignoraron los claros indicios de que los japoneses

---

[13] El atolón recibió ese curioso nombre, Bajos de la Fragata Francesa, del explorador francés Jean-François de La Pérouse en 1786, debido a que ahí estuvieron a punto de encallar las dos fragatas de su expedición. En hawaiano, el atolón recibe el nombre de Mokupapapa.

estaban a punto de lanzar un ataque sorpresa. Gracias a que podían descifrar las comunicaciones japonesas, supieron puntualmente de la puesta en marcha de esta nueva incursión e incluso del repostaje, pero la información no fue tenida en cuenta y se desechó.

Sobre la una de la madrugada del 4 de marzo de 1942, los hidroaviones estaban ya aproximándose al objetivo. En cuanto fueron detectados por el radar, despegaron varios aparatos para interceptarlos, pero la suerte se alió con los japoneses, ya que una tupida capa de nubes les permitió seguir adelante sin ser vistos. Los norteamericanos también enviaron varios aparatos a localizar los supuestos portaaviones desde los que habían despegado los incursores, ya que en ese momento no podían imaginar que hubieran partido desde una base aérea nipona.

Pero si las nubes habían protegido a los japoneses de los aviones que habían despegado para atacarles, esa misma nubosidad les supondría un problema para encontrar sus objetivos. Aunque Hashizume tomó como referencia el faro de Kaena Point, no fue capaz de encontrar la base de Pearl Harbor desde el norte, debido a los apagones para evitar ataques aéreos. Por su parte, el otro piloto, Shozuke Sasao, trató de alcanzar Pearl Harbor desde el sur, pero no tuvo mejor suerte.

AL MENOS, UN RÉCORD

Cuando pasaban unos minutos de las dos de la madrugada, Hashizume, que sólo podía vislumbrar retazos de tierra bajo las nubes, acabó lanzando sus cuatro bombas sobre la ladera del monte Tantalus, al norte de Honolulu. Los artefactos dejaron sendos cráteres, de entre 2 y 3 metros de profundidad, pero el único daño que produjeron fue la rotura de cristales de las ventanas de un instituto cercano. En cuanto a las bombas del hidroavión de Sasao, éstas fueron más inocuas si cabe, ya que cayeron en el mar, frente a Pearl Harbor.

Una vez finalizada la misión con tan pobre resultado, ambos hidroaviones emprendieron el viaje de vuelta, llegando al atolón de Jaluit, también en las islas Marshall. No obstante, la operación podía haber tenido otro resultado si un submarino japonés, el I-23, hubiera estado en aguas de Hawái para facilitar información a los hidroaviones, tal como estaba previsto, pero el sumergible había desaparecido sin dejar rastro a mediados de febrero.

Aunque estaba previsto que ambos aviadores emprendiesen una nueva misión sobre Pearl Harbor dos días después, las averías que presentaba el hidroavión de Hashizume y el cansancio y desánimo de ambos llevó a aplazarla hasta finales de mayo.

La propaganda japonesa intentaría sacar algún tipo de rédito de la operación; haciéndose falsamente eco de una emisora de Los Ángeles, se aseguró que la incursión había provocado importantes daños en Pearl Harbor, dejando treinta muertos y setenta heridos entre personal militar y civil.

Cuando se acercó la fecha para volver a intentar el ataque a Pearl Harbor, los submarinos japoneses advirtieron que la marina norteamericana tenía sometido a vigilancia el atolón en el que se debía proceder al repostaje, lo que llevó finalmente a la cancelación del plan.

Para lo único que sirvió la Operación K fue para que los japoneses pudieran anotarse un récord, el de haber llevado a cabo la misión en que se recorrió una mayor distancia durante una misión de bombardeo en toda la Segunda Guerra Mundial, con 7642 kilómetros.

EL NÚREMBERG INDIO

La Segunda Guerra Mundial tuvo sendos epílogos en las dos grandes potencias del Eje: Alemania y Japón. En la primera se celebró el juicio de Núremberg, mientras que en la segunda tuvo lugar el proceso de Tokio. En estos procesos, los acusados de crímenes de guerra tuvieron que rendir cuentas ante la justicia aliada.

Lo que es menos conocido, y probablemente no estará en su libro de la Segunda Guerra Mundial, es que en la India hubo también un macroproceso, en este caso contra los indios que lucharon junto a los japoneses, los denominados indios libres, que fueron acusados por los británicos de diversos delitos. En este caso, el objetivo del proceso no sería tanto el de juzgar presuntos crímenes de guerra sino el de servir a los intereses políticos británicos, ya que los acusados compartían una aspiración irrenunciable con buena parte de sus compatriotas: la independencia de la India.

LA INDIA, EN GUERRA

La represión colonial británica en la India había creado un caldo de cultivo favorable a la independencia, cuyo representante más conocido era Mahatma Gandhi. Con su taparrabos de algodón, sus sandalias y su bastón se convertirían en un símbolo universal de la no violencia. Al frente del Partido del Congreso desde 1920, su lucha pacífica en forma de llamamientos a la desobediencia civil y los boicots provocaría muchos dolores de cabeza a los británicos, pero aun así el dominio sobre la India parecía bien sólido.

El 3 de septiembre de 1939, los indios se despertaron con la noticia de que estaban en guerra con Alemania. A diferencia de otros dominios del Imperio británico, como Canadá o Australia, a quienes el gobierno de Londres les pidió su aprobación, aunque fuera un formalismo, antes de declarar la guerra a Alemania, nadie se molestó en pedir la opinión de la India, a pesar de que contaba con unos cuatrocientos millones de habitantes.

Con el estallido de la Segunda Guerra Mundial, los nacionalistas indios consideraron que se abría una oportunidad de alcanzar el soñado objetivo de la independencia. La metrópoli estaba centrada en su lucha por la supervivencia contra Alemania, lo que iba a suponer un descenso de la atención británica sobre la joya de su imperio. Pero la guerra estaba teniendo lugar en la lejana Europa, por lo que la influencia de los acontecimientos en la India, en todo caso, no parecía que tuviera que ser decisiva.

PROMESAS NIPONAS

Todo cambiaría con la adhesión de Japón al Eje en noviembre de 1940. Los japoneses vieron en la India terreno abonado para hacer daño a los británicos en caso de conflicto. El encargado de explotar esa grieta en el aparentemente ciclópeo poderío inglés sería el oficial Iwaichi Fujiwara, quien comenzó a establecer contacto con los nacionalistas indios. El hábil Fujiwara alentó y coordinó una serie de motines de inmigrantes y soldados indios en Malasia, que fueron duramente reprimidos por los británicos. Pero ya se había prendido la mecha de la rebelión, que estallaría cuando Japón entró en la guerra con el referido ataque a Pearl Harbor, el 7 de diciembre de 1941.

Durante el avance de los japoneses por la península malaya con la vista puesta en Singapur, el punto clave de la presencia británica en Extremo Oriente, éstos contaron con la colaboración de unidades paramilitares integradas por indios y formadas por Fujiwara. También se dedicaron a realizar labores de propaganda entre los soldados indios que servían en el ejército británico, para que cambiasen de bando, con éxito. El caso más destacado fue el de un contingente de unos setecientos indios del Punjab que se pasaron en bloque al bando japonés. Todos ellos confiaban en la promesa nipona de que la India sería independiente tras la derrota de los británicos. Conforme iban ocupando cuarteles y edificios públicos a los británicos, izaban en ellos la bandera tricolor, lo que les daba la esperanza de poder hacerlo pronto en su propia tierra.

Algo similar ocurrió en la colonia británica de

Hong Kong, tal como se ha apuntado en el capítulo dedicado a las tríadas. Muchos de los soldados indios que combatían en el ejército británico decidieron amotinarse y pasarse al bando nipón, mientras que otros simplemente dejaron las armas y se negaron a luchar.

Tras la caída de Hong Kong, los japoneses trataron de ganarse las simpatías de los civiles indios que residían en la colonia, favoreciéndoles con raciones extra de comida y promoviendo la creación de organizaciones nacionalistas. Además, como gesto de confianza, se permitió que los indios formasen una fuerza de policía armada.

EL EJÉRCITO NACIONAL INDIO

Una vez que habían caído Malasia y Hong Kong, Fujiwara vio llegado el momento de dar un paso más, con la creación del denominado Ejército Nacional Indio. Para ello tomó como base las fuerzas paramilitares que había ido formando en su avance por la península malaya, unos dos mil hombres, a lo que sumó medio centenar de voluntarios indios de Hong Kong. Seguidamente, se dedicó a buscar voluntarios entre los soldados indios que habían sido hechos prisioneros, por lo que el número fue incrementándose progresivamente.

De todos modos, esta fuerza no estaba todavía preparada para combatir, por lo que, de momento, iba a ser utilizada con objetivos propagandísticos. Tan sólo una pequeña fuerza compuesta de varias docenas de hombres estaba capacitada para llevar a cabo operaciones bélicas. Una veintena de ellos lucharía junto a los japoneses para capturar su siguiente objetivo, Singapur.

Tras la captura de Singapur el 15 de febrero de 1942, lo que supondría una humillación sin precedentes para el Imperio británico, los japoneses se hicieron con 75 000 prisioneros, de los que 45 000 eran indios. Estos últimos se convertirían en el objetivo inmediato de Fujiwara; gracias a un emotivo discurso ante todos ellos, en el que intervinieron oficiales indios que se habían pasado al bando nipón, la cuarta parte decidió alistarse en el recién creado Ejército Nacional Indio.

CHURCHILL Y LA INDIA

El que la guerra con Japón pudiera acarrear la pérdida de la India era un peligro que enseguida fue detectado por el primer ministro británico, Winston Churchill. De ahí que en abril de 1942 decidiese realizar un viaje a la India para tratar de estrechar lazos y ganarse el apoyo de la colonia al esfuerzo de guerra, al precio de dialogar sobre el futuro constitucional de la India.

Con ese proyectado viaje se esperaba aplacar así a los norteamericanos, cuya opinión pública era hostil a la idea del mantenimiento del Imperio británico, al identificar la situación de la India con la de su propio país cuando se sacudió el dominio inglés. El Comité de Relaciones Exteriores del Senado estadounidense quería que la India obtuviera autonomía, «de otra manera, los Estados Unidos estarían luchando tan sólo para salvar al Imperio británico» y los indios morirían «a fin de prolongar el dominio británico sobre ellos», según declaró ese organismo.

El 10 de marzo de 1942, el presidente Roosevelt envió un telegrama a Churchill proponiendo un gobierno indio representativo en la línea de los «procesos democráticos de quienes luchan contra el nazismo». Pero lo delicado de la situación bélica en ese momento hizo que pareciera poco apropiado que el líder británico abandonara Londres para desplazarse a un lugar tan lejano. Así pues, Churchill envió en su lugar a un miembro del Gabinete de Guerra, Stafford Cripps, con la misión de entrevistarse con los líderes nacionales de la India para discutir sobre una posible forma de autogobierno una vez terminada la guerra.

En realidad, la misión de Cripps no era más que una farsa, cuyos objetivos no eran otros que ganar tiempo y apaciguar a los socios norteamericanos. Según dijo Churchill en una afirmación difícil de superar en su cinismo, el viaje de Cripps «es indispensable para probar lo honesto de nuestros propósitos. Si los indios rechazan nuestras propuestas, se demostrará al mundo nuestra sinceridad».

Una vez que Cripps se presentó en su destino con tan vagas promesas para tratar de mantener el apoyo de la colonia en el esfuerzo de guerra británico, los dirigentes del Partido del Congreso no quisieron ni oír hablar de posponer la independencia. Cripps comunicó a Londres la postura de los nacionalistas, pero apuntó la posibilidad de alcanzar un acuerdo para que la India obtuviese un estatus de dominio.

Ante la posibilidad de que su misión en la India pudiera culminar con algún pacto, Churchill le obligó a establecer nuevas cláusulas para garantizar el fracaso de las negociaciones. No obstante, para asegurarse de que Cripps no llegaba, aunque fuera por casualidad, a algún compromiso con los nacionalistas indios, Churchill acabó ordenando su regreso a Londres. No se puede decir que Churchill se sintiese decepcionado por el fiasco de la misión, ya que lo importante era que se había hecho ese gesto de acercamiento de cara a los norteamericanos y, en todo caso, el fracaso recaería sobre los hombros de Cripps.

Al parecer, la visión que Churchill tenía de la India no había cambiado nada desde que prestara servicio en ese país como subalterno de caballería a finales del siglo XIX. El primer ministro, por ejemplo, se quejaba de que los indios «se reproducen como conejos» y aseguró una vez: «Odio a los indios. Son un pueblo animal, con una religión animal».

En una ocasión, el secretario de Estado para la India, Leo Amery, se atrevió a decirle a la cara que, en referencia a la India, había adoptado «una actitud comparable a la de Hitler». No obstante, el propio Amery creía que el país de cuya administración estaba encargado necesitaba «una transfusión cada vez más fuerte de sangre nórdica, ya sea mediante establecimiento, a través de matrimonios mixtos o de cualquier otra manera, a fin de criar un tipo de gobernante más viril».

Fruto de esa mentalidad anclada en el imperialismo decimonónico, Churchill se oponía, por ejemplo, a conceder a los oficiales indios poderes disciplinarios sobre los soldados británicos. Amery quedó sorprendido de que Churchill clamase contra «la humillación que supone recibir órdenes de un hombre de piel oscura». El secretario de Estado reconoció que la postura del primer ministro respecto a la cuestión de la India «no es muy normal que digamos». Churchill dijo en la Cámara de los Comunes que «la India tiene un gran papel que jugar en la lucha mundial por la libertad», pero eso no incluía la libertad de los indios para decidir sobre su futuro. Así lo confirmó cuando aseguró que «no me he convertido en el primer ministro del rey para contemplar la liquidación del Imperio británico».

GANDHI Y HITLER

Churchill no quería ni oír hablar de las aspiraciones políticas de la India en un momento en el que el ejército japonés se encontraba a las puertas de la joya del Imperio y amenazaba con arrebatársela. No obstante, es lógico que el *premier* británico no sintiera simpatías por las reivindicaciones de los nacionalistas indios, ya que Gandhi se había ofrecido para mediar la rendición de Gran Bretaña a Hitler, a quien no consideraba «un ser tan malo como parece o representa. Él está mostrando una capacidad increíble y parece estar consiguiendo victorias sin demasiado derramamiento de sangre».

En efecto, en 1940 Gandhi había escrito una desconcertante carta abierta al pueblo británico, en la que llevaba su postura de la no violencia a posiciones extremas. En la misiva instaba a los británicos a «deponer las armas y aceptar el destino que decida Hitler. Invitaréis a *Herr* Hitler y al *Signor* Mussolini a tomar lo que quieran de los países que llamáis vuestras posesiones. Dejad que tomen posesión de vuestra hermosa isla con su sinfín de hermosos edificios. Si ellos quieren ocupar sus casas, váyanse de ellas. Les daréis todo esto, pero no vuestra alma y vuestra mente». Sin duda, tanto Hitler como Mussolini se hubieran sumado a la bienintencionada petición de Gandhi, sin importarles demasiado que los británicos guardasen celosamente para sí sus almas y sus mentes.

Después de que el adalid de la no violencia se mostrase partidario del sometimiento de los británicos a la voluntad de Hitler, Churchill no se sentía precisamente llamado a negociar con los nacionalistas indios. En todo caso, quizás después de que alguien le dijera que su petición al pueblo británico parecía propia de un chiflado, Gandhi quiso dejar claro que no era partidario de Hitler. En una carta dirigida al dictador germano en diciembre de 1940, le diría: «Sus escritos y pronunciamientos y los de sus amigos y admiradores no dejan lugar a dudas de que muchos de sus actos son monstruosos e impropios de la dignidad humana, especialmente en la estimación de personas que, como yo, creen en la amistad universal».

Pero lo que de verdad irritaba a Churchill, más que los absurdos llamamientos de Gandhi a entregar a Hitler las islas británicas y sus colonias, era la presión norteamericana para que el gobierno británico concediese a los indios su derecho al autogobierno. Churchill consideraba que era pura hipocresía que una nación que había colonizado un continente, expulsando y en gran medida exterminando a su población indígena, y que seguía practicando la segregación racial, se dedicara a dar lecciones a otros países acerca del trato que debía dispensarse a las poblaciones nativas.

«ABANDONEN LA INDIA»

Aunque el ejercicio del poder de Gran Bretaña sobre el pueblo indio estaba siendo torpe y violento, Churchill no se equivocaba cuando decía que cualquier cesión de poder en medio de una guerra mundial era algo impensable, especialmente teniendo en cuenta que la postura de los nacionalistas indios ante la causa de los aliados era, comprensiblemente, un tanto ambigua. Por ejemplo, el Partido del Congreso había aprobado en 1941 una resolución que expresaba su solidaridad «con los pueblos que han sido agredidos y que luchan por su libertad» contra el Eje, pero afirmaba igualmente que «una India ocupada no puede ofrecer voluntariamente ayuda a un arrogante imperialismo que es indistinguible con respecto al autoritarismo fascista».

De todos modos, las dudas atenazaban a los nacionalistas indios. Uno de los principales miembros dirigentes del Congreso Nacional Indio, Jawaharlal Nehru, alertaba sobre los riesgos de lanzarse en brazos de los japoneses, asegurando que «Japón es un país imperialista; la conquista de la India se encuentra en sus planes. No podemos convertirnos en socios pasivos de las potencias del Eje». Otro dirigente, Achut Patwardhan, respondió a Nehru que «su actitud nos llevará a la abyecta e incondicional cooperación con la maquinaria británica».

Al final, el 8 de agosto de 1942 se impuso la estrategia defendida por Gandhi con la aprobación de una resolución denominada «Abandonen la India» (*Quit India*), por la que se animaba a emprender una campaña de desobediencia civil no violenta a favor de la independencia inmediata. Al mismo tiempo, haciendo gala de un complicado equilibrio, la resolución ofrecía «apoyo a Gran Bretaña en una genuina guerra por la democracia y los derechos humanos», asegurando que «una India libre pondrá sus vastos recursos en la lucha por la libertad y contra la agresión del nazismo, el fascismo y el imperialismo».

La respuesta británica no pudo ser más contundente. A modo de inequívoca declaración de intenciones, al día siguiente de la aprobación de la resolución se procedió al arresto de los dirigentes del Congreso Nacional Indio. Gandhi pasaría dos años en prisión, mientras que la encarcelación de Nehru duraría 1040 días. Cuando violentas protestas por las detenciones tuvieron lugar en las calles, Gandhi se distanció de ellas, condenando «los tristes acontecimientos», la «deplorable destrucción» y las «calamidades» causadas por «personas enajenadas por la rabia hasta el punto de perder el autocontrol».

Pero los llamamientos a la calma de Gandhi no fueron escuchados. Estallaron huelgas en Bombay, Calcuta y Delhi. Se saquearon bancos, tesorerías y oficinas postales del gobierno, mientras que comisarías de policía y tribunales eran también arrasados, al grito de «cortaremos la cabeza del rey y acabaremos con Inglaterra a espada y fuego». La campaña de movilizaciones «Abandonen la India» estaba discurriendo por unos cauces muy distintos a los que había promovido Gandhi.

REPRESIÓN DESPIADADA

Los británicos no dudaron en reprimir duramente las protestas, para demostrar de forma fehaciente que no estaban dispuestos a abandonar la India, tal como les conminaba la campaña. En Patna se llegó a utilizar a la RAF para ametrallar desde el aire a la multitud que se estaba manifestando en las calles después de tomar el control de la ciudad. Fue la primera de las seis ocasiones en que la aviación británica sería empleada en tareas represivas.

En Medinipur, los indios trataron de seguir al pie de la letra las consignas de Gandhi. La multitud marchó pacíficamente hacia las oficinas gubernamentales, pero la reacción británica fue igualmente dura; siete personas murieron tiroteadas. Al día siguiente, los manifestantes dejaron aparcada la no violencia para otra ocasión y asaltaron las oficinas, una comisaría de policía, un almacén de semillas y una estación de ferrocarril, mientras vitoreaban, paradójicamente, el nombre de Gandhi.

Las autoridades coloniales encontrarían unos inesperados aliados en los comunistas indios, que habían recibido la consigna de Moscú de promover la máxima producción para ayudar a la Unión Soviética, por lo que les ayudaron a acabar con las huelgas y a restaurar el orden en las ciudades.

Los británicos trataron de ocultar el alcance de lo que era una sublevación en toda regla. Las cifras hablan por sí solas. Sólo en la primera semana de la campaña se atacaron 250 estaciones de tren y 150 comisarías de policía, y se consiguieron descarrilar 59 trenes. Al cabo de un año se habrían asaltado 945 oficinas postales y colocado 664 bombas. A finales de agosto de 1942, el entonces virrey Linlithgow escribió a Churchill diciéndole que «estoy enfrentándome a la rebelión más seria, de lejos, desde la de 1857, la gravedad y extensión de la cual hasta ahora hemos ocultado al mundo por razones de seguridad militar».

La represión llevada a cabo por las fuerzas británicas fue despiadada. Hubo entre 4000 y 10000 muertos, además de casi 100000 detenciones. En el lado británico sólo hubo que contar 11 policías y 63 soldados muertos. Las tropas abrieron fuego en 538 ocasiones; sólo en Bombay más de un centenar de veces. Algunos detalles de este episodio que se ocultó al mundo «por razones de seguridad militar» son espeluznantes. En la aldea de Chimur, los soldados británicos arrestaron a todos los hombres adultos y después se dedicaron a violar a todas las mujeres, incluyendo a las embarazadas o las niñas de doce años.

HAMBRUNA EN BENGALA

A la represión sufrida por el pueblo indio se sumaría un episodio especialmente devastador, causado inicialmente por una serie de catástrofes naturales, pero que se agravaría por culpa de la actitud de Churchill. Quizás porque el papel jugado por el primer ministro resulta reprobable, estos hechos ni tan siquiera son referidos en la mayoría de obras sobre la contienda.

En 1942, el golfo de Bengala, que entonces formaba parte de la India, fue víctima de inundaciones y ciclones que castigaron duramente esta región, situada a poca altura sobre el nivel del mar. Esos temporales de lluvia torrencial destruyeron buena parte de las cosechas y ahogaron casi doscientas mil cabezas de ganado, además de arrasar los hogares de más de dos millones de personas. La invasión de Birmania por los japoneses, que aportaba a la India el 15 por ciento del arroz que consumía, vino a agravar aún más el problema. La escasez de arroz provocó acaparamiento y aumento de precios. A ese cúmulo de desgracias bíblicas se sumaría la aparición de un hongo que destruyó, dependiendo de la zona, entre la mitad y la totalidad de algunas variedades de arroz. Las redes de transporte quedaron dañadas, lo que dificultó aún más la distribución de los escasos alimentos. El resultado fue que, a finales de 1942, una terrible hambruna se había abatido sobre la población de Bengala.

A lo largo de 1943, las penalidades de los bengalíes serían totalmente catastróficas. Los indigentes, reducidos a esqueletos, mendigaban alimentos o yacían al borde de los caminos, esperando la muerte. Al igual que había ocurrido con las sublevaciones, las autoridades coloniales británicas censuraron también las informaciones que relataban lo que estaba ocurriendo en Bengala. Al mismo tiempo, se negaban a desviar sus recursos de transporte para aliviar el hambre. Por si esto fuera poco, el ejército británico acaparaba parte del escaso arroz en sus almacenes, en previsión de que los japoneses se lanzasen a la invasión del país.

Pese a esos esfuerzos por aparentar que nada ocurría, la situación llegó a ser tan pavorosa que las propias autoridades coloniales presionaron al gobierno británico para que interviniese. Sin embargo, en Londres estaban más preocupados por cuestiones más trascendentales que los problemas de los bengalíes. El número de barcos destinados al Índico, y que podían

Churchill se mantuvo insensible ante la hambruna que sufría la población bengalí. Para el premier británico, ganar la guerra estaba por encima de cualquier otra eventualidad. Wikimedia commons.

haber llevado comida a Bengala, se había reducido en 1943 en un 60 por ciento; las naves habían sido destinadas a enviar material a la Unión Soviética y al tráfico por el Atlántico, considerados frentes estratégicos para ganar la guerra. De la aportación alimentaria solicitada por las autoridades coloniales, desde Londres sólo se atendió una cuarta parte.

Ante las peticiones desesperadas de ayuda desde la India, Churchill se mostraría inflexible, en su línea de desprecio hacia la India que hemos visto anteriormente: «Los indios deben aprender a cuidar de sí mismos, como hemos hecho nosotros. No podemos permitirnos enviar barcos como un simple gesto de buena voluntad», escribió a su ministro de Transporte de Guerra, respaldando de ese modo la consigna de no liberar barcos para los suministros de auxilio.

Unos meses más tarde, Churchill seguía convencido de estar haciendo lo correcto, a pesar de que en Bengala el hambre estaba acabando con la vida de cientos de miles de personas. El primer ministro aseguró que «no hay razón por la que todas las regiones del Imperio británico no deban pasar estrecheces, las mismas que está pasando la Madre Patria». Esa desconcertante insensibilidad de Churchill se pondría de manifiesto en su respuesta a un telegrama del gobierno colonial, en el que éste solicitaba liberar recursos para paliar la hambruna: «Si la comida es tan escasa, ¿por qué Gandhi no ha muerto todavía?».

Al hambre en Bengala se sumaron sucesivas epidemias de cólera. La desesperación de muchos bengalíes llegó a extremos difícilmente imaginables. Para ahorrarles más sufrimientos, hubo quienes decidieron acelerar la muerte de sus propios hijos. Algunas familias entregaron a sus hijas a proxenetas, como último recurso para tratar de salvarles la vida.

No fue hasta octubre de 1943 cuando el nuevo virrey de la India, sir Archibald Wavell, decidió tomar cartas en el asunto. Pese a la falta de apoyo del gobierno de Londres, por propia iniciativa comenzó por fin a destinar tropas al transporte de alimentos a las regiones afectadas por la hambruna. Pero esa decisión llegaba tarde; para entonces ya había muerto oficialmente un millón de personas, aunque es muy probable que ese número fuera mayor.

En diciembre de 1943, Londres dio su brazo a torcer

y comenzó a tomar medidas para paliar el hambre en Bengala, acordando el envío de 1000 millones de toneladas de arroz. Ese suministro masivo sirvió también para sacar al mercado las cantidades que habían sido acaparadas, reduciéndose así los precios.

Aunque los alimentos comenzaron a llegar progresivamente a los famélicos bengalíes, las enfermedades continuarían todavía haciendo estragos entre la sufrida población, extendiendo sus mortales efectos durante varios meses más. La hambruna en Bengala provocaría la muerte de entre un 1,5 y 4 millones de personas, siendo la cifra más probable la de 3 millones.

CHANDRA BOSE

Ante el enroque de Churchill y el gobierno británico respecto a las reivindicaciones indias, y sus vagas promesas para después de la guerra, los nacionalistas indios más decididos a conseguir la independencia a toda costa pusieron sus esperanzas en la expansión nipona en Asia, pese a las apuntadas reservas sobre el carácter imperialista de Japón. La fulminante detención de los dirigentes del movimiento nacionalista y la brutal represión de la campaña «Abandonen la India» dejaría bien claro que nada se podía esperar de los británicos, por lo que poco se podía perder si se otorgaba un voto de confianza a los japoneses.

La sorprendente victoria nipona en Singapur y la noticia de la formación del Ejército Nacional Indio provocó un aluvión de peticiones de alistamiento entre los inmigrantes indios que vivían en los países que habían caído en la órbita japonesa, desde Birmania a Filipinas, pasando por Tailandia o Indonesia. A mediados de 1942, el Ejército Nacional Indio ya contaba con unos cuarenta mil hombres, a los que se les dotó con el armamento capturado a los británicos. Se abrió también una escuela de oficiales. A los veinticinco mil indios hechos prisioneros por los japoneses que rehusaron alistarse en el nuevo ejército se les ofreció la posibilidad de organizarse en batallones de trabajo, librándoles así del internamiento en los campos de prisioneros, una propuesta que fue aceptada por la mayoría.

Lo que animaba a todos ellos, además de la prometida independencia, era la posibilidad de participar directamente en la liberación de su país. Los japoneses habían conquistado Birmania y se encontraban a las puertas de la India. En noviembre de 1942, unos ochocientos indios fueron enviados allí, pero una vez en Birmania llegó la desilusión. La densa jungla birmana, el clima hostil, las enfermedades tropicales y las acciones de las tropas británicas constituían una barrera insalvable en el camino a la India. Además, un importante destacamento indio resultó diezmado por los británicos al intentar un avance; el oficial al mando, que sobrevivió a la catástrofe, fue arrestado por los japoneses, acusado de traición.

Esas decepciones provocaron serios roces entre indios y nipones, aunque la cuestión fundamental era si la misión del Ejército Nacional Indio era sólo luchar por la liberación de la India o, por el contrario, servir como tropa auxiliar en las campañas en las que fueran requeridos por Japón. Para que esa disputa no pusiera en riesgo el esfuerzo bélico, los japoneses decidieron paralizar la formación del Ejército Nacional Indio. Parte de sus componentes fueron devueltos a los campos de prisioneros.

Entonces aparecería un personaje que compartía los deseos independentistas de Gandhi, pero no los métodos pacifistas de éste: Subhas Chandra Bose. Nacido en 1897, había sido nombrado en 1938 presidente del Partido del Congreso, pero tan sólo un año después fue destituido al preconizar el uso de la violencia contra los británicos. En enero de 1941, los británicos intentaron detener a Bose al considerarlo un peligro, pero éste logró huir. Tras un épico viaje por tierra atravesando media Asia, consiguió llegar a Alemania, en donde recibiría apoyo efectivo a su causa.

Bose pudo entrevistarse con Hitler y Mussolini, quienes vieron en él un valioso elemento para minar la base del Imperio británico. Así, los alemanes le ayudaron a reclutar a unos tres mil soldados indios entre los prisioneros de guerra, que formarían la Legión India, tal como veremos más adelante. Por su parte, los italianos reunieron cuatrocientos prisioneros indios capturados en su campaña contra el ejército británico para formar un batallón en Libia, que acabaría luchando también en Europa.

Los japoneses vieron en Bose el líder que podía galvanizar a los indios libres, un movimiento que se encontraba en horas bajas tras ese primer fracaso del Ejército Nacional Indio. Así, acordaron con los alemanes que les enviaran a Bose, una propuesta del agrado del dirigente, que se veía más útil en Asia que en Europa. En febrero de 1943, Bose inició un viaje en submarino de tres meses que —después de hacer transbordo de un sumergible alemán a otro nipón en el Índico— le llevaría a Sumatra y de ahí en avión a Tokio, donde fue recibido con todos los honores.

Los japoneses se quedaron agradablemente impresionados con Bose, a quien prometieron todos los medios para alcanzar la independencia. El 4 de julio de 1943 se formó el Gobierno Provisional de la India Libre (*Azad Hind*), con Bose como Jefe del Estado con el título de *Netaji*, equivalente a Führer o Duce. En diciembre de ese año, las islas Andamán y Nicobar, pertenecientes a la India pero ocupadas por los japoneses, fueron entregadas al nuevo gobierno de la India Libre, que fue reconocido por todos los países del Eje.

Los alemanes, por su parte, habían creado en agosto de 1942 una unidad formada por soldados indios, reclutados entre los prisioneros capturados en las campañas contra el ejército británico, aunque no quedaría consolidada hasta abril de 1943. Los alemanes tenían en su poder unos quince mil prisioneros indios, pero sólo unos dos mil se presentarían voluntarios para luchar al lado de los que hasta ese momento habían sido sus enemigos. El proceso de formación de esa unidad de combate había sido alentado y supervisado por Chandra Bose, quien ya en 1941 había iniciado el reclutamiento entre estudiantes indios en Alemania. Su idea era crear una fuerza que marchase junto a los alemanes cuando estos lanzasen la prevista invasión de la India. Con estos voluntarios y los primeros prisioneros de guerra indios se formó un centenar de saboteadores que en enero de 1942 fueron lanzados en paracaídas sobre Irán para que se infiltrasen en la India y actuasen allí contra los intereses británicos.

Mahatma Gandhi y Subhas Chandra Bose
apostaron por caminos diferentes para conseguir la
independencia de la India. Wikimedia commons.

La unidad militar integrada por soldados indios
quedó integrada en el ejército alemán con el nombre
oficial de *Legion Freies Indien* («Legión India Libre»)
o Regimiento de Infantería 950. Pero en noviembre de
1944 pasó a formar parte de las Waffen-SS, denomi-
nándose *Indische Freiwilligen Legion der Waffen-SS*
(«Legión de Voluntarios Indios de las Waffen-SS»).
También sería conocido como la Legión Tigre o *Azad
Hind Fauj* («Ejército Libre de la India»).

Aunque no se les proporcionó un uniforme especial,
se les permitió llevar una insignia en el cuello con
una cabeza de tigre. En la manga exhibían un escudo

bordado en el que se podía ver un tigre saltando sobre los colores nacionales de la India. A los *sijs* se les permitió seguir usando su tradicional turbante.

A diferencia del Ejército Nacional Indio creado por los japoneses, la Legión India prácticamente no llegó a entrar en combate. La mayoría de sus efectivos fueron empleados en labores de vigilancia en la costa francesa o en Holanda, o en acciones antipartisanas en Italia.

LA INVASIÓN DE LA INDIA

Una vez situado Chandra Bose al frente del movimiento de la India Libre, se reanimó al hibernado Ejército Nacional Indio, con el propio Bose como comandante en jefe. En diciembre de 1943, los japoneses tomaron la decisión de invadir territorio indio, no sin superar antes muchas dudas.

En realidad, no se trataba de una invasión de la India en toda regla, sino de una operación táctica destinada a cortar las vías de suministro que unían a la India con las posiciones británicas en el norte de Birmania, así como con las pistas de aterrizaje por las que se enviaba suministros a los chinos nacionalistas. La dificultad para aprovisionar a un ejército en esa región montañosa, de densas junglas, sometida a un clima hostil, sin posibilidad de encontrar alimento sobre el terreno y en la que era difícil escapar a las enfermedades, no permitía organizar una ofensiva en condiciones, por lo que hubo militares nipones que dudaron de su éxito y se negaron a emprenderla. Finalmente, Tokio impuso su criterio y el plan de ataque, denominado U-Go, seguiría adelante.

Aunque, como se ha apuntado, la ofensiva era de alcance limitado, Bose y los nacionalistas indios quisieron ver en la operación el pistoletazo de salida de la liberación de su país. Se esperaba que la entrada de las tropas de la India Libre provocase un levantamiento que se extendiese a toda la India, superando así el objetivo meramente táctico de la ofensiva militar nipona. Así pues, unos setenta mil indios libres comenzaron a desplegarse en Birmania a lo largo de la frontera con su país.

Antes de lanzar U-Go, en febrero de 1944 se puso en marcha un ataque de distracción que recibió el nombre igualmente lacónico de Ha-Go. La ofensiva se dirigió contra la localidad de Arakan, pero la guarnición británica soportó la embestida y los japoneses tuvieron que retirarse. En esa breve campaña las tropas niponas sufrieron falta de suministros, lo que se repetiría dramáticamente cuando se lanzó U-Go, pero en ese momento no se extrajeron las conclusiones oportunas. Ese fracaso no auguraba nada bueno para el ataque principal, pero aun así los planes no se detuvieron.

El 6 de marzo de 1944 comenzó la ansiada invasión de la India; el primer objetivo serían las ciudades de Imphal y Kohima. Durante los avances por territorio indio, los soldados eran calurosamente recibidos por la población local como libertadores. Sin embargo, la férrea resistencia británica, unida al agotamiento de los suministros, llevó al fracaso de la campaña. Los soldados japoneses caerían en su mayor parte víctimas del hambre, las enfermedades y el agotamiento. En junio de 1944 comenzó la retirada nipona, que tuvo todas las características de un auténtico desastre. Unos 3500 indios libres habían resultado muertos o heridos en la frustrada liberación de su país.

Con los norteamericanos avanzando en el Pacífico, lo que requería de todos los esfuerzos nipones para contenerlos, estaba claro que la gran oportunidad de liberar la India había pasado. Las sucesivas operaciones militares en las que participó el Ejército Nacional Indio en el frente birmano se saldaron con sucesivos fracasos. El caos y las deserciones estaban a la orden del día. La ofensiva aliada en Birmania llevó a que en marzo de 1945 la mayoría de tropas indias fueran hechas prisioneras. En mayo de 1945, el Ejército Nacional Indio había dejado prácticamente de existir.

Aun así, Chandra Bose confiaba todavía en un milagro, por lo que seguía pidiendo a los japoneses los medios para resucitar el moribundo ejército del que seguía siendo comandante en jefe. Pero no sólo no llegaría ningún milagro, sino que el infatigable Bose sería víctima de la fatalidad. El 18 de agosto de 1945, un accidente de aviación acabaría con su vida, al estrellarse en el despegue el aparato en el que los japoneses lo iban a trasladar de la isla de Formosa a Manchuria. Con la muerte del líder de la India Libre y la derrota militar de Japón, el sueño de una India independiente parecía desvanecerse.

LOS LÍDERES, JUZGADOS

En cuanto terminó la contienda, los británicos pensaron en el modo de castigar de forma ejemplar a los indios que habían colaborado con los japoneses. A ellos se les unirían los miembros de la Legión India auspiciada por los alemanes. En los últimos días de la guerra, sus miembros habían tratado de huir a Suiza atravesando los Alpes, pero fueron capturados por tropas francesas y norteamericanas, y entregados a los británicos. No obstante, algunos soldados fueron ejecutados por tropas marroquíes. Los soldados indios fueron enviados en barco a la India para ser juzgados por traición.

Si la Legión India a las órdenes de los alemanes, por su lejanía y escasa entidad, casi puede calificarse de una anécdota histórica, el Ejército Nacional Indio creado por los japoneses, compuesto de unos setenta mil hombres, no lo era en absoluto. En los últimos meses de la guerra, sus miembros habían sido hechos prisioneros por los británicos sobre todo en Birmania, pero también en Malasia, Tailandia y Singapur. En casos aislados, los británicos ejecutaban a los indios libres en cuanto entregaban las armas.

El trato que recibió la mayoría de estos prisioneros de guerra fue inhumano; unos diez mil de ellos tuvieron que emprender una marcha de la muerte desde Singapur hasta Rangún, en Birmania. A las penalidades propias del camino se sumó el que los soldados británicos mataban a algunos prisioneros por diversión. Cuando las noticias de estas marchas llegaron a la India, Nehru expresó enérgicamente sus protestas a las autoridades británicas.

Como estaba fuera de consideración fusilar a los setenta mil indios libres, el gobierno de Londres decidió juzgar a los principales líderes militares, acusándolos de variados cargos, como asesinato, tortura, traición o colaboración con el enemigo. La accidental muerte de Chandra Bose le evitó tener que comparecer en ese proceso, que daría comienzo el 5 de noviembre de 1945 en el Fuerte Rojo de Nueva Delhi.

En 1943 y 1944 ya se habían celebrado juicios contra algunos indios libres capturados, pero no se les había dado ninguna publicidad y los acusados tampoco habían obtenido ningún apoyo por parte de los nacionalistas indios. En cambio, en esta ocasión, las autoridades británicas querían dar al juicio trascendencia política para que sirviera de público escarmiento, por lo que se eligió el emblemático Fuerte Rojo como escenario del proceso. Los primeros acusados en ser juzgados serían un general y dos coroneles del Ejército Nacional Indio, sobre los que pendía, además de los cargos antes enumerados, el de «hacer la guerra contra Su Majestad el Rey Emperador». Los tres habían sido oficiales del Ejército Indio Británico y habían sido hechos prisioneros en Malasia, Singapur y Birmania.

Sin embargo, las cosas no salieron como pretendían las autoridades británicas. Conforme fueron pasando las jornadas, los argumentos de la acusación se fueron desmoronando. Los llamativos cargos de asesinato o tortura no se sostenían. La inocencia de los militares indios saltaba a la vista para cualquier observador imparcial, una imparcialidad de la que no hacía gala el tribunal. Pronto se vio que el proceso no era más que una farsa, que tenía como única función proporcionar una cobertura legal a la pena de muerte a la que ya habían sido condenados los acusados de antemano por el gobierno de Londres. Entre el público de la sala estaría Gandhi y Nehru —quien había sido puesto en libertad en junio de 1945—, además de otros patriotas indios.

«PATRIOTAS, NO TRAIDORES»

Lo que estaba ocurriendo en el interior del Fuerte Rojo comenzó a tener sus consecuencias fuera de allí. Hasta entonces, la censura británica había conseguido que la población india no conociera detalles de la actuación de aquellos de sus compatriotas que habían luchado junto a los japoneses, para evitar que pudieran identificarse de algún modo con ellos.

Pero el juicio a aquellos oficiales dio pie a los diarios a informar del carácter patriótico que había tenido el Ejército Nacional Indio, lo que llevó a muchos a ver a los acusados con lógica simpatía. Además, cada uno de los oficiales pertenecía a una religión diferente; uno era hindú, otro musulmán y otro *sij*, lo que hizo que casi cualquier indio pudiera verse representado en aquel banquillo de los acusados. Así, comenzó a extenderse el lema «Patriotas, no traidores».

Los nacionalistas indios consideraban ese juicio amañado una expresión más de la opresión británica. Así pues, vieron en él una oportunidad para movilizar a la población a favor de la independencia. La temperatura en la calle se fue calentando progresivamente con las informaciones del juicio, a las que había que sumar rumores interesados para excitar aún más los ánimos, como el de que los tres acusados habían sido ya ejecutados en el interior del Fuerte Rojo.

VIOLENCIA EN LAS CALLES

Entonces sucedió algo que los británicos no habían previsto. Miles de personas enfurecidas se dirigieron hasta el Fuerte Rojo y se lanzaron contra sus muros, dando salida a toda la rabia acumulada por la dominación colonial. En ese momento estaba declarando en el estrado el japonés Iwaichi Fujiwara como testigo, pero el clamor que se oía en el exterior obligó a interrumpir la sesión. Los presentes en la sala se dirigieron a las ventanas para ver lo que estaba ocurriendo.

Los guardias británicos apostados a la entrada del edificio, temiendo que éste fuera asaltado por la turba, dispararon contra la multitud para que se disolviese. Las balas comenzaron a derribar manifestantes y el suelo iba quedando sembrado de muertos y heridos. Los disparos provocaron una estampida y más personas murieron pisoteadas. Se había conseguido impedir el asalto al lugar en donde estaba teniendo lugar el juicio, pero la matanza indiscriminada exacerbó más todavía la furia de los indios, que dirigieron su rabia contra otros edificios oficiales, como la Oficina Central de Correos y el Departamento de Policía, que fueron pasto de las llamas. El ejército británico tuvo que intervenir para sofocar el levantamiento violento. La represión de la revuelta provocó un centenar de muertos y heridos.

Las noticias de lo sucedido en Nueva Delhi llegaron a otras partes de la India, levantando olas de indignación. Entre los días 21 y 26 de noviembre de 1945 se produjeron numerosas rebeliones populares. El estallido de violencia en Calcuta dejó un centenar de muertos en las calles. A su vez, esas revueltas avivaron en Nueva Delhi las brasas que había dejado la revuelta, repitiéndose los disturbios.

El gobierno británico comprendió que si seguía empeñado en castigar con la muerte a los principales indios libres, lo único que iba a conseguir era precipitar un levantamiento en toda regla. Así, a instancias de Londres, el tribunal retiró la solicitud de la pena de muerte. Cuando terminó el primer juicio el 31 de diciembre de 1945, se declaró a los acusados culpables, pero se les condenó a todos a cadena perpetua. Las pésimas condiciones que debían soportar los presos en las cárceles hacían que esa sentencia equivaliese a una muerte lenta. Como era de prever, esa medida benevolente no sirvió para que los nacionalistas indios se dieran por satisfechos y la violencia volvió a las calles.

Para tratar nuevamente de calmar los ánimos, un mes después las penas de cadena perpetua fueron conmutadas por otras de varios años de prisión, pero lo único que se logró fue aumentar la tensión, con consecuencias aún más graves.

MOTINES EN LOS PUERTOS

A las protestas populares se sumaron los marineros indios de la Marina Real India (Royal Indian Navy), que en febrero de 1946 se amotinaron contra los oficiales británicos en una veintena de barcos que estaban anclados en el puerto de Bombay. El motivo inicial de la protesta era exigir una mejora en sus condiciones de vida, pero las noticias que llegaban de Nueva Delhi le dieron un cariz político. El motín se extendió a otros puertos de la India, prendiendo en 66 navíos, en los que la bandera británica fue arriada.

Entre las tripulaciones circulaban historias sobre el Ejército Nacional Indio, además de fotografías de Chandra Bose. En total, unos diez mil marineros participaron en el motín. Los británicos llevaron a cabo una exhibición de fuerza con barcos y tropas leales, además de aviación, lo que, unido a una promesa de mejora de las condiciones de vida a bordo de los buques, consiguió acabar con la revuelta, que sólo se cobró ocho vidas. Otro motín en un cuartel de Jabalpur requirió la intervención de las tropas británicas, que tuvieron que sofocarlo empleando sus bayonetas. Medio centenar de amotinados tuvieron que enfrentarse a un consejo de guerra.

Con los ánimos tan caldeados, el levantamiento generalizado era ya una posibilidad real, por lo que el gobierno de Londres decidió finalmente ceder. En el segundo juicio, celebrado en abril de 1946 ya no en el Fuerte Rojo sino en un edificio adyacente, los cuatro acusados fueron declarados culpables para mantener las formas, pero únicamente se les condenó a perpetuidad a no poder acceder a la administración pública o a reintegrarse en el ejército británico, del que habían desertado. Por lo tanto, en cuanto se les leyó la sentencia fueron puestos en libertad. En este caso, los nacionalistas indios sí acogieron con satisfacción la sentencia y no se produjeron más disturbios.

De todos modos, la momentánea calma fue un espejismo para el gobierno de Londres. En poco más de un año, los británicos tendrían que marcharse de la que hasta ese momento había sido la joya de su imperio. Alcanzada la independencia, los hombres que habían sido juzgados y condenados por colaborar con los japoneses fueron encumbrados como héroes nacionales. El sueño de Chandra Bose se había hecho realidad, aunque él ya no estuviera vivo para verlo.

LAS GUERRERAS DEL
REGIMIENTO RANI DE JHANSI

En su libro de la Segunda Guerra Mundial probablemente figurarán varias de las aportaciones que realizaron las mujeres al esfuerzo de guerra de sus respectivos países. Ante el colosal reto que suponía luchar en un conflicto a escala mundial, las diferentes potencias en liza trataron, en mayor o menor medida, de incorporar a la mujer a la movilización general que requería semejante desafío.

Las mujeres fueron muy importantes en la industria de guerra, sustituyendo a los hombres en estas tareas, y también desempeñaron muchas y varias labores auxiliares en los ejércitos. Por ejemplo, en Estados Unidos un total de 350 000 mujeres sirvieron en las fuerzas armadas. Sin embargo, se procuró mantenerlas fuera del combate directo, como lo prueba el hecho de que, de las 460 que fallecieron a consecuencia de la guerra, tan sólo 16 murieron por fuego enemigo.

Pero hubo otros contendientes que se mostraron más proclives a contar con las mujeres en la línea del frente. En la Unión Soviética, cerca de un millón de mujeres engrosaron las filas del Ejército Rojo, actuando como tanquistas o zapadoras, y destacando las que actuaron como francotiradoras. La aviación soviética fue la única que contó con mujeres para sus misiones de combate, tres docenas de aviadoras que recibirían el apelativo de las «brujas de la noche», y que se convertirían en dignas rivales de los ases de la Luftwaffe. Sus gestas en los cielos rusos son bien conocidas.

Pero sí que hubo una unidad de infantería formada íntegramente por mujeres, y que entró en combate en varias ocasiones, pero que seguramente no podrá encontrar en su libro de la Segunda Guerra Mundial. Esa insólita formación de auténticas amazonas fue creada en el seno del Ejército Nacional Indio, cuya génesis y características hemos visto en el capítulo anterior.

LA CAPITÁN LAKSHMI

La idea de crear una unidad de combate femenina surgió durante una visita que el líder de los indios libres, Subhas Chandra Bose, inició el 2 de julio de 1943 a Singapur. Allí se encontraba una doctora de Madrás de 28 años llamada Lakshmi Swaminadhan, que era, además de ferviente independentista india, una luchadora por los derechos de la mujer en ese nuevo país por el que ella y los demás indios libres estaban combatiendo.

Lakshmi era hija de un brillante abogado y una activista social, que le transmitieron una visión moderna del mundo, en contraposición con la mentalidad tradicional que se solía inculcar entonces a las niñas. Su espíritu abierto comenzó a manifestarse muy pronto; por ejemplo, no tenía reparo en compartir juegos con niñas pertenecientes a una casta inferior, lo que horrorizaba a su abuela.

Tras su paso por la escuela secundaria, Lakshmi cursó estudios de Medicina en Madrás y se licenció en 1938. Durante esa época colaboró junto a su madre en campañas políticas del Partido del Congreso y participó en varias iniciativas contra tradiciones como las de los matrimonios infantiles o las costosas dotes que arruinaban a las familias. También se aproximó a las ideas comunistas. En 1940 marchó a Singapur para ejercer la medicina. Allí coincidiría con grupos de nacionalistas indios. Con la entrada en la guerra de Japón y las primeras derrotas británicas en Asia, consideraron llegado el momento de alcanzar la soñada independencia. Lakshmi creyó también que ella podía aportar su granito de arena a ese deseo colectivo.

La oportunidad le llegaría con la apuntada visita de Chandra Bose a Singapur. En su objetivo de movilizar todas las fuerzas de la India Libre para derrotar a los británicos y ganar la independencia, Bose aseguraba en sus multitudinarios discursos ante los inmigrantes indios en Singapur la necesidad de contar también con las mujeres para ese esfuerzo militar. Esas palabras cayeron en terreno abonado; Lakshmi reunió a una veintena de compañeras para formar una guardia de honor con la que recibir a Bose en uno de su actos, que tuvo lugar el 12 de julio. Dos soldados las instruyeron durante tres horas hasta que lograron manejar con soltura los

La «capitán Lakshmi» y Chandra Bose pasan revista a las mujeres del regimiento «Rani de Jhansi». Archivo del autor.

pesados rifles Enfield que les proporcionaron. La marcial presencia de esas mujeres armadas, ataviadas con el tradicional sari blanco, impresionó vivamente a Bose, quien pidió entrevistarse al día siguiente con Lakshmi.

La joven doctora no podía imaginar lo que le iba a pedir el líder de la India Libre. En la reunión, que se prolongaría cinco horas, Bose le habló de la fe que tenía en las mujeres, y de que estaba convencido de que podían realizar cualquier tarea, igual que los hombres. Para el líder de la India Libre, la liberación de su país debía ir de la mano de la liberación de la mujer.

Tras esa introducción, Bose encargó a Lakshmi la formación de un regimiento exclusivamente femenino. Esa propuesta no era fruto de la improvisación, ya que

Bose tenía en mente desde hacía tiempo la creación de esa unidad. Ya en 1929 había formado un cuerpo femenino de voluntarias, con trescientos miembros, que actuaba como guardia en los actos del Partido del Congreso. Ahora tenía la posibilidad de crear una unidad de combate, y Lakshmi le parecía la persona ideal para dirigirla.

La sorprendida Lakshmi aceptó entusiasmada la propuesta de Bose, a pesar de que ese trascendental compromiso suponía la ruptura total con la vida que llevaba en ese momento, trabajando en una clínica. Bose le dijo que iba a comenzar en su nueva tarea al día siguiente. Así, a las ocho de la mañana, un vehículo militar fue a buscarla a la puerta de su casa y la llevó hasta la oficina desde la que tendría que coordinar la formación de la nueva unidad.

Aunque no sabía por dónde empezar, Lakshmi se puso manos a la obra, dejando a un lado sus temores, convencida de que le había llegado una oportunidad única de servir a su país. En un primer momento, la unidad quedaría constituida con quince de las veinte chicas que habían participado en la guardia de honor. Las cinco restantes no pudieron unirse al grupo porque tenían hijos pequeños. Lakshmi fue puesta al mando del regimiento; a partir de entonces sería conocida por todos como capitán Lakshmi, un título que la acompañaría el resto de su vida.

REGIMIENTO FEMENINO

Había que buscar un nombre para el nuevo regimiento, y Bose tenía ya uno en la cabeza, el de Rani de Jhansi, una heroína de la rebelión de 1857 contra el dominio británico, un conflicto al que Bose se refería como Primera Guerra de la Independencia. Conocida también con el nombre de Lakshmibai, como reina (*rani*) regente del estado indio de Jhansi, proclamó en 1857 la lucha conjunta de hindúes y musulmanes contra los británicos. Su levantamiento fue aplastado por las fuerzas coloniales y Lakshmibai murió en combate. Los británicos reconocieron su valor, considerándola la más valiente de los líderes rebeldes. Así pues, no podía hallarse una mejor referencia para la flamante unidad militar que también tenía como objetivo sacudirse el dominio británico. Las integrantes del regimiento serían conocidas informalmente como *ranis*.

A partir de ese reducido y simbólico núcleo inicial, se fue creando el regimiento. La noticia de la formación de esa unidad militar femenina corrió rápidamente entre la población de origen indio del sudeste asiático. El propio Bose, en sus discursos, animaba a las jóvenes a incorporarse a la lucha por la India Libre. La llamada tuvo su efecto; fueron muchas las chicas que expresaron su deseo de alistarse, la mayoría de entre dieciocho y veintidós años. Buena parte de las voluntarias procedían de familias que habían emigrado años atrás para trabajar en las plantaciones de caucho de la península malaya, por lo que ni siquiera habían estado nunca en la India, pero eso no era óbice para que se sintiesen tan patriotas como el que más.

Sin embargo, las familias no podían ver con buenos ojos que sus hijas se embarcasen en esa peligrosa e incierta aventura. Lakshmi y sus compañeras tuvieron que hacer una campaña puerta a puerta, tratando de convencer a los padres para que permitiesen a sus hijas incorporarse a la nueva unidad. En estas lides, Lakshmi demostró poseer un gran poder de persuasión, quizás por el tacto humano que había adquirido como doctora. El entusiasmo entre las jóvenes que deseaban unirse a Lakshmi y sus guerreras fue tal, que incluso una chica amenazó con suicidarse arrojándose a un río si sus padres no le permitían alistarse. Otra chica, de trece años, sólo fue aceptada después de que implorase su admisión a Chandra Bose en una carta personal, quien permitió su alistamiento pese a su corta edad. A finales de agosto, Lakshmi ya había reunido un centenar de animosas voluntarias.

VETO NIPÓN

Pero los impulsores del regimiento femenino tendrían que enfrentarse a unos detractores más temibles que los contrariados padres de las chicas: los japoneses. Cuando les llegó la noticia de la formación de esta unidad, se mostraron totalmente contrarios a esa iniciativa. Para ellos, la mujer debía permanecer en casa mientras sus maridos estaban en el frente, siguiendo el tradicional papel pasivo que la sociedad nipona le tenía reservado. De hecho, las mujeres tenían el acceso vedado al ejército nipón, aunque fuera como auxiliares. La única presencia de mujeres en el frente era la de las esclavas sexuales que los japoneses reclutaban a la fuerza en los países ocupados, las llamadas «mujeres de confort».

Así pues, las autoridades militares niponas vetaron la idea de que el Ejército Nacional Indio contase con una unidad militar femenina, por temor a un efecto contagio. Un general nipón se reunió con Lakshmi para disuadirla de seguir adelante con el proyecto. Pero Lakshmi no se dejó impresionar y le dijo que ella y sus compañeras estaban preparadas para luchar.

Por su parte, Chandra Bose no estaba dispuesto a renunciar a contar con mujeres en su ejército sólo porque no agradase a sus protectores. El líder indio se mostró indignado por el veto y amenazó con dimitir de su responsabilidad al frente de la India Libre si los japoneses persistían en él. Al comprobar que, si seguían empeñados en prohibir la formación de la unidad, se podía llegar a una ruptura que no beneficiaría a nadie, los japoneses dieron finalmente su brazo a torcer y permitieron la creación del regimiento.

Aun así, los oficiales nipones evidenciarían su desprecio negándose a saludar a la bandera india cuando pasaban por los campamentos femeninos. Pero las ranis no estaban dispuestas a ser humilladas de esa forma, por lo que, a su vez, se negaron a saludar a la bandera japonesa, lo que enfureció a los nipones. Al final tuvo que intervenir Bose, obligando a unos y a otros a saludar militarmente a la bandera de su aliado.

Pero no sólo los japoneses mostrarían su rechazo a la formación militar femenina. En el bando aliado, los británicos trataron de ridiculizar la iniciativa, asegurando que si los indios libres debían recurrir a jovencitas para empuñar las armas era porque no contaban con hombres suficientes para hacerlo. Los periódicos norteamericanos también se burlaron de la idea. Pero, como era de esperar, nada de ello hizo mella en el ánimo de Bose y de Lakshmi para seguir adelante con el proyecto.

En cambio, el gobierno birmano colaboracionista de los japoneses se mostró impresionado por la existencia de este singular regimiento. Pidió a Bose autorización para importar la idea y crear una unidad militar formada por mujeres birmanas, a semejanza del Rani de Jhansi. No obstante, los birmanos, ocupados en aspectos más perentorios, acabarían por abandonar esa iniciativa.

ENTRENAMIENTO MILITAR

Ya con el beneplácito a regañadientes de los japoneses, en octubre de 1943 se abrió en Singapur un campo de entrenamiento en lo que antes había sido un cuartel del ejército australiano. Al principio contó con 170 reclutas, un número que iría creciendo progresivamente hasta llegar a 500 y, finalmente, a un millar.

En aquel campo, las jóvenes reclutas recibieron entrenamiento militar, que incluía marchas a pie, prácticas de tiro, lanzamiento de granadas y cargas a la bayoneta. Bose, que seguía de cerca el proceso de formación militar, prohibió a los instructores masculinos que utilizasen lenguaje procaz con las reclutas o que las sometiesen a castigos físicos.

La jornada comenzaba a las seis de la mañana con un saludo a la bandera, proseguía con ejercicio físico durante 45 minutos y luego con el desayuno, consistente en té con galletas de maíz o tapioca. Después comenzaba el citado adiestramiento, que se completaba por la tarde con lecciones de historia militar.

Las jóvenes contaban con un variado armamento,

la mayor parte procedente de los arsenales británicos capturados en Singapur; fusiles Lee Enfield, subfusiles Sten y ametralladoras ligeras Bren, además de pistolas y granadas de mano. También disponían de cañones, morteros y artillería antiaérea. Un grupo fue enviado a Birmania para aprender tácticas de guerra en la jungla. Se establecieron dos nuevos campos de entrenamiento, en Rangún y Bangkok, y se creó una unidad de medio centenar de enfermeras.

ENVÍO AL FRENTE

El 6 de marzo de 1944 dio comienzo la ofensiva japonesa en territorio indio, ya descrita en el capítulo anterior. Las ranis ansiaban incorporarse a la liberación de su país, pero aún tenían que terminar su instrucción, que no quedó concluida hasta finales de mes. El 30 de marzo de 1944, el regimiento desfiló por las calles de Singapur, marcando perfectamente el paso. La capitán Lakshmi había cumplido con la misión encargada por Bose de crear de la nada una formación preparada para luchar en primera línea por la independencia de la India.

Tras esa brillante presentación en público, las ranis partieron hacia el frente. Emprendieron un largo viaje hacia el norte, subiendo por la península malaya y atravesando Tailandia en el conocido como «Ferrocarril de la Muerte», construido mayoritariamente por prisioneros aliados. El último tramo de su camino lo tuvieron que hacer a pie, marchando a través de la jungla.

Ya estaban en Birmania; la siguiente frontera era la de la India. Pero las noticias que llegaban del frente no eran muy halagüeñas. Los japoneses no habían logrado tomar el punto clave de Imphal; todos sus ataques sobre la planicie en la que se encontraba esta localidad habían sido repelidos hasta el momento por los británicos. Los intentos nipones de cortar la ruta de suministros hacia Imphal tampoco habían dado resultado.

El regimiento Rani de Jhansi se encontraba en la ciudad birmana de Maymyo. Allí, la noche del 15 de abril, las guerreras indias estuvieron por primera vez bajo fuego enemigo, cuando la escuela en la que estaban pernoctando fue bombardeada por aviones británicos. Por suerte, pudieron buscar refugio y ninguna resultó herida. Tan sólo una de ellas no tuvo tiempo de esconderse y quedó atrapada bajo los escombros, pero pudo ser rescatada ilesa.

Mientras tanto, la ofensiva japonesa se encontraba totalmente estancada; lo que se esperaba que fuera un avance triunfal a través del valle del Brahmaputra se había convertido en un asalto infructuoso contra Imphal, que aún resistía en manos británicas El paso del tiempo iba perjudicando a los japoneses, cada vez más faltos de munición, víveres y medicinas. Estaba claro que aquel no era el mejor escenario para el estreno de las ranis, por lo que siguieron acantonadas en Maymyo a la espera de acontecimientos.

A mediados de junio de 1944, a pesar de que ya estaba claro que la ofensiva sobre la India había fracasado, Chandra Bose y las autoridades militares niponas autorizaron el envío del regimiento femenino a Imphal. Esa decisión, a todas luces injustificada puesto que iba a convertir a las animosas amazonas en carne de cañón, se enmarcaba en los asaltos desesperados que estaban lanzando los japoneses contra esa localidad, pese a que la batalla estaba más que perdida. El mismo día que los británicos rompieron el asedio de Imphal, el 22 de junio, las ranis se ponían en marcha hacia allí, atravesando a pie la selva. Cuando pasaban por una aldea, los habitantes se quedaban sorprendidos al ver a las mujeres marchando con los fusiles al hombro. La admiración que levantaban a su paso hizo que algunas jóvenes quisieran incorporarse a la columna.

Antes de entrar en territorio indio, las noticias que llegaban del frente de Imphal eran tan desalentadoras que se decidió que el regimiento quedase retenido en la población de Meiktila, a la espera de acontecimientos. Al final, esa medida provisional pasó a ser definitiva y el regimiento quedó allí acantonado. Tras la derrota nipona en su avance en territorio indio, el objetivo ya no era otro que aguantar la línea de frente en Birmania.

COMBATIENDO A LOS BRITÁNICOS

El Rani de Jhansi pasó los siguientes meses en Meiktila, sin intervenir apenas en ninguna operación. Pero la estancia en aquel lugar pondría a las guerreras capitaneadas por Lakshmi al alcance de los *chindits*, unos comandos británicos que actuaban por detrás de las líneas enemigas. En diciembre de 1944, los británicos efectuaron un ataque contra el regimiento, causando la muerte de dos ranis e hiriendo a dos más. Por su parte, ellas reaccionaron con rapidez y eficacia ante el repentino ataque, matando a varios soldados británicos.

Cuando la línea de frente en retroceso llegó a

Meiktila, a las ranis les llegó la oportunidad de medirse al grueso del ejército británico. Aunque los choques fueron puntuales, las muchachas supieron estar a la altura; por ejemplo, una de aquellas jóvenes guerreras se convirtió en una auténtica heroína, matando ella sola a la dotación de una ametralladora y de una pieza de artillería.

Aunque la invasión nipona de la India había fracasado seis meses atrás, las integrantes del regimiento tenían todavía la esperanza de que se reanudase la ofensiva y poder entrar en su país como libertadoras. Pero Chandra Bose, consciente de que esa posibilidad era ya una quimera, ordenó al Rani de Jhansi abandonar su posición cercana a la frontera con la India y regresar hacia el corazón de Birmania. Esa decisión fue muy mal encajada por las ranis. Algunas mostraron incluso su resolución a desobedecer la orden. Pero al final la unidad no tuvo otra opción que emprender la retirada a través de la jungla birmana.

En su repliegue, las guerreras se vieron atacadas por la aviación aliada, que disfrutaban de un dominio aéreo absoluto. Eso obligó a que tuvieran que desplazarse en las horas nocturnas y ocultarse durante el día. Además, el barro de los caminos obligó a abandonar los vehículos. Como ejemplo del arrojo de las ranis, cuando llegaron al río Wau se encontraron con que sólo se podía cruzar en una barcaza controlada por los japoneses, pero éstos se negaban a que subiesen a bordo; sin pensárselo dos veces, las muchachas se lanzaron al agua y cruzaron el río a nado, ante la mirada de los estupefactos nipones.

DISOLUCIÓN DEL REGIMIENTO

El Rani de Jhansi llegó a la capital birmana, Rangún, en donde pudo descansar. Pero el 20 de abril de 1945 tuvieron que evacuar la ciudad y reemprender la marcha, aunque Lakshmi y siete compañeras decidieron quedarse para cuidar de los heridos que no era posible transportar. El 3 de mayo pudieron subir a un tren, aunque en él sufrirían un incidente con unos soldados birmanos que hasta ese momento habían sido aliados de los japoneses y habían decidido cambiar de bando. El episodio se saldó con la muerte de dos ranis. Finalmente, el regimiento pudo atravesar la frontera con Tailandia y se refugió en Bangkok.

Por su parte, Lakshmi y sus compañeras fueron hechas prisioneras por los británicos y fueron pasando por varios campos de prisioneros. Afortunadamente, recibieron un buen trato por parte de sus captores. Además, les ofrecieron atender a los soldados indios heridos que luchaban con el ejército británico, una propuesta que fue aceptada pese a que aquellos hombres combatían junto a los que ellas consideraban los opresores de su patria.

La captura de Lakshmi hizo que el regimiento se quedase sin liderazgo. Las bajas sufridas en la campaña birmana y las derrotas niponas en todos los frentes llevaron a que la unidad quedase disuelta en la práctica. Acabada la Segunda Guerra Mundial, las integrantes del regimiento fueron hechas prisioneras por los británicos. Por su condición de mujeres, en 1946 todas ellas fueron liberadas y repatriadas a sus lugares de procedencia.

En el centro de la imagen, la «capitán Lakshmi» durante una presentación de un libro sobre la historia del partido comunista indio en 2005. Wikimedia commons.

En cuanto a Lakshmi, estuvo en campos de prisioneros hasta que en 1946 fue enviada a la India. En 1947 se casó con un antiguo coronel del Ejército Nacional Indio de quien tomaría su apellido. A partir de entonces, y hasta su muerte, sería Lakshmi Sehgal. Tras ver alcanzado el sueño de la independencia, Lakshmi regresó a la práctica de la medicina en Kanpur, al norte del país. Allí ayudó a los refugiados que llegaban desde Pakistán, ganándose el afecto y la gratitud tanto de hindúes como de musulmanes. Su vocación solidaria se manifestaría en sucesivas crisis humanitarias, auxiliando a los refugiados de Bangladesh que en 1974 huían de la hambruna, o a los afectados por el escape de gas tóxico en Bhopal en 1984.

Pero Lakshmi nunca dejó de lado su otra vocación, la política. En 2002 llegó a presentarse a las elecciones a la presidencia del país, a pesar de que sus opciones eran muy reducidas; su intención era tener así un altavoz para denunciar las situaciones de injusticia que seguían sufriendo en su país las clases más desfavorecidas. La infatigable capitán Lakshmi, que el destino había convertido en la líder de un grupo de aguerridas amazonas, siguió pasando consulta a diario en una clínica hasta su muerte en 2012, a pesar de su avanzada edad.

CAPÍTULO 5.
EPISODIOS INCÓMODOS

En una guerra, el objetivo primordial es derrotar al enemigo. Para no sucumbir en ese duelo a muerte, se hace necesario concentrar todo el potencial del país en la consecución de esa meta. En la Segunda Guerra Mundial, las naciones implicadas pusieron todo su esfuerzo en levantar y sostener su maquinaria bélica, pasando por encima de cualquier otra consideración.

Los países que formaban el bando aliado no fueron una excepción. Para derrotar al Eje no dudaron, cuando fue necesario, en olvidar sus propios principios. La mentira, el encubrimiento, la hipocresía… a nada de ello fueron ajenas las potencias aliadas. Aunque luchaban por defender unos ideales de libertad, justicia e igualdad, en más de una ocasión tuvieron que dejarlos provisionalmente de lado, en un dilema moral que siempre caería del lado del pragmatismo, en aras de la victoria final.

En este capítulo, el lector podrá conocer esos hechos y decisiones que nos recuerdan lo difícil que es ganar una guerra manteniendo las manos limpias, pero también otros que nos hablan de las debilidades

humanas. Son historias que nos alejan de la ideali-
zación que muchas veces rodea a los que protagoni-
zaron el conflicto e incluso a sus víctimas, episodios
todos ellos que producen incomodidad en mayor o
menor grado, pero que no pueden ser ignorados por
ese motivo.

LOS JUDÍOS DE LA GESTAPO

Se ha escrito mucho sobre la persecución que sufrieron los judíos a manos de los nazis, que desembocaría en el exterminio de millones de ellos a manos de la implacable maquinaria ideada con ese fin durante la Segunda Guerra Mundial. A diferencia de otros genocidios, contamos con abundantes estudios y testimonios, que han dado lugar a una cantidad inabarcable de obras divulgativas, novelas, películas o series de televisión.

Ese exterminio masivo no surgió de la noche a la mañana, sino que fue la fase final de un largo y constante proceso que los nazis habían iniciado nada más alcanzar el poder. A partir de 1933 se pusieron en marcha una serie de medidas destinadas a apartar a los judíos de la vida pública y desposeerlos de sus pertenencias. Las empresas debían despedir a sus empleados judíos, y aquellos negocios regentados por judíos tenían que ser «arianizados», es decir, traspasados. Los profesores judíos fueron expulsados, así como los trabajadores judíos de la administración pública. La persecución llegaría a extremos que resultarían ridículos si no supiéramos a donde conducía aquella insania; por ejemplo, en 1938 se prohibió a los judíos poseer palomas mensajeras, o en 1939 se prohibió venderles boletos de lotería. Mientras tanto, la propaganda nazi se encargaba de azuzar la animadversión contra los judíos. La lenta pero implacable maquinaria del Holocausto ya se había puesto en marcha.

Se ha escrito bastante también sobre la complicidad de la población alemana en el Holocausto. La verdad es que la mayoría de alemanes no entendía, y ni mucho menos compartía, la animadversión de los nazis contra los judíos. En la vida cotidiana no existían conflictos personales entre los alemanes y sus compatriotas hebreos. Sin embargo, lo que sí consiguieron los nazis fue que los alemanes se volvieran indiferentes hacia la suerte que pudieran correr sus vecinos judíos, mostrándose apáticos ante el incremento de la persecución de la que eran objeto.

Pero de lo que se ha escrito poco es de los judíos que traicionaron a los suyos, colaborando con los nazis para que la maquinaria de deportación y exterminio siguiera en marcha. Aun sabiendo el destino que les esperaba a los traicionados, aquellos hebreos decidieron ponerse del lado de los perseguidores forzados por las circunstancias, ya fuera para salvar sus propias vidas y las de sus familias, o con el fin de obtener algún provecho personal, aunque en no pocos casos se entregarían con entusiasmo a esa tarea. De la desconcertante historia de los judíos que colaboraron con la Gestapo seguramente no encontrará nada en su libro de la Segunda Guerra Mundial.

SIN PERDÓN PARA VAN DIJK

La única mujer holandesa condenada a muerte y ejecutada por colaborar con los alemanes durante la ocupación de su país fue Ans Van Dijk. Su trayectoria durante la guerra le granjearía después el desprecio de sus compatriotas, reflejado en la negativa de la reina Guillermina a conmutarle la máxima pena. Pero ese desprecio sería aún mayor entre la comunidad judía de ese país, a quien había traicionado de forma alevosa.

Ans había nacido en Ámsterdam en 1905, en el seno de una familia judía. Se casó en 1927, pero se divorció ocho años después para mantener una relación con otra mujer, Miep Stodel. Para ganarse la vida abrió una sombrerería en Ámsterdam, llamada Maison Evany.

La ocupación germana instaurada a partir de mayo de 1940 trajo consigo la política de persecución a los judíos que ya funcionaba en Alemania. Así, en noviembre de 1941, Ans se vio forzada a traspasar la tienda de sombreros, ya que los hebreos tenían prohibido poseer negocios. Ante las primeras deportaciones, Ans decidió ocultarse, mientras que Miep optó por escapar a Suiza.

Ans fue detenida por la Gestapo el Domingo de Pascua de 1943, gracias a las indagaciones del agente Peter Schaap, de la Oficina de Asuntos Judíos de la policía de Ámsterdam. Después de comprometerse a colaborar con los alemanes para no ser deportada, Ans Van Dijk fue liberada. Haciéndose pasar por miembro de la resistencia, se ofrecía a ayudar a los judíos a encontrar lugares para ocultarse y obtener documentación falsa, para luego delatarlos a la Gestapo. Actuando de este modo, entregó a los alemanes al menos a 145 personas, incluyendo a su propio hermano y su familia. De ellas, 85 morirían en los campos de exterminio.

Tras la guerra, se trasladó a La Haya, donde esperaba pasar desapercibida y que el tiempo borrase el recuerdo de su colaboración con los ocupantes nazis. Sin embargo, fue descubierta y el 20 de junio de 1945 se procedió a su detención. Fue acusada de veintitrés cargos de traición.

El 24 de febrero de 1947 fue conducida ante un Tribunal Especial en Ámsterdam. Ans confesó todos los cargos, explicando que ella sólo había aceptado colaborar con los alemanes para poder salvar la vida. Esa excusa no le serviría de nada y fue sentenciada a muerte. Aunque apeló el veredicto, en septiembre de 1947 el Tribunal de Apelación confirmó la pena. Como se ha apuntado, el indulto solicitado a la monarca holandesa fue rechazado.

El 14 de junio de 1948, Ans Van Dijk fue fusilada en el interior de la fortaleza Bijlmer, en Ámsterdam. La noche anterior a la ejecución pidió ser bautizada como cristiana católica, quizás como un último gesto de arrepentimiento.

NOSSIG, EL INTELECTUAL TRAIDOR

El gueto de Varsovia se convertiría en terreno abonado para la aparición de judíos dispuestos a colaborar con los alemanes. Las motivaciones son fácilmente deducibles; las condiciones de vida allí eran tan terribles, y el destino para los deportados tan aciago, que no fueron pocos los que trataron de agarrarse a la vida como a

*El intelectual judío Alfred Nossig proporcionaba informes
a los alemanes para facilitar las deportaciones, pero
pagaría cara su traición. Wikimedia commons.*

un clavo ardiendo, aunque eso implicara ponerse al servicio de los alemanes y traicionar a los suyos.

Esa actitud tan humana como comprensible tuvo en Alfred Nossig uno de sus ejemplos más desconcertantes, por la dimensión intelectual que poseía. Nossig había nacido en 1864 en una acomodada familia judía de Lvov, cuando esta ciudad que hoy se halla en Ucrania se llamaba Lemberg y pertenecía al imperio Austrohúngaro. Destacó por su actividad intelectual, escribió poesía y obras de teatro, compuso música, demostró sus dotes como escultor y se doctoró en filosofía en Zúrich.

Nossig se convirtió en una referencia internacional del sionismo, abogando por la emigración de los judíos a Palestina. También puso su empeño en modernizar la cultura judía, liberándola del peso de la tradición. En 1920, Nossig fue interlocutor entre el gobierno polaco y la comunidad judía de este país. Durante esa década impulsó iniciativas pacifistas. Se trasladó a Berlín, de donde sería expulsado por los nazis en 1933, y buscó refugio en Polonia.

Bajo la ocupación alemana de Polonia, Nossig se vio forzado a trasladarse al gueto de Varsovia. Allí, Nossig elaboró informes para los alemanes sobre la emigración judía. Quizás Nossig vio en la persecución nazi la paradójica oportunidad de que se cumpliese su sueño de un estado judío en Palestina. De hecho, antes de que se pusiera en marcha el exterminio masivo, los nazis habían mantenido reuniones con líderes sionistas para buscar una solución al «problema judío», como podía ser el establecimiento de un estado hebreo en la isla de Madagascar. Sin embargo, la imposibilidad de llevar a la práctica esos planes llevaría a los alemanes a partir de enero de 1942 a apostar por el asesinato masivo como «solución final».

Sea como fuere, ya se había establecido una dinámica de colaboración de Nossig con el servicio de inteligencia militar, el Abwehr, y la Gestapo. El intelectual sería acusado de proporcionar regularmente informes a los alemanes durante la deportación de los habitantes del gueto a los campos de exterminio, para facilitarles ese proceso. La libertad de movimientos de que disfrutaba lo hacían sospechoso a ojos de los demás judíos, por lo que fue sometido a vigilancia por el grupo clandestino que actuaba en el interior del gueto, la Organización Judía de Combate. Finalmente, esa organización lo condenó a muerte por su colaboración con los nazis.

Pese a que Nossig era un anciano de 78 años, eso no movió a la compasión de los resistentes judíos. Tres de ellos —Zacharia Artstein, Abraham Breier y Pawel Schwartzstein— lo ejecutaron por traidor el 22 de febrero de 1943. Según relataron a otro combatiente[14], Nossig se puso de rodillas suplicando por su vida. Cuando vio que estaban decididos a acabar con él, les amenazó con que los alemanes vengarían su sangre, lo que supuestamente venía a demostrar su connivencia con el enemigo.

Los ejecutores aseguraron que Nossig estaba en posesión de una tarjeta de identidad de la Gestapo ni más ni menos que de 1933, lo que suena bastante improbable, o del Abwehr, lo que resulta también del todo inverosímil. También afirmaron que en el apartamento de Nossig se encontró un informe de seis

---

[14] El relato de los hechos figura en la página 321 del libro de Yitzhak Zuckerman, *A Surplus of Memory: Chronicle of the Warsaw Ghetto Uprising*.

páginas confeccionado por él, redactado en alemán, en el que se describía el sistema de túneles utilizado por los combatientes judíos del gueto, y que estaba listo para ser entregado a la Gestapo. En otro informe que tenía como destino la policía secreta nazi, Nossig aconsejaba a los alemanes sobre el modo más adecuado de tratar a los judíos del gueto para evitar que surgiesen movimientos de resistencia.

Sobre el grado y la naturaleza de la colaboración de Nossig con los alemanes sólo se pueden realizar conjeturas. Es posible que su intención no fuera más que tratar de aprovechar la terrible situación por la que estaba atravesando su pueblo para conseguir, aunque fuera de ese modo tortuoso, su sueño de crear un estado en Palestina. O simplemente intentaba hacer menos penosas las condiciones de vida de los judíos en el gueto. Pero los tratos con el diablo siempre son peligrosos, y tal vez se vio atrapado en una espiral de complicidad de la que ya no pudo salir.

Curiosamente, tras la guerra, los familiares de Nossig trataron de mantener limpio su nombre, ocultando que había sido ejecutado por traición. Aseguraron que había fallecido de muerte natural durante su confinación en el gueto. Pero esa operación de lavado póstumo de imagen no dio resultado. Un combatiente judío que había sido compañero de los ejecutores pero que no había participado en el asesinato, y que había emigrado a Israel, se declaró públicamente culpable de haber matado a Nossig y dijo estar dispuesto a afrontar el juicio correspondiente. Aunque esa autoinculpación no tuvo respuesta legal, consiguió su objetivo de impedir que la biografía de Nossig fuese blanqueada por su familia.

CZERNIAKOW, SIN SALIDA

Como sucedió en el caso de Alfred Nossig, tratar con los alemanes suponía adentrarse en una espiral de complicidad cada vez más comprometida, que acababa por fuerza en un callejón sin salida. Eso es lo que ocurriría con Adam Czerniakow, presidente del Consejo Judío o *Judenrat* de Varsovia, el organismo creado por los alemanes para la administración de cada gueto. En el caso de la capital polaca, estaba formado por 24 prominentes judíos con cierto ascendiente sobre la comunidad. En las localidades de menos de diez mil habitantes, estos consejos constaban de una docena de miembros.

Los *Judenräte* eran los encargados de la organización interna del gueto, en lo referente a la distribución de alimentos, higiene, alojamiento y orden público, además de hacer cumplir las disposiciones que los alemanes tuvieran a bien ordenar. Pero también debían encargarse de inventariar los bienes que debían ser confiscados por los nazis, así como confeccionar las listas de los judíos que debían ser deportados, hasta completar el número que en cada momento exigían los alemanes. Obviamente, esa labor provocaba graves e irresolubles dilemas morales, cuando no comportamientos corruptos de los miembros del *Judenrat* dispuestos a aprovecharse de su poder arbitrario. Los miembros de los *Judenräte* solían cumplir con diligencia las órdenes recibidas del oficial de las SS encargado del gueto, conscientes de que ellos serían los responsables de cualquier desobediencia. Los alemanes se mostrarían muy hábiles al lograr que los judíos colaborasen de ese modo en su propia destrucción.

Dos miembros de la Policía Judía. A cambio de algunos privilegios, colaboraban con los alemanes. Algunos de ellos eran más temidos por los judíos que los propios nazis. Wikimedia commons.

Czerniakow, nacido en Varsovia en 1880, había sido concejal en el ayuntamiento de la capital polaca. Por su experiencia política, los alemanes le escogieron el 4 de octubre de 1939 para presidir el *Judenrat*. Desde el primer momento, Czerniakow se vio forzado a mantener un delicado juego de equilibrios entre el mando germano, de quien emanaba su inesperado poder, y los habitantes del gueto, a quienes debía proteger, lo que no resultaba fácil.

Para mantener el orden en el interior del gueto, los alemanes contaban con la colaboración de la Policía Judía, un servicio de seguridad dirigido por el *Judenrat*, que en Varsovia contaba con unos 2500 miembros, mientras que en otros guetos podía oscilar desde un centenar a los 1200 del gueto de Lodz. Conocida por los alemanes como *Jüdische Gheto-Polizei* o *Jüdischer Ordnungsdienst*, sus miembros eran los encargados de conducir a los judíos que figuraban en las listas de deportados hasta los puntos de embarque, así como de perseguir a los que trataban de huir o esconderse. Estos policías debían llevar, al igual que los demás habitantes del gueto, un brazalete con la estrella de David, aunque en su caso con la inscripción *Jüdische Gheto-Polizei*, y no estaban autorizados a portar armas. Como identificación llevaban además una gorra de plato, e iban equipados con porras de goma.

El jefe de este cuerpo creado el 9 de noviembre de 1940 era Jozef Szerynski, hombre de confianza de Czerniakow. Con Szerynski como líder, los policías judíos se mostrarían a veces más duros y crueles incluso que los propios nazis. Eran habituales los golpes y el trato degradante a los otros habitantes del gueto, y participaban activamente en las redadas de judíos para su inmediato envío a los campos de exterminio. Szerynski tenía el privilegio de no estar obligado a llevar el brazalete con la estrella de David.

En la primavera de 1942, los alemanes iniciaron los preparativos para llevar a cabo una masiva deportación en el gueto de Varsovia, tal como estaban haciendo ya en otras ciudades polacas. El *Judenrat* colaboró proporcionando planos del gueto y censos de sus habitantes; aunque las autoridades alemanes trataban de tranquilizarles, estaba claro que ese material iba a servir para llevar a cabo las deportaciones.

Ese arriesgado juego de equilibrios tocaría a su fin el 22 de julio de 1942, cuando los nazis anunciaron

Brazaletes utilizados por la Policía Judía, expuestos en el Museo de la Segunda Guerra Mundial de Gdansk. Foto del autor, octubre 2017.

el inicio de la operación, que se pondría en marcha a partir de las cuatro de la tarde del día siguiente. El ritmo de la deportación con destino a los campos de exterminio debía ser a razón de seis mil personas diarias. Las redadas y la conducción de los deportados a los puntos de embarque iban a corresponder a la Policía Judía. Los alemanes habían establecido una serie de excepciones, que afectaban a los miembros del *Judenrat* y de la Policía Judía, así como a los trabajadores de las empresas alemanas, al personal sanitario o los enfermos hospitalizados.

Czerniakow se vio atrapado en el terrible dilema moral de seguir colaborando con los alemanes, convirtiéndose en cómplice del asesinato de su pueblo, o de desobedecer y enfrentarse a ellos, lo que a buen seguro le iba a suponer la asignación de una plaza en el próximo tren con destino a los campos de la muerte. El presidente del *Judenrat* todavía intentó una última maniobra para salvar vidas. El 23 de julio, el día que iba a comenzar la deportación, trató sin éxito de extender la excepción a los niños de un orfanato, aunque sí logró librar de la deportación a los alumnos de las escuelas profesionales y a los maridos de las mujeres trabajadoras. Como esa petición le fue concedida, a Czerniakow se le ocurrió un plan para aumentar a toda prisa los puestos de trabajo de mujeres, buscando máquinas de coser por todo el gueto, pero la deportación comenzaba esa misma tarde y ya no había tiempo material para poner en marcha el plan salvador.

Abrumado por la desesperada situación a la que había llegado, Czerniakow no vio otra salida que acabar él mismo con su vida. La misma noche del 23 de julio, ingirió en su casa una cápsula de cianuro. Dejó una nota de despedida a su esposa en la que decía: «Ya no puedo soportar más. Mi acción mostrará a todos lo que es menester hacer».

El suicidio de Czerniakow no supondría el menor contratiempo para los alemanes en su propósito de liquidación del gueto. Fue sustituido apresuradamente en la presidencia del *Judenrat* por Marek Lichtenbaum, quien se limitaría a cumplir mecánicamente las disposiciones ordenadas por los alemanes. Al menos, con su salida precipitada de la escena, Czerniakow se libró de tener que aceptar esa indignidad. Cuando Lichtenbaum dejó de ser útil a los alemanes, fue también asesinado.

RUMKOWSKI, EL SÁTRAPA DE LODZ

Si Adam Czerniakow pudo salvaguardar para la historia un resto de dignidad gracias a su trágico gesto final, eso no ocurriría con otro presidente de un *Judenrat*, en este caso el del gueto de la ciudad polaca de Lodz, Mordechai Chaim Rumkowski. Su actuación al frente de ese órgano de administración, como la del resto de judíos que desempeñaron esa misma responsabilidad en otros guetos, sería muy controvertida.

Nacido en 1877, Chaim Rumkowsi era un empresario judío que a lo largo de su vida no había tenido demasiado éxito en los negocios. A partir de 1925 dirigió un orfanato para niños judíos. Sin embargo, su trayectoria vital daría un giro el 13 de octubre de 1939, cuando los alemanes lo pusieron al frente del *Judenrat* de Lodz. En su caso, se haría realidad el proverbio que dice «si quieres conocer a un hombre, dale poder». Aupado por los nazis a esa posición de relativo privilegio, teniendo en cuenta que no era más que un títere que debía bailar la música que en cada momento tocasen los alemanes, Rumkowski se creería una especie de monarca absoluto del pequeño reino delimitado por los muros del gueto.

Así pues, Rumkowski gustaba de pasearse por el gueto en una destartalada carroza escoltada por miembros de la Policía Judía. Decidió acuñar una moneda propia del gueto que llevaría su nombre, el *rumkie*, y hasta emitiría sellos de correos con su efigie. También se atribuyó el poder celebrar matrimonios, lo que estaba reservado a los rabinos. Esos aires de grandeza le harían ganarse el apodo de Chaim I, como si de un rey se tratase.

Pero, más allá de la anécdota, lo más relevante es que Rumkowski estableció un férreo control sobre sus dominios, logrando que las instrucciones de los alemanes fueran cumplidas diligentemente por los habitantes del gueto, sin que se produjesen alteraciones del orden. Aunque en teoría Rumkowski era el presidente de un órgano colegiado, no dudó en denunciar ante los alemanes a los miembros del *Judenrat* que discutían su poder, los cuales eran de inmediato detenidos y ejecutados. Así, el *Judenrat* pasaría a ser apenas un órgano simbólico que se limitaría a refrendar las decisiones tomadas por Rumkowski.

El gueto de Lodz quedó sellado el 30 de abril de 1940, con 164 000 judíos en su interior. La escasez de comida provocaba manifestaciones de descontento, pero Rumkowski se encargaba de reprimirlas con su policía; cuando eso no era suficiente, él mismo reclamaba la presencia de las fuerzas alemanas para que sofocasen las revueltas. Lo mismo sucedía con las huelgas, cuyos instigadores eran duramente reprimidos. A mediados de 1941, cualquier oposición a Rumkowski había virtualmente desaparecido.

Con las primeras deportaciones al campo de exterminio de Chelmno se acrecentó el poder de Rumkowski. Los alemanes comunicaban al *Judenrat* el cupo de judíos que debían ser deportados y este órgano era el encargado de confeccionar las listas. Por lo tanto, Rumkowski pasaba a tener poder sobre la vida y la muerte de los habitantes del gueto. En los cinco primeros meses de 1942, unos 55 000 judíos fueron entregados por él a los alemanes. Esa posición de poder le permitiría, entre otros abusos y corruptelas, reclamar

*El ambicioso y excéntrico Mordechai Chaim Rumkowski
(izquierda) se convirtió en una especie de monarca del gueto de
Lodz, bajo la protección de los alemanes. Archivo del autor.*

favores a las mujeres por él escogidas, muchas de ellas
menores de edad; el negarse a sus pretensiones era
arriesgarse a figurar en la próxima lista. En relación

con este aspecto tan poco edificante de su vida, se había rumoreado también que su interés en ayudar a los niños judíos mientras estuvo al frente del orfanato no había sido tan puro como hacía suponer.

La coartada de su colaboración con los nazis era que con ese sacrificio de una parte de la comunidad se aplacaba momentáneamente a los alemanes y se evitaba así la matanza de todos los habitantes del gueto. De ese modo, según Rumkowski, se ganaba un tiempo precioso, a la espera de que la situación cambiase y se pusiera fin a la persecución a la que estaban siendo sometidos.

Pero ese primer sacrificio no sirvió para aplacar a los nazis, que exigieron la entrega de todos los niños y los ancianos para proceder a su deportación. Ante ese difícil trance, Rumkowski apeló al ascendiente que tenía sobre la comunidad, pronunciando un discurso que sería conocido por su dramático llamamiento: *Dadme a vuestros hijos*. Con él, esperaba que los habitantes del gueto colaborasen en la tarea que le habían impuesto los alemanes. Según les dijo, la entrega ordenada de esos seres queridos salvaría al resto. El poder de persuasión de Rumkowski debía ser mucho, ya que sus súbditos obedecieron; veinte mil niños y ancianos serían enviados a los campos de exterminio sin que apenas se produjese resistencia.

Tras esa dramática deportación se abrió un largo período de dos años en el que los alemanes no exigieron más tributos humanos, lo que parecía dar la razón a Rumkowski, quien vio así reforzado su poder. En realidad, los nazis no tenían necesidad de llevar a cabo más deportaciones porque el gueto de Lodz se había convertido en un importante centro de producción de suministros para la Wehrmacht, y los judíos que trabajaban en los talleres valían más vivos que muertos.

Pese a los abusos de poder cometidos por Rumkovski, hay aspectos de su tiranía que, para ser objetivos, no pueden dejar de ser destacados. Por ejemplo, estableció un sistema de distribución de alimentos que funcionó razonablemente bien y mantuvo una red sanitaria y de enseñanza que otros guetos polacos no lograron organizar. Así, el gueto contaba con 7 farmacias y una docena de hospitales y clínicas en las que trabajaban cientos de médicos y enfermeras. También funcionaban 45 colegios, que mantenían escolarizados a dos tercios de los niños del gueto. Rumkovski se esforzó igualmente por conservar una cierta vida cultural, involucrándose personalmente en la organización de obras de teatro, conciertos de música y otras actividades.

Todo cambiaría a mediados de 1944, cuando el ejército soviético avanzaba ya sobre Polonia. Lodz iba a caer inevitablemente, por lo que los alemanes decidieron liquidar el gueto. Para ello requirieron de nuevo la colaboración de Rumkowski que, como había hecho anteriormente, se encargó de organizar la deportación. Los talleres fueron clausurados y, entre junio y julio de 1944, un total de siete mil judíos fueron enviados a Chelmno. El gueto se iba vaciando progresivamente, hasta que en agosto les tocó el turno a los últimos habitantes, mientras que unos ochocientos permanecerían escondidos en él a la espera de que llegasen los soviéticos. El *Judenrat* fue suspendido, para sorpresa de Rumkowski y los otros miembros, que pensaban que su colaboración con los nazis les iba a salvar.

Rumkowski, el sátrapa del gueto de Lodz, iba a enfrentarse al mismo destino al que había enviado a miles de judíos para seguir detentando el poder que le habían concedido los alemanes. Él y su familia fueron detenidos por los alemanes, encerrados en el último tren y enviados a Auschwitz. Su familia sería gaseada, pero a Rumkowski el destino le tenía reservado un efectista estallido de justicia poética. El 28 de agosto de 1944, los judíos de Lodz que le iban a acompañar a la muerte explicaron a los judíos del *Sonderkommando* que se veían forzados a trabajar en las cámaras de gas y los hornos crematorios quién era aquel hombre. En venganza por haber colaborado con los alemanes y haber traicionado a su pueblo, los hombres del *Sonderkommando* le golpearían con saña hasta causarle la muerte.

GANCWAJCH, EL VILLANO DEL GHETO

De entre los judíos que colaboraron entusiásticamente con los nazis destaca por méritos propios un nombre impronunciable, el de Gancwajch; aunque al lector seguramente no le diga nada, sí les decía muchas cosas a los judíos del gueto de Varsovia, y ninguna buena.

Abraham Gancwajch nació en 1902 en Czestochowa, localidad cercana a Cracovia, considerada la capital espiritual de Polonia. Es paradójico que de ese centro de peregrinación católica del que emana tanta santidad surgiese un personaje tan abyecto como él. De joven fue periodista en Lodz, para trasladarse después a Viena, en donde se dedicó también al periodismo, siempre desde una óptica fervientemente sionista. Antes de que los alemanes se anexionaran Austria, pudo regresar a Polonia. Allí se movería en círculos sionistas, en los que exhibiría sus habilidades oratorias.

Poco después de la invasión alemana, Gancwajch ya comenzó a trabajar para el servicio de inteligencia de las SS, el SD (*Sicherheitsdienst*). Al parecer, durante su estancia en Viena había conocido al que sería el jefe del Departamento de Propaganda de la Polonia ocupada, Wilhelm Ohlenbusch, por lo que cabe la posibilidad de que su colaboración con los nazis se iniciase a través de él.

Como líder del movimiento juvenil sionista Hashomer Hatzair, proporcionaba semanalmente informes a los alemanes. En diciembre de 1940, los alemanes promovieron la creación en el gueto de Varsovia de la unidad que sería conocida informalmente como el Trece (*Trzynastka* en polaco). El nombre de Trece tenía su origen en el número de la calle Leszno en el que tenía su sede. Este grupo, liderado por Gancwajch, tenía como función combatir la usura, el mercado negro y el contrabando, aunque en realidad esa misión no era más que la cobertura de la red colaboracionista, ya que reportaba directamente a la oficina de la Gestapo. Por este motivo, los historiadores han calificado al Trece como la «Gestapo judía».

Gancwajch estaba convencido de que los alemanes iban a ganar la guerra, por lo que hizo un llamamiento a los judíos de Varsovia para ponerse al servicio de los nazis como estrategia de supervivencia. Para convencerles llegó a editar panfletos en los que reclamaba esa colaboración. Lo que parecía ser un interés sincero por salvar la vida a los suyos no se correspondía con las actividades que Gancwajch llevaba a cabo en el gueto, más propias de un auténtico gánster. Su red de colaboradores, al gozar de la protección de las autoridades germanas, se dedicaba a lo que supuestamente debía combatir, haciéndose con el control del contrabando y el floreciente mercado negro. Los alemanes permitieron al Trece disponer de sus propios puntos de control en las puertas de entrada al gueto, por lo que podían introducir en él todo lo que quisieran.

El soborno, el chantaje y la extorsión era el pan de cada día para los muchachos de Gancwajch, quienes no dudaban en aprovecharse de la miseria en la que debían vivir los habitantes del gueto para enriquecerse. Los comerciantes, para evitar ser acusados de estraperlistas ante la Gestapo, debían entregar al Trece lo que éste les exigiera. También detenían a otros judíos con cualquier pretexto y ofrecían la posibilidad de pagar una «multa» para no ser entregados a los alemanes.

La corrupción en el Trece comenzaba desde el primer momento, ya que para formar parte de sus filas era necesario pagar a Gancwajch una cuota de entrada de varios miles de *zlotys*. Una parte de la cuota se destinaba a pagar sobornos a los nazis para que mantuvieran su protección sobre la banda. Dependiendo de sus necesidades económicas del momento, Gancwajch podía elevar el importe de la cuota, pero los aspirantes no dudaban en pagarla, ya que sabían que no podía haber inversión más rentable en todo el gueto. Como era de prever, delincuentes de todo pelaje acudieron a la Trece como moscas a la miel.

Al mismo tiempo, para cubrir las apariencias, Gancwajch adoptaba el carácter benefactor típico de

Edificio superviviente del gueto de Varsovia,
que quedó prácticamente arrasado durante la
guerra. Foto del autor, septiembre 2007.

muchos mafiosos, que ya hemos visto en el caso de las
tríadas, ayudando a los más pobres o tratando de ganarse
el favor de artistas o personas con cierto ascendiente
moral sobre la comunidad judía. Creó un departamento
de supervisión de pesos y medidas para dificultar los
fraudes, así como una organización para ayudar a los
que habían combatido en el ejército polaco en 1939 y
habían sufrido secuelas. Su aportación más relevante
al bienestar de la comunidad debía ser la creación de
un dispensario médico para urgencias, dotado de una
ambulancia; sin embargo, el centro no era más que una

tapadera de sus sucios negocios, ya que nunca llegó a abrir sus puertas, mientras que la ambulancia —en realidad, un carro tirado por un caballo— era utilizada únicamente para transportar artículos de contrabando.

El Trece estaría integrado por entre trescientos y cuatrocientos miembros, y actuaría como una fuerza parapolicial. Sus integrantes iban uniformados con chaqueta, corbata, pantalones de montar, botas altas de cuero y una gorra con una cinta verde. Esta unidad llegaría a disponer de su propia prisión, en donde encerraban a los que no se plegaban a sus exigencias.

Como es lógico, la existencia de ese cuerpo irregular de policía, que además se dedicaba descaradamente al crimen organizado, no podía ser vista con buenos ojos por la Policía Judía, que era la encargada oficialmente de mantener el orden público. No obstante, el citado jefe de la Policía Judía, Jozef Szerynski, llevaba a cabo también actividades ilícitas, como la confiscación de objetos de valor, en especial joyas y abrigos de piel, y participaba igualmente en el mercado negro y el contrabando. Por lo tanto, el choque entre ambos cuerpos tenía el carácter propio de una guerra entre bandas mafiosas rivales.

Esa pugna en las calles no era más que la expresión de otra rivalidad superior: Gancwajch competía por el control del gueto con el *Judenrat*, a cuyo líder, el citado Adam Czerniakow, pretendía sustituir. Pero Gancwajch midió mal sus fuerzas. Los alemanes quizás consideraron que habían permitido demasiadas cosas a los maleantes del Trece y que algún día esa permisividad podía volvérseles en contra, por lo que optaron por reforzar al más fiable y dócil *Judenrat* de Czerniakow.

Así, en julio de 1941, los alemanes decidieron acabar con las actividades del Trece, pero sólo en el interior del gueto. A partir de entonces, Gancwajch y sus esbirros seguirían sirviendo a los intereses nazis en la parte «aria» de la ciudad, en donde había un buen número de refugiados judíos ocultos.

En esta nueva fase de la colaboración, Gancwajch reconvertiría a sus hombres en otro infame grupo, denominado Zagiew («Antorcha»). En este caso se trataba de una organización supuestamente clandestina que debía infiltrarse entre los grupos de refugiados para descubrir las redes de evasión que funcionaban dentro y fuera del gueto. Como gesto de confianza en la labor del Zagiew, la Gestapo llegó a proporcionarles armas de fuego. Hay que destacar que este grupo colaboracionista funcionaba mientras se estaban produciendo las deportaciones a los campos de exterminio. Aun así, Gancwajch y sus hombres, llevados por su interés personal, siguieron actuando al dictado de los alemanes.

En cuanto al jefe de la Policía Judía, Szerynski, sus actividades corruptas llegaron a ser tan escandalosas que los alemanes decidieron tomar cartas en el asunto, procediendo el 1 de mayo de 1942 a su detención. Sin embargo, tres meses más tarde, teniendo en perspectiva un envío masivo de judíos al campo de exterminio de Treblinka, que debía prolongarse a lo largo de dos meses, los nazis rehabilitaron a Szerynski, que había demostrado ser un fiel perro de presa para esas tareas, colocándolo de nuevo en su puesto al frente de la Policía Judía. En enero de 1943, cuando los alemanes pusieron en marcha la liquidación definitiva del gueto de Varsovia, Szerynski debió comprender que haber colaborado con ellos no le iba a servir para escapar del mismo destino que le esperaba al resto de habitantes del gueto, por lo que optó por la misma desesperada decisión que el presidente del *Judenrat* había tomado el verano anterior. Szerynski se suicidó ingiriendo una cápsula de cianuro.

Hay que admitir que resulta altamente desconcertante este confuso panorama en el que vemos judíos colaborando con nazis, nazis siendo sobornados por judíos, judíos robando y extorsionando a judíos o nazis entregando armas a judíos.

HOTEL POLSKI

También despierta confusión un asunto en el que los alemanes utilizaron de forma instrumental a los hombres de Gancwajch, el conocido como *affaire* del Hotel Polski. En 1942, los alemanes, ayudados por la red Zagiew, pusieron en marcha un plan por el que se comprometían a dejar salir de Polonia a los judíos que dispusieran de pasaportes o visados de países neutrales. Pero el origen de ese plan, obviamente, no era altruista. Mediante un barco de bandera sueca que hizo el trayecto de ida y vuelta entre Nueva York y Lisboa, en mayo y junio de ese año se había producido un intercambio masivo de civiles entre Alemania y Estados Unidos; novecientos germanos que vivían en Norteamérica y deseaban regresar a su país de origen por seiscientos estadounidenses que habían quedado atrapados en los países dominados por el Reich. La operación fue un éxito, pero el ministro de

Exteriores alemán, Joachim von Ribbentrop, constató que, aunque había muchos alemanes que querían abandonar Estados Unidos, ya casi no quedaban norteamericanos bajo dominio alemán para intercambiar. La solución sería ofrecer refugiados judíos, una figura que se denominó *Austauschjuden* o «judíos de intercambio». El problema era que los norteamericanos no mostraron mucho entusiasmo en el ofrecimiento, ya que muchos de esos inmigrantes no hablaban inglés y tampoco disponían de recursos financieros, por lo que se temía que se convirtieran en una carga.

No obstante, viendo una oportunidad para rescatar a los judíos que se encontraban confinados en los guetos, organizaciones judías de Suiza enviaron miles de pasaportes y visados a Varsovia, la mayoría correspondientes a países sudamericanos. Pero las reticencias norteamericanas hicieron que el intercambio no se llevase a cabo. Los alemanes se quedaron con esos pasaportes, que en su mayoría estaban a nombre de personas que habían sido enviadas a los campos de exterminio. En 1943, los colaboracionistas de Gancwajch comenzaron a vender los documentos entre los judíos ocultos en la parte «aria» de Varsovia que podían pagarlos. Las autoridades alemanas se comprometieron entonces a insistir en el intercambio de los judíos que estuvieran en posesión de esos documentos por los civiles alemanes que querían regresar al Reich.

La Gestapo usó el histórico Hotel Polski, inaugurado en 1808, como centro de internamiento para esos judíos hasta que pudieran dejar Polonia una vez acordado el canje. Unos 2500 judíos, provistos de la documentación pertinente, acudieron a la llamada de los nazis, con la esperanza de poder escapar de aquel infierno. La estancia sería prometedora, ya que los guardianes habían recibido órdenes precisas de cuidar todas las necesidades de los judíos y de prescindir de cualquier abuso o maltrato, con el fin de que ofrecieran el mejor aspecto posible en el momento del intercambio.

Sin embargo, los países que supuestamente habían expedido esos pasaportes y visados no los reconocieron como auténticos. El plan aparecía cada vez más incierto, por lo que los alemanes perdieron interés en mantener a los judíos en buenas condiciones. De hecho, en mayo de 1943, una parte de los judíos refugiados en el Hotel Polski sería enviada a Auschwitz. Dos meses después, otros tuvieron como destino el campo de concentración de Bergen-Belsen, en Alemania, en donde se esperaba reunir un total de veinte o treinta mil judíos para ser intercambiados. Ellos disfrutarían de unas condiciones de vida excelentes en comparación con los otros internos del campo; a su llegada quedaron desconcertados cuando los guardianes de las SS se ofrecían a cargar con sus equipajes y los trataban de «señor» o «señora». Durante su estancia en el campo de concentración no tenían que trabajar; se pasaban el día sentados al sol, leyendo novelas o haciendo cursos de inglés para prepararse para su nueva vida al otro lado del Atlántico. Otro contingente de judíos del Hotel Polski fue enviado al campo de internamiento de Vittel, en la Francia ocupada, en donde también disfrutarían de condiciones similares. En cambio, la suerte de los trescientos judíos que habían permanecido en el hotel sería muy diferente; el 15 de julio de 1943 fueron ejecutados en la prisión de Pawiak, en Varsovia,

Memorial erigido en donde estaba emplazada la cárcel de Pawiak, en Varsovia. Los alemanes solían llevar a cabo aquí sus ejecuciones. Foto del autor, septiembre 2007.

utilizada habitualmente por la Gestapo para confinar a judíos y miembros de la resistencia, y llevar a cabo las ejecuciones.

Por su parte, el gobierno norteamericano seguía sin dar luz verde a la admisión de los «judíos de intercambio» en su país. La información falsa aparecida en el *Saturday Evening Post* de que existía un centro en Praga en el que agentes de la Gestapo aprendían a hablar y rezar en yidish para hacerse pasar por refugiados judíos, y entrar así en Estados Unidos, no ayudaría a que el plan fuera finalmente aprobado por Washington. Cuando, casi un año después, los alemanes certificaron que el plan había fracasado definitivamente, los judíos que esperaban en Buchenwald y Vittel a la espera de un hipotético canje serían enviados también a Auschwitz.

Aunque la operación ligada al Hotel Polski supuso un fracaso para los alemanes y una tragedia para los judíos que esperaban la salvación, el plan fue aprovechado por los hombres del ínclito Gancwajch para hacerse con una parte del dinero y las joyas de los candidatos al intercambio. Como siempre, consiguieron sacar tajada de la desgracia ajena.

El Zagiew también fue utilizado por los alemanes para sabotear el Levantamiento del gueto de Varsovia, que estalló el 19 de marzo de 1943. Por todo ello, el principal grupo de resistencia, la Organización Judía de Combate, condenó a muerte a Gancwajch en ausencia por consumado traidor.

El final de Gancwajch es una incógnita. Se cree que fue asesinado en Varsovia en torno a abril de 1943, junto con su mujer y su hijo, pero nada se sabe a ciencia cierta. Quizás fue ejecutado por algún grupo de resistentes judíos, o quizás murió en un ajuste de cuentas, o a manos de alguno de sus hombres, aunque lo que parece más probable es que fueran los alemanes los que decidieran hacerle desaparecer, ejecutándolo en la prisión de Pawiak. En todo caso, se había ganado tantos enemigos debido a su perfidia, felonía y carencia de cualquier escrúpulo que lo que no faltan son candidatos para ser el que dio a Gancwajch finalmente su merecido.

EL «VENENO RUBIO»

Durante la guerra, en Berlín se movía un peligroso personaje que se infiltraba entre los judíos que se ocultaban de los nazis, para denunciarlos a la Gestapo. Su execrable labor se saldó con la detención de unos 2300 judíos, que cayeron así en la red de los siniestros agentes de Himmler. Aquellos infortunados acabarían sus días en los campos de exterminio por su culpa. Ese eficaz sabueso de la Gestapo era una mujer judía, Stella Kübler.

Nacida en 1922 como Stella Goldschlag, creció como hija única en el seno de una familia judía berlinesa. En cuanto los nazis alcanzaron el poder, en 1933, sufrió las consecuencias de la política de acoso y persecución que pusieron en práctica. Así, al igual que los demás niños judíos, tuvo que abandonar la escuela pública. Stella pasó a estudiar en la escuela Goldschmidt, fundada por la comunidad judía de Berlín. En su etapa escolar, Stella ya destacaba por su vivacidad y don de gentes, así como por su aspecto «ario», ya que era rubia y tenía los ojos azules.

La familia de Stella seguiría padeciendo los efectos de la persecución nazi. Así, su padre perdió su empleo en los estudios cinematográficos Gaumont. No viendo otra salida, sus padres decidieron abandonar Alemania, pero les sería imposible obtener los visados que les hubieran permitido establecerse en otro país. Mientras tanto, Stella continuaba con sus estudios, que le permitieron titularse como diseñadora de moda en la Escuela de Artes Aplicadas. También ganaba algún dinero posando desnuda para los alumnos de una escuela de pintura. De personalidad artística, aspiraba también a convertirse en cantante de jazz.

Una vez estalló la guerra, la presión sobre los judíos sería cada vez mayor. En 1941, Stella, por su condición de judía, tuvo que realizar trabajos forzados en una fábrica de munición. Allí conoció a un músico también judío, Manfred Kübler, con quien se casaría y de quien tomaría el apellido.

La situación de los judíos berlineses pasó a ser crítica. Las autoridades nazis habían decidido que Berlín debía ser zona *juden frei* («libre de judíos) y procedieron a detenerlos y enviarlos a los campos de exterminio. Así, el 27 de febrero de 1943, la Gestapo irrumpió en la fábrica en la que en ese momento estaban trabajando Stella y su madre; ambas pudieron ocultarse en el sótano, en el interior de una gran caja de cartón. Tanto Stella como sus padres pasaron a la clandestinidad, haciéndose pasar por no judíos, conocidos por el aparato represor nazi como U-Boote o «submarinos». Para ello consiguieron documentación falsa. En cambio, su marido, Manfred, no tuvo esa oportunidad, ya que fue atrapado en la fábrica en la que trabajaba, y enviado a Auschwitz junto a toda su familia.

A Stella, gracias a su aspecto físico cercano al ideal ario, le resultaría fácil pasar desapercibida por las calles berlinesas. El 2 de julio de 1943, Stella reconoció a una amiga judía en un café y trató de entablar conversación con ella. Lo que no podía saber era que su amiga era colaboradora de la Gestapo. Al cabo de unos minutos, Stella era detenida por dos agentes. Fue sometida a torturas para que revelase quién le había proporcionado la documentación falsa, pero no confesó, y fue trasladada a una prisión de mujeres cercana al aeropuerto de Tempelhof. Al cabo de unos días, al requerir de un tratamiento dental urgente,

Stella Kübler, en la imagen junto a otros dos colaboradores de los alemanes, sería conocida como el «veneno rubio». Archivo del autor.

fue llevada a una consulta, de donde logró escapar. De todos modos, es posible que se tratase de una trampa, ya que la Gestapo vigilaría sus movimientos, que la llevaron a donde se ocultaba su familia.

El destino inmediato de Stella y sus padres iba a ser un tren con destino a un campo de exterminio, pero la Gestapo advirtió las posibilidades que se les abrían con ella, ya que era muy conocida entre la comunidad judía berlinesa. Después de ser sometida a más presiones, Stella accedió a colaborar con la Gestapo; a cambio, su familia sería salvada de la muerte. Debía convertirse en *Greiferin* (traducible como «gancho») para atrapar a los judíos que permanecían ocultos en Berlín. Se cree que una veintena de judíos accedieron a actuar también como «ganchos». Además, Stella recibiría una cantidad de dinero por cada judío que ayudase a atrapar.

Sólo se puede especular en torno al conflicto interior que, a buen seguro, tuvo que sufrir Stella antes de ponerse a disposición del aparato represor nazi. Pero lo que está claro es que se empleó a fondo en su labor, aprovechando la confianza que despertaba entre los demás judíos. Ninguno podía imaginar que aquella joven que había asistido a la escuela Goldschmidt estaba dispuesta a traicionarles. Tal como se ha indicado, fueron más de dos mil los judíos que cayeron en la red de la Gestapo a consecuencia de las intervenciones de Stella, pero algunas fuentes elevan esa cifra a tres mil.

Con cada nueva delación, Stella debía pensar que ganaba un día más de vida para ella y sus padres, pero su continuada traición no lograría salvar a su familia. En febrero de 1944, los nazis se desdijeron de su promesa y enviaron a sus padres al campo de concentración de Theresienstadt, cerca de Praga. De allí fueron trasladados a Auschwitz, en donde fueron asesinados.

Sorprendentemente, aunque había desaparecido el motivo que le había llevado a traicionar a los suyos,

Stella seguiría colaborando con la Gestapo. En un desconcertante giro de los acontecimientos, en esa nueva etapa actuaría con auténtico entusiasmo en la localización de los judíos que trataban de sobrevivir ocultos en la capital. Cuando descubría a una mujer, rápidamente le arrebataba el bolso a la búsqueda de alguna lista con nombres o direcciones, para continuar con la implacable caza. Incluso, en una ocasión, ella misma se encargó de bloquear una puerta por la que trataban de escapar unos judíos que estaban siendo perseguidos por agentes de la Gestapo. Al parecer, a mediados de 1944 recibió la promesa de un alto oficial de las SS de que sería declarada oficialmente aria tras la victoria de Alemania.

Creyese o no en esa promesa, la realidad es que Stella continuó al servicio de los nazis con la misma entrega hasta el final de la guerra. No obstante, cada vez le resultaría más difícil llevar a cabo su labor, ya que su doble juego fue descubierto por los judíos, que la conocían como el «veneno rubio». Entre los judíos que todavía permanecían ocultos en Berlín, unos 1400, circularon fotografías suyas para alertarlos. Stella llegó a recibir un mensaje en el que se le comunicaba que había sido condenada a muerte, y que la sentencia se cumpliría cuando acabase la guerra.

Stella compartía su vida con un hombre de veintitrés años, precisamente otro judío que había estado actuando como «gancho» para atrapar hebreos y entregarlos a la Gestapo, llamado Rolf Isaaksohn. Se casaron el 29 de octubre de 1944 y tendrían una niña, Yvonne. La nueva vida de casada de Stella no duraría mucho, ya que Isaaksohn moriría en 1945.

Al acabar la guerra, sabiendo que, tal como le habían

advertido, su entusiasta colaboración con la Gestapo no iba a quedar impune, Stella trató de ocultarse, pero fue inútil. En octubre de ese año, fue detenida por los soviéticos y condenada a diez años de cautiverio. Se le retiró la custodia de su hija, que quedó a cargo de una familia judía berlinesa. Los dos primeros años los pasó confinada en el antiguo campo de concentración nazi de Sachsenhausen, cerca de Berlín, utilizado como prisión por los rusos, y luego fue trasladada a una prisión soviética. Es significativo el hecho de que Stella colaboró también de forma entusiasta con sus guardianes, lo que no era bien visto por sus compañeros de cautiverio.

Tras cumplir su condena se trasladó a Berlín occidental, donde en 1972 sería de nuevo juzgada. Durante el proceso tuvo que ser protegida de los familiares de aquéllos a los que había traicionado y enviado a la muerte. Fue condenada a diez años de prisión pero, como se consideró que ya había cumplido esa pena con los soviéticos, fue puesta en libertad.

Stella se convirtió al cristianismo. Se casó en tres ocasiones más, siempre con no judíos. Su hija Yvonne, que siempre renegaría de su madre, se convirtió en enfermera y acabó emigrando a Israel. En 1992, un antiguo compañero de colegio de Stella, Peter Wyden, publicó su biografía[15]. Wyden había logrado emigrar a Estados Unidos en 1937; es posible que, si hubiera permanecido en Berlín, hubiera acabado en manos de la Gestapo al ser delatado por el «veneno rubio».

En las entrevistas que concedió, Stella siempre se

---

[15] El título del libro de Wyden es *Stella: One Woman's True Tale of Evil, Betrayal and Survival in Hitler's Germany*.

mostró arrepentida de lo que había hecho y aseguró sentir un gran remordimiento. Aun así, trataba de justificarse afirmando que le resultó imposible cambiar su destino y que se vio atrapada en una especie de círculo vicioso del que no pudo escapar. En 1994, seguramente incapaz de superar esa terrible lucha interior, Stella Goldschlag se suicidó arrojándose por la ventana de su apartamento en Friburgo.

ZONA GRIS

Como hemos podido comprobar a lo largo de este capítulo, la historia de la persecución de los judíos a manos de los nazis contiene episodios tan desconcertantes como embarazosos. En el Holocausto debería estar clara la línea que separa a los verdugos de las víctimas, pero en este caso existe una confusa zona gris en la que esos conceptos se superponen, provocando una innegable incomodidad.

Lo que está claro es que los alemanes supieron explotar las debilidades humanas, así como el instinto de supervivencia, para lograr que hubiera judíos dispuestos a traicionar a su pueblo y ayudarles en su execrable tarea. Hasta qué punto éstos fueron conscientes de las consecuencias de su actitud es algo que no sabemos, aunque el hecho de que algunos de ellos recurriesen al suicidio puede darnos una idea de lo difícil que tuvo que ser comprender que se habían convertido en una pieza más de la maquinaria del exterminio. Tampoco podemos saber hasta qué punto se hubiera podido dificultar a los alemanes su plan criminal si no hubiera habido judíos dispuestos a poner en práctica sus órdenes con tanta diligencia. Es probable que los alemanes hubieran encontrado otros instrumentos para llevarlos a cabo, pero lo que está claro es que esas deportaciones masivas habrían requerido de mayor tiempo y esfuerzo.

Se da el hecho de que los alemanes también consiguieron reclutar judíos para que colaborasen con ellos en los campos de concentración, ayudándoles en la vigilancia del resto de internos o en tareas administrativas y permitiendo así que las instalaciones requiriesen de menos personal de las SS. Los denominados *kapos* eran también prisioneros, pero contaban con privilegios —comida, trabajos ligeros e incluso visitas al burdel del campo— que hacían aumentar las opciones de supervivencia. Eran conocidos por los demás internos como «policía judía», reproduciéndose en el campo de concentración la misma estructura represiva que habían vivido en el gueto.

Tras la guerra, en Israel fueron juzgados antiguos miembros de la *Jüdische Gheto-Polizei*, acusados de colaboracionismo con los nazis. Todos ellos quedaron absueltos, al entender el tribunal que esa traición se había producido en «circunstancias extraordinarias». Ése era el colofón a un controvertido capítulo de la historia del Holocausto que el pueblo judío no desearía que hubiera tenido que escribirse nunca.

SEGREGACIÓN RACIAL EN EL EJÉRCITO ESTADOUNIDENSE

La implicación de Estados Unidos en la guerra fue determinante para librar a Europa del nazismo y sus execrables principios racistas. Para Hitler y sus acólitos, el concepto de raza era fundamental en su ideología, y así lo impusieron en Alemania y en la parte del continente europeo que quedó bajo su poder. Quienes no pertenecían a la raza aria sólo podían obedecer o perecer. No importaba lo que uno pudiera ser, hacer o decir; su destino estaba marcado por la pureza de su sangre.

Afortunadamente, las fuerzas aliadas acabaron con esa ideología criminal, pese a que en el seno del ejército norteamericano también anidaba la lacra del racismo, sufrido por los soldados negros que formaban parte de él. Esa discriminación no era más que el reflejo del racismo de la sociedad norteamericana en aquella época. Un ejemplo sería la experiencia del atleta negro Jesse Owens, ganador de cuatro medallas de oro en los Juegos Olímpicos de 1936, celebrados en un Berlín encendido con esvásticas y consignas nazis. Después de su hazaña deportiva y de haber demolido el mito de la superioridad de la raza aria ante las narices de sus promotores, ni tan siquiera sería recibido por el presidente Roosevelt, pues éste creía que sus posibilidades electorales en los estados sureños podían verse perjudicadas si mantenía ese encuentro. Más humillante incluso fue el hecho de que Owens tuviera que acudir a su propio homenaje, celebrado en el lujoso hotel neoyorquino Waldorf Astoria, por la puerta de servicio, ya que los negros tenían prohibido acceder por la puerta principal. Owens llegaría a destacar el hecho de que en Alemania podía haber tomado un autobús sin estar obligado a viajar en la parte posterior, como sucedía en su Alabama natal.

Al entrar Estados Unidos en la guerra, Roosevelt anunció que defendería «la libertad y la democracia». Pero los que, como Owens, padecían la discriminación racial a diario, se sentían ajenos a esa idea cuando, en Alabama y once estados sureños más, sólo el 2 por ciento de los negros podían votar. El propio Roosevelt se había negado en 1933 a respaldar un proyecto de ley contra los linchamientos para no enfrentarse a los congresistas demócratas sureños. El que sería su sucesor en la Casa Blanca en 1945, Harry Truman, manifestó en 1940 que «quiero dejar claro que no abogo por la igualdad social para los negros».

Así pues, el ejército norteamericano no sería más que una expresión de esa sociedad en la que los negros eran ciudadanos de segunda. Mientras combatía por extender en el extranjero los valores preconizados ampulosamente por el presidente en sus alocuciones públicas, en su propio país éstos no eran respetados. Seguramente, en su libro de la Segunda Guerra Mundial no aparece esa paradoja que constituye una de las contradicciones más manifiestas que se dieron en el bando aliado.

LOS SOLDADOS BÚFALO

Uno de los clásicos de la música reggae es el tema «Buffalo Soldier», de Bob Marley. Esa canción es un homenaje a los integrantes del 10º Regimiento de Caballería del Ejército de Estados Unidos, creado en 1861 en Kansas. Lo que hacía especial a esta unidad que participó en el bando nordista en la guerra civil norteamericana (1861-1865) era que todos sus miembros eran negros. Ese curioso nombre, el de «soldados búfalo» fue acuñado por los indios kiowas, por el parecido del cabello de esos soldados con el pelaje del animal. Luego surgirían nuevas unidades con esta misma característica; de los más de 200000 negros que sirvieron con el uniforme de la Unión durante la guerra civil, 33000 dieron su vida por la causa que defendía la abolición de la esclavitud.

Después de aquella contienda fratricida, el Congreso reorganizó estas unidades en cuatro regimientos militares para negros, que participarían en numerosas campañas militares, desde las guerras indias hasta la guerra de Cuba o la intervención en México en 1916. Los «soldados búfalo» demostrarían su valor en todas ellas, haciéndose acreedores a una veintena de medallas de honor, la máxima condecoración entregada en las fuerzas armadas norteamericanas.

Más de un millón de negros sirvieron también durante la Primera Guerra Mundial, pero sólo unos cincuenta mil entraron en combate. Cuando parecía que la Gran Guerra iba a suponer la integración definitiva de los negros en el ejército norteamericano, en realidad el conflicto supuso un inesperado frenazo. El comandante blanco de una unidad negra acusó a sus tropas de ser «completamente inferiores, holgazanas e indolentes. Si necesita soldados de combate, y sobre todo si los necesita con urgencia, no pierda el tiempo con los negros».

En el período de entreguerras, los campamentos militares del sur de Estados Unidos adoptaron cada vez más legislaciones y costumbres segregacionistas. Un teniente coronel citado en un estudio del Departamento de Guerra datado en 1924 expresó la tendencia blanca predominante: «La raza blanca aventaja en miles de años a la negra en el desarrollo psicológico superior». En 1936, el Departamento de Guerra agregó la designación «de color» a cualquier unidad compuesta por soldados no blancos.

SEGREGACIÓN RACIAL

Cuando estalló la Segunda Guerra Mundial, en septiembre de 1939, servían en el Ejército de Estados Unidos menos de cuatro mil negros. Dos años después, la Armada norteamericana sólo contaba con seis marineros negros —excluyendo a los camareros de comedor— y veinticinco más, ya jubilados. Una normativa en siete puntos aprobada por la Casa Blanca en 1940 comenzaba con la premisa de que «el personal negro del Ejército será proporcional al de la población general (en torno al 10 por ciento)», y finalizaba con un compromiso de intolerancia: «Se mantendrá la segregación racial».

En las fuerzas armadas existían pocas oportunidades de liderazgo para los negros. En el Ejército se destinaba al 95 por ciento de los negros a tareas de servicios porque, como expresó en 1940 el Jefe del Estado Mayor del Departamento de Guerra, el general George Marshall, de manera eufemística, la integración habría supuesto «el establecimiento de problemas de vejación racial que no puede permitirse que compliquen la tremenda tarea del Departamento de Guerra y, por tanto, pongan en riesgo la disciplina y la moral». A lo que Marshall se refería con lo de «vejación racial» era al hecho de que un negro pudiera dar órdenes a un blanco. Según Marshall, los negros eran «básicamente agrícolas, por lo que las unidades de negros han sido incapaces de dominar las técnicas de las armas modernas».

En ese momento, no había más que dos oficiales negros en todo el Ejército. No obstante, a principios de 1944, de los 633 000 altos mandos con que contaba el Ejército de Estados Unidos, 4500 serían negros. En febrero de ese año, un panfleto del Departamento de Guerra titulado *Mando de los soldados negros* advertía a los oficiales blancos que a los soldados negros no había que dirigirse con apodos despectivos, de lo que se deduce que eso era una práctica habitual.

La Armada estadounidense era peor; con 82 000 marineros negros alistados, no tenía ningún oficial. En la Armada los negros sólo podían aspirar a ser pinches o cocineros porque, según el secretario de Marina, «sería una pérdida de esfuerzo y de tiempo entrenar a aquellos que por causa de su raza y color no podrían llegar a las calificaciones más altas». El almirante Chester Nimitz, comandante en jefe de la flota del Pacífico, identificó la integración racial con «el modo soviético, no el americano». El Cuerpo de Infantería de Marina, que había rechazado a todos los negros hasta que intervino el presidente Roosevelt, no nombraría a su primer oficial negro hasta varios meses después del final de la guerra.

En 1940, otro decreto del Departamento de Guerra afirmaba que la segregación había sido «satisfactoria durante muchos años». Un sondeo realizado entre los reclutas blancos en 1942 reveló «un marcado prejuicio si debían compartir las instalaciones de esparcimiento, el teatro o el economato con los negros»; de los soldados sureños blancos encuestados, sólo un 4 por ciento estaba a favor de ofrecer los mismos privilegios a sus compañeros en el economato. Los soldados blancos «se han pronunciado con respecto a los negros», concluyó el general adjunto: «El Ejército no es un laboratorio sociológico». Según George Marshall, «los experimentos en el seno del Ejército para la solución de problemas sociales suponen un peligro para la eficiencia, la disciplina y la moral».

Paradójicamente, la Ley del Servicio Militar de 1940 abría las fuerzas a «cualquier persona, sin distinción de raza o color» y prometía que «no habrá discriminación», pero sólo 250 negros formaban parte de las 6400 juntas de reclutamiento de la nación. La mayoría de los estados del sur rechazaban a cualquier miembro negro en esas juntas. El trato de la población blanca estadounidense a los cientos de miles de voluntarios y reclutas negros oscilaba entre lo desafortunado y lo infame. La delegación del Congreso de Misisipi solicitó al Departamento de Guerra que, mientras durara el conflicto, ningún oficial negro entrase en su estado.

Pese a lo que proclamaba la ley, los Cuerpos siguieron estando profundamente segregados. En palabras de Roosevelt, «la política del Departamento de Guerra es no mezclar personal alistado blanco y de color en la misma organización regimental». Por lo tanto, la «no discriminación» sólo se aplicaba dentro de las secciones separadas de blancos y negros, no entre ellas. Así, la aplicación de la Ley del Servicio Militar producía exactamente los efectos contrarios al principio que proclamaba.

La segregación racial se aplicaba incluso a las donaciones de sangre; las botellas de sangre eran clasificadas según la raza del donante y no podían mezclarse. Los que se oponían a esta práctica decían que se estaba «abjurando de los principios por los cuales se libra esta guerra» y la llamaban «política digna de Hitler». Esas protestas surgieron también cuando se planteó establecer refugios antiaéreos segregados en Washington. Un diario contrario a la propuesta comentó irónicamente: «¿No sería digno de Hitler obligar a los blancos americanos a un destino mucho peor que la muerte, como es tener que meterse en un refugio de negros?». La discriminación y la segregación seguían siendo la norma en los cuarteles militares, las iglesias, las piscinas, las bibliotecas y las asociaciones filantrópicas del Ejército.

Se dio la insólita circunstancia de que los prisioneros de guerra alemanes e italianos en suelo estadounidense a veces gozaban de más derechos que ellos. Un soldado negro se quedó amargamente sorprendido al ver «prisioneros alemanes libres de moverse por el campo, a diferencia de nosotros, que teníamos los movimientos restringidos. Los alemanes estaban tranquilamente en todos los lugares, como cualquier americano blanco, a nosotros se nos excluía». Así, a unos soldados negros que se encontraban en El Paso, Texas, se les prohibió la entrada en un restaurante, mientras que no se les había impedido la entrada en el mismo establecimiento a un grupo de prisioneros de guerra alemanes que trabajaban en la ciudad. Los prisioneros alemanes e italianos podían utilizar el economato en Fort Benning, Georgia; los soldados negros del Ejército de Estados Unidos no. En las ciudades sureñas, mientras se relegaba a los negros a la parte de atrás de los autobuses, tal como había puesto de manifiesto amargamente Jesse Owens, los prisioneros de guerra alemanes podían sentarse en la parte delantera.

Para los soldados negros, conseguir entrar en combate era en sí mismo una batalla. Entre los estereotipos predominantes estaba la creencia de que los negros eran demasiado estúpidos, haraganes o apáticos para servir como soldados de combate. Un estudio del Ejército censuraba su «falta de educación y habilidades mecánicas», así como «un índice de enfermedades venéreas que supera de ocho a diez veces el de los soldados blancos, una tendencia a maltratar el material, una falta de interés en la guerra y, particularmente entre las tropas del norte, una preocupación por los «derechos» raciales que a menudo culminaba en disturbios».

En el verano de 1943, sólo un 17 por ciento de los soldados negros poseían el título de bachiller, frente al 41 por ciento de los blancos. A consecuencia de ello, los negros fueron postergados a compañías de intendencia en las que trabajaban de camioneros, panaderos, lavanderos, peones y similares. En enero de 1944, 755 000 negros lucían el uniforme del Ejército —constituían un 8,5 por ciento de los efectivos—, pero sólo dos de cada diez pertenecían a unidades de combate, frente a cuatro de cada diez blancos.

La discriminación que sufrían los negros en el ejército norteamericano resultaría sorprendente para otro ejército en el que no existía la segregación. La Fuerza Expedicionaria Brasileña, que compartía línea de frente con las tropas norteamericanas en el norte de Italia, tenía entre sus filas soldados mulatos y negros, que no eran discriminados por ese motivo. No obstante, se dio un pequeño incidente por contagio; en una ocasión, un general estadounidense debía pasar revista a las tropas brasileñas, así que un general brasileño, en consideración con él, tuvo la idea de no colocar a soldados negros en las primeras filas, relegándolos a las últimas.

La medida suscitó el enfado de los soldados brasileños negros, que se mostraron muy agudos al preguntar si los blancos estarían también en primera fila cuando tuvieran que asaltar las posiciones enemigas en el campo de batalla.

CHOQUES RACIALES

Una parte significativa de la población negra veía la Segunda Guerra Mundial como una «guerra de blancos». El 38 por ciento creía que era más importante «hacer que la democracia funcione en casa que derrotar a alemanes o japoneses». Muchos negros secundarían la campaña denominada de la Doble V, Doble Victoria, propuesta por el semanario negro de mayor tirada, el *Pittsburgh Courier*; una lucha legítima por la victoria sobre los enemigos en el extranjero y la victoria contra las fuerzas que, en casa, deseaban negar a los negros la plena participación en la vida nacional. Por tanto, según esta popular campaña, «los negros debían combatir en dos frentes».

Algunos negros rehusaban participar en una guerra que no sentían en absoluto como suya. En un periódico negro se podía leer: «¿Por qué debería verter mi sangre por la América de Roosevelt, por ese Sur que odia a los negros, por los trabajos sucios y mal pagados, por los insultos, la discriminación, la brutalidad policial y la pobreza perpetua a la que se condena a los negros?». También se respondía al argumento de «salvar la democracia» escribiendo: «No podemos salvar lo que no existe». Un supuesto epitafio resumía el sentimiento de muchos soldados negros: «Aquí yace un hombre negro, muerto luchando contra un hombre amarillo, para proteger al hombre blanco».

Ese resentimiento racial en el seno del ejército nortea-mericano se tradujo en choques sangrientos entre soldados blancos y negros, no sólo en el sur profundo, sino también en Detroit, Nueva York y Arizona, así como entre los destinados en Gran Bretaña. Cuando un bar sólo para blancos de Carolina del Sur se negó a servir a dieciséis oficiales negros, éstos comenzaron a gritar «¡Heil, Hitler!» como protesta.

La discriminación racial se extendía a la industria de defensa. A pesar de que este sector vivió una expansión sin precedentes, por lo que requería un ingente aporte de mano de obra, en 1941 los negros tenían el acceso restringido a más de la mitad de los nuevos empleos. Los puestos de trabajo peor pagados estaban ocupados en un 90 por ciento por negros. Las quejas de los sindicalistas negros por todas esas discriminaciones desembocarían en el Movimiento Marcha sobre Washington, que estaba previsto que reuniese en la capital cien mil manifestantes, en un claro antecedente de las grandes movilizaciones que tendrían lugar en los años sesenta.

Esas protestas obtuvieron una respuesta de Roosevelt, pero no la que sus impulsores esperaban; el presidente acusó a los organizadores de actuar, conscientemente o no, en favor del Eje. Según Roosevelt, «un grupo al que se le impulsa a explotar sus prejuicios a través de falsos eslóganes y llamadas viscerales puede demorar seriamente los programas de armamento». Sin embargo, al advertir la fuerza que estaba tomando el movimiento de protesta, Roosevelt reculó, fundando un comité para «investigar las quejas de discriminación en el empleo y resolver agravios» y la marcha sobre Washington se canceló. Pero, en cuanto la amenaza de esa movilización masiva desapareció, al comité se le retiraron sus atribuciones, lo que llevaría a la dimisión de su director.

Pero esa proyectada manifestación en Washington no fue la única expresión de las tensiones a las que se veía enfrentada la población negra y, en general, la sociedad norteamericana. La necesidad de mano de obra en la floreciente industria de guerra provocó la emigración interior de más de un millón de personas, la mayoría de negros procedentes de los estados sureños. Por ejemplo, San Francisco vio cómo la población negra crecía a un ritmo veinte veces mayor que la de los blancos. La llegada de tantos nuevos competidores al mercado laboral, dispuestos a aceptar un salario menor, provocó numerosas huelgas para excluir a los negros de los puestos de trabajo más demandados. Igualmente, varios sindicatos prohibieron la afiliación a los negros de manera oficial, aunque otros les dieron la bienvenida, creando comités antidiscriminación para oponerse activamente al racismo.

Esos desplazamientos de población generaron problemas con la demanda de alojamiento. Por ejemplo, la Asociación Nacional de Agentes Inmobiliarios colocaba a los negros en el mismo grupo de clientes indeseables junto a los destiladores clandestinos, *madames* de burdel y gánsteres, y recomendaba a sus agentes de la propiedad que evitaran vender propiedades a los afroamericanos «sin importar los motivos ni el carácter del eventual comprador».

El episodio más dramático se viviría en Detroit, que estaba atrayendo una gran cantidad de inmigrantes. En abril de 1943, los blancos se amotinaron cuando se aprobó un proyecto de viviendas para los inmigrantes negros que llegaban del sur del país. La policía local se abstuvo de actuar con contundencia contra los alborotadores blancos porque, según comentó su jefe, «mis hombres están, naturalmente, de acuerdo con la multitud blanca». De la parcialidad de la policía da idea el hecho de que, a pesar de que los disturbios fueron provocados por los blancos, de los 104 arrestados, 101 eran negros. También eran negros 33 de los 38 hospitalizados a consecuencia de los altercados.

Aunque hubo un intento de superar las divisiones, con una manifestación en la que más de diez mil trabajadores blancos y negros clamaron contra la discriminación, dos meses después se produjeron unos disturbios aún más graves. El domingo 20 de junio de 1943, una pelea entre jóvenes blancos y negros acabó extendiéndose por varios barrios de Detroit. Los rumores comenzaron a correr por la ciudad; se decía que un grupo de blancos había lanzado al río a una mujer negra y a su hijo, lo que provocó que los negros comenzasen a asaltar y quemar las propiedades de los blancos. Otro falso rumor aseguraba que unos negros habían violado a una mujer blanca. La batalla racial estalló. Como la policía era incapaz de restaurar el orden, el gobierno tuvo que enviar a Detroit más de 6000 soldados, que impusieron el toque de queda y tomaron el control de las calles. Los disturbios, que se prolongaron hasta el 22 de junio, se saldarían con 9 muertos blancos y 25 negros, de los que 17 fueron a consecuencia de disparos de la policía. De los 1500 arrestados, el 85 por ciento fueron negros.

Aunque los disturbios de Detroit fueron los más graves, por la misma época se produjeron también altercados raciales de importancia en el barrio neoyorquino de Harlem, Los Ángeles, Mobile (Alabama) o Beaumont (Texas). Sólo en 1943 se produjeron 242 enfrentamientos de este tipo en 47 ciudades diferentes, una imagen de división social que no se corresponde con la que se tiene del frente civil norteamericano, aparentemente unido en el esfuerzo común para derrotar al Eje.

Los enfrentamientos raciales llegarían incluso a los cuarteles. En Fort Bragg, el campo militar más grande del país, se formó un Consejo del Soldado Negro tras una pelea en la que murió un soldado de color y un policía blanco. En Camp Van Dorn, Misisipi, un grupo de soldados negros protagonizó un incidente en una población vecina; el *sheriff* disparó en la cabeza a uno de ellos cuando se resistía a ser detenido por un policía militar, acabando con su vida. Esa muerte provocaría nuevos enfrentamientos entre los soldados negros y la policía militar.

El choque racial más destacable se produciría en junio de 1943 en Camp Stewart, Georgia, cuando un centenar de soldados negros, armados con rifles, bayonetas y porras formó y llamó a otros para que se les unieran, hartos de los abusos que tenían que soportar. Las cartas procedentes de ese campo de entrenamiento revelaban que los negros sufrían continuos golpes de los oficiales blancos, aislamiento físico, malas condiciones sanitarias o falta de cuidados médicos. Al menos tres negros morían cada mes como consecuencia de peleas raciales y dos hombres más por agotamiento. La chispa que encendió el motín fue saber que varios soldados blancos habían violado a una mujer negra. Para sofocar la «insurrección», la Policía Militar comenzó a disparar contra los amotinados y, según diría un testigo, «el campo quedó engullido por el tumulto de la batalla». Finalmente, tras dispararse más de seis mil balas, lo extraño fue que sólo un hombre, un policía blanco, muriese en la refriega.

Otros cuarteles militares sufrirían ese tipo de enfrentamientos en 1943, como March Field en California, Fort Bliss en Texas, o Camp Breckinridge en Kentucky. El general Marshall calificaría la extensión de los choques raciales en el Ejército como «un serio e inmediato problema», pero, en lugar de tratar de eliminar las causas de ese descontento cada vez mayor entre los soldados negros, el Secretario de Defensa abogaría por «aplicar las medidas disciplinarias para castigar a los culpables».

LA 92ª DE INFANTERÍA

Las tensiones raciales, que estallaban de ese modo violento en el seno de la sociedad norteamericana y en los propios cuarteles, se verían trasladadas al frente de guerra. Allí, los soldados negros sentirían la discriminación que se había instaurado firmemente en el Ejército. Algunos la aceptarían con fatalista resignación, pero otros lucharían por alcanzar la igualdad con sus compatriotas blancos, una lucha que siempre estaría llena de obstáculos.

Bajo la presión de los líderes civiles negros y una necesidad acuciante de combatientes, se habían creado tres divisiones negras: una que llegó al Norte de África pero que fue disuelta y sus miembros destinados a unidades de servicio, otra que fue enviada al Pacífico y la tercera, la 92ª de Infantería, que llegaría a Italia a finales del verano de 1944 y que sería la única que llegaría a combatir en Europa. Esta unidad sería conocida como la División de los «soldados búfalo», recuperando así el histórico nombre referido al comienzo del capítulo.

El comandante de la 92ª de Infantería, el general Edward M. Almond, un autoritario militar de Virginia, no parecía ser el hombre más adecuado para motivar a sus hombres. Almond consideraba que «el hombre blanco está dispuesto a morir por su patria, el negro no». También afirmaba que «ningún hombre blanco quiere ser acusado de abandonar la línea del frente, mientras al negro le da igual». Poco podían esperar los integrantes de la división de un comandante que opinaba que «la gente cree que por ser del Sur no nos gustan los negros, pero no es así, comprendemos sus capacidades, y no queremos sentarnos a la mesa con ellos».

Los oficiales blancos estaban resentidos por haber sido asignados a la división, mientras que los soldados pensaban que sus mandos les consideraban soldados inferiores, por lo que la desconfianza era mutua. Esa corriente de animosidad racial se demostraría luego fatal bajo la tensión del combate.

En un informe redactado después de la guerra, Almond sostenía que los oficiales negros carecían de «orgullo, agresividad y sentido de la responsabilidad», a lo que su jefe de Estado Mayor añadía que «los soldados negros aprenden con lentitud y olvidan con rapidez». Esas dificultades para el aprendizaje podían ser debidas al analfabetismo de buena parte de la tropa, un 70 por ciento, que se trató de subsanar enseñándoles a leer, para lo que se tuvo que interrumpir la formación durante dos meses. Pero, de todos modos, el clima moral no era el más adecuado; un soldado negro recordaría más tarde que había «un trasfondo intangible y esquivo de resentimiento, amargura e incluso desesperación».

La suerte tampoco ayudó a la 92ª de Infantería. En el otoño de 1944, la unidad fue destinada al norte de Italia, a cubrir el flanco izquierdo del frente norteamericano, en el valle del río Serchio, protegiendo la ruta del puerto de

Livorno. Era una zona tranquila, pero fue la escogida por los alemanes para lanzar una ofensiva destinada a capturar el puerto. Las tropas de la 92ª de Infantería fueron arrolladas; los soldados huyeron en desbandada a lo largo de 8 kilómetros, hasta que encontraron protección en la 8ª División Hindú, cuyos hombres lograron detener a los alemanes.

Un mes después, a la 92ª de Infantería se le daría la oportunidad de resarcirse del fiasco, lanzando un ataque limitado para mejorar su posición. Sin embargo, las tropas se desorganizaron, fueron víctimas del pánico y acabaron ocultándose en zanjas, graneros o en cualquier sitio en donde pudieron encontrar cobijo. Durante varios días se estuvo buscando a los soldados escondidos. Muchos de ellos estaban convencidos de que estaban siendo utilizados como carne de cañón y no estaban dispuestos a dejarse la piel allí.

De hecho, los hombres de la 92ª de Infantería, tratados como ciudadanos de segunda, tenían pocos alicientes para luchar. Esa circunstancia sería tenida en cuenta por el citado general Mark Clark, al que los habitantes de Nápoles habían agasajado con aquel manatí en salsa de ajo. Este general se había ganado fama de estar siempre dispuesto a atender las necesidades de sus hombres, por lo que era muy apreciado por la tropa[16]. Así, Clark aseguró que «el soldado negro necesita mayores incentivos y la

---

[16] Como ejemplo de la preocupación del general Clark por el bienestar de sus hombres sirva la siguiente anécdota. En una inspección de las líneas más avanzadas del frente italiano, Clark se detuvo a conversar con un soldado de baja estatura que se encontraba en una trinchera. Al despedirse, se dio cuenta de que no usaba botas reglamentarias, sino unas de caucho. Le interrogó sobre esta extraña circunstancia y el soldado le explicó que tenía unas botas de cuero, pero que estaban ya rotas y que le era imposible conseguir unas botas nuevas, debido a que el número que usaba era muy pequeño y no se podían encontrar

sensación de que está luchando por su hogar y por su país y que se le trata como un igual». Clark afirmaría posteriormente que el fracaso de la 92ª de Infantería no era el reflejo del valor de los soldados negros, sino de la sociedad que les había negado la igualdad.

«He condecorado por su valentía a oficiales y soldados negros de la 92ª División y sé de otros que murieron en acciones extremadamente arriesgadas en el campo de batalla», aseguró Clark. Aunque fueron varios los *Buffalo Soldiers* que se hicieron merecedores de un reconocimiento a su heroísmo, sólo dos recibirían la Medalla de Honor. Uno, condecorado a título póstumo, sería el soldado John Robert Fox, que murió el 26 de diciembre de 1944, cuando pidió a la artillería que bombardease su propia posición, al ser rebasado por el avance alemán. El otro hombre al que se le concedió esa distinción fue Vernon Joseph Baker, que en una acción llevada a cabo a principios de abril de 1945 destruyó seis nidos de ametralladora, dos puestos de observación y cuatro trincheras alemanas.

---

debido a su escasez. Sin dudarlo, Clark prometió: «Le mandaré un par de botas, si es que hay de ese número en el teatro de operaciones del Mediterráneo».

Más tarde, el general descubrió que el soldado, de apellido Gebhart, tenía razón: de cada 100000 botas, solamente 67 correspondían al número 7A que calzaba. Sin embargo, no estaba dispuesto a faltar a su promesa, por lo que se ocupó personalmente de buscar el par de botas. Una vez encontradas, las envió al frente utilizando para ello su propio avión.

Su ayudante, el capitán Thrasher, buscó al soldado Gebhart y se las entregó personalmente: «El general Clark le manda estas botas», le anunció con satisfacción. Pero el soldado Gebhart las tomó sin mostrar sorpresa ni cambiar la expresión de su rostro. «Gracias», dijo sencillamente. «¿No está sorprendido?», se animó a preguntar el capitán Thrasher. «No» —le respondió el soldado—, «el general Clark me dijo que me las mandaría y no tenía ninguna duda de que cumpliría su promesa. ¿De qué debería sorprenderme?».

TUSKEGEE

Un ejemplo de cómo los soldados negros respondieron igual que los blancos cuando se sintieron valorados y motivados fue el del 99º Escuadrón de Cazas, integrado únicamente por pilotos afroamericanos.

En la Primera Guerra Mundial no había habido ningún piloto negro en las fuerzas aéreas norteamericanas, ya que las solicitudes eran directamente rechazadas, y el único afroamericano que logró pilotar un avión fue en el ejército francés. Antes de la Segunda Guerra Mundial, sólo nueve estadounidenses negros poseían el título de piloto comercial y menos de trescientos tenían licencia privada. El presidente Roosevelt impulsó la creación de una unidad de pilotos negros, como un estímulo para combatir la discriminación racial, a pesar de que, paradójicamente, ésta estaba regida por las mismas normas, usos y costumbres racistas del ejército.

La formación comenzó en marzo de 1941 en el aeródromo militar de Tuskegee, en Alabama, de donde tomaría el nombre, aunque también sería conocida más tarde como el escuadrón Red Tail («Cola Roja»), por el color con el que pintarían la cola de los aviones de la unidad. La primera dama, Eleanor Roosevelt, se encargó de dar a conocer en todo el país este programa de entrenamiento, accediendo a realizar un vuelo en avioneta de una media hora con un instructor afroamericano. Tras el vuelo, la primera dama se mostró encantada por el paseo y dio su visto bueno para seguir adelante con el programa. Los primeros pilotos recibieron su insignia la primavera siguiente, y tuvieron que esperar un año antes de ser desplegados en el Norte de África como la única unidad negra de las fuerzas aéreas norteamericanas en una zona de combate.

Lideraba el escuadrón un teniente coronel de treinta años, Benjamin O. Davis Jr., hijo del único general negro del Ejército. El joven Davis había soportado en West Point cuatro años de silencio, ya que sus compañeros de clase se negaban a hablarle por motivos de raza, y le redujeron a la invisibilidad. A causa de aquello, Davis llegó a la conclusión de que los negros «podrían vencer más fácilmente las actitudes racistas mediante sus logros», lo que incluía su destreza a los mandos de un avión de caza.

No obstante, esos logros resultarían difíciles de alcanzar. Una semana antes de la invasión de Sicilia, un teniente negro abatió a un aparato enemigo sobre el Mediterráneo. Pero, a partir de entonces, el 99º Escuadrón quedó relegado durante meses a tareas tan rutinarias que no llegaron a avistar, y mucho menos destruir, un solo avión del Eje. Los accidentes se cobraron la vida de varios pilotos, y el escuadrón se ganó cierta fama de gafe.

Los superiores blancos expresaron dudas sobre «una falta de espíritu agresivo», y acusaron a los pilotos de Tuskegee de carecer de resistencia, fortaleza y toleran-cia a los climas fríos. «El negro no posee los reflejos apropiados para ser un piloto de caza de primera clase», aseguró un general. Hap Arnold, jefe de las fuerzas aéreas estadounidenses, propuso desplazar al escuadrón de Tuskegee a la retaguardia y «liberar así a un escuadrón blanco» para que combatiera en una posición avanzada.

Los pilotos negros del escuadrón Tuskegee acabarían demostrando su valía al enfrentarse con éxito a la Luftwaffe en los cielos italianos. Wikimedia commons.

A finales de septiembre de 1943, la revista *Time* reveló sorprendentemente que «el alto mando del aire no estaba satisfecho con el rendimiento del 99º Escuadrón». En octubre, Benjamin Davis regresó a Washington para refutar las críticas ante un Comité del Departamento de Guerra. Pero esas críticas también movilizaron a los defensores del escuadrón constituido íntegramente por negros. Así, el teniente general Ira C. Eaker, aviador jefe estadounidense en el Mediterráneo, se atrevió a admitir que «un 90 por ciento de los problemas con los soldados negros eran culpa de los blancos», mientras que un piloto blanco describió públicamente al escuadrón Tuskegee como «un grupo de aviadores con habilidades innatas para el bombardeo en picado».

El 99° Escuadrón se aproximó a la zona de combate al ser trasladado a un aeródromo situado a las afueras de Nápoles. Aun así, durante seis meses efectuaría casi 1400 salidas en 255 misiones, sin llegar a derribar a un solo avión de la Luftwaffe.

Entonces llegó la mañana del 27 de enero de 1944. Una patrulla de 16 P-40 Warhawk encabezada por el teniente Clarence Jamison sobrevolaba Peter Beach, varios kilómetros al norte de Anzio, cuando quince cazas alemanes Focke-Wulf 190 se retiraban tras un ataque. Los aviones norteamericanos viraron en un descenso en picado, y los pilotos dispararon breves ráfagas con sus seis ametralladoras. Los aparatos germanos comenzaron a caer víctimas de la puntería de los hombres de Jamison. En total, cinco Focke-Wulf fueron derribados en apenas cinco minutos.

Después de repostar en Nápoles, el 99° Escuadrón regresó al campo de batalla. A las dos y media de la tarde, en otro rápido combate aéreo, los pilotos de Tuskegee abatieron tres aparatos enemigos. En la mañana del día siguiente, el escuadrón se dio de bruces con otro grupo de aviones alemanes, derribando a cuatro de ellos. En sólo dos días, los pilotos negros que en seis meses no habían logrado ninguna victoria habían abatido doce aviones enemigos y habían dañado cuatro más. En esos combates aéreos sólo pereció un piloto norteamericano.

Pero el éxito de los aviadores de Tuskegee no consistió sólo en derribar aviones alemanes, sino en demostrar que ellos podían luchar por su país igual que los blancos, por lo que debían disfrutar de los mismos derechos.

Esa lucha no acabó con la Segunda Guerra Mundial, sino que se prolongaría a lo largo de las siguientes décadas. Un soldado negro destinado en Italia, que moriría en combate, escribió a su familia estas palabras: «Los negros están haciendo su aportación aquí, no por la gloria, no por el honor, sino, creo, por las generaciones futuras».

NEGROS EN BIRMANIA

El ejército británico también integró a soldados negros en sus filas. Ante las dificultades con que se encontraba para combatir a los japoneses en las junglas de Birmania, a alguna mente pensante de la Oficina de Guerra se le ocurrió que los africanos serían buenos soldados en ese escenario. Así pues, se procedió al reclutamiento de dos divisiones de voluntarios en colonias africanas como Sierra Leona, Nigeria, Kenia o Tanganica. El hecho de que la mayoría de los hombres reclutados no hubieran visto una selva en su vida, al vivir en la sabana, no era un aspecto a tener en cuenta por los organizadores.

Los voluntarios que se declaraban cristianos juraron su lealtad al ejército británico sobre un ejemplar de la Biblia. El problema era que la mayoría de ellos eran musulmanes o animistas, por lo que, con hacerles jurar su compromiso sobre una bayoneta, se dio el trámite por superado. Por otra parte, los británicos consideraron que con pagarles la mitad de la asignación de los soldados blancos era más que suficiente.

La actitud de los africanos en el frente no respondió a las expectativas creadas. El comandante de la división de África occidental, Hugh Stockwell, admitió en su correspondencia con sus superiores que sus unidades no habían rendido muy bien, especialmente durante los ataques nocturnos de los japoneses. No obstante, aseguraba que algunos hombres demostraron ser muy buenos soldados, aunque otros eran muy poco profesionales. Según él, los africanos eran capaces de moverse con agilidad y en silencio cuando patrullaban, pero no sabían reaccionar ante una emergencia. Para Stockwell, eso era debido a «su rechazo inherente a lo desconocido y a su falta de inteligencia, que les impide pensar rápidamente», y a que «no tienen una historia de guerras y por lo general entablar batalla no es lo natural para ellos». En su opinión, todo el potencial de lucha de la división estaba en manos de los oficiales y suboficiales europeos.

Aun así, Stockwell quiso proteger a sus hombres y no permitió que sus oficiales hicieran comentarios negativos sobre la capacidad de los soldados africanos en el campo de batalla, después de que éstos hablasen con desprecio de los hombres bajo su mando. Las circunstancias no ayudaban a que los africanos actuasen según lo que se esperaba de ellos; la mayoría hablaba, en el mejor de los casos, un inglés rudimentario, algunos tenían como oficiales a exiliados polacos que tampoco dominaban el inglés y, además, a un nativo africano no le debía resultar fácil comprender qué hacía luchando contra japoneses en la lejana Birmania, defendiendo los intereses de aquellos que se habían apoderado de sus tierras. Por su parte, Radio Tokio decía de las divisiones africanas que luchaban bajo mando británico que eran «caníbales liderados por fanáticos europeos».

La insólita presencia de los africanos en Birmania dio lugar a una anécdota. Los gurkas eran soldados nepalíes que luchaban en el ejército británico, y que destacaban por su indómito espíritu guerrero. Su opinión sobre los africanos no era muy buena, ya que aseguraban que «sólo salían a patrullar si les cogías de la mano». Si la valentía no parecía ser un atributo extendido entre los africanos, los gurkas sí se quedaron impresionados por otro bien distinto. Según relataba el informe de un coronel que estaba al mando de una unidad de gurkas, «durante el avance por el valle de Kabaw, encontré a algunos soldados agachados detrás de los arbustos, observando a un grupo de soldados africanos que se estaban bañando. Los gurkas miraban fascinados, entre exclamaciones de asombro e incredulidad, las partes íntimas de sus camaradas negros, que les parecían de dimensiones extravagantes».

Aunque, como se ha apuntado, la actuación de los soldados africanos no respondió a lo esperado, algunos oficiales británicos sí que manifestaron una profunda admiración por ellos. Uno de aquellos hombres que se ganó la admiración de sus superiores fue el soldado Kewku Pong, que fue abandonado a su suerte después de resultar herido en un ataque nipón a su unidad. Pong encontró un subfusil abandonado y siguió disparando hasta que perdió el conocimiento debido a la pérdida de sangre. Los británicos lo descubrieron al día siguiente, aún con vida y agarrando la culata del arma. Le otorgaron una medalla militar.

Un cronista británico dijo del valiente soldado Pong:

«Solo, en la oscuridad de la noche, gravemente herido, con los japoneses arrasándolo todo tras él. Sin ningún británico cerca para decirle qué hacer, ni ningún suboficial africano, ni ningún otro africano; debió de haberse sentido desesperado e indefenso, y probablemente nadie le habría reprochado que se hubiera echado al suelo hasta que todo terminara...».

En noviembre de 1944 se dio otra actuación destacable de las tropas africanas, cuando éstas improvisaron unas escaleras de bambú para subir por la noche a quince hombres en camilla por una pared de roca de 700 metros, iluminándose con antorchas, una hazaña que impresionó a los británicos.

Un oficial británico, el mayor Denis Cookson, al acabar la contienda quiso brindar un homenaje a aquellos hombres: «Sin murmurar una sola queja, defendieron a un país a cuyos habitantes despreciaban, en una lucha cuyas implicaciones no comprendían. Se habían prestado voluntarios para luchar por los británicos, y si los británicos les llevaban a la jungla, tanto daba: era razón suficiente para luchar. En cuclillas en sus trincheras, pulían los amuletos de cuero que llevaban siempre cerca de la piel, rezaban a Alá para que les protegiera y desempeñaban su trabajo con buen talante».

Sin embargo, a pesar de su sacrificio en la defensa del Imperio británico, el general al frente de las tropas en Birmania, William Slim, no mencionaría a los africanos cuando expresó su gratitud hacia sus soldados tras la guerra.

FUEGO AMIGO

En una batalla, no todas las bajas son producidas por el enemigo. Se estima que, a lo largo de la historia militar, hasta el 20 por ciento de las bajas se pueden deber a lo que se conoce como fuego amigo, un término acuñado en el ejército norteamericano durante la Primera Guerra Mundial. Este fenómeno tiene lugar cuando unos soldados son atacados por otros del propio bando, debido a un error de identificación.

En esta categoría no entraría el fuego deliberado contra las propias tropas por motivos disciplinarios, los daños causados a la población no combatiente o los accidentes en ejercicios de entrenamiento. Tampoco incluiría el *fragging,* el asesinato practicado por soldados de mandos u otros compañeros al considerar que ponen en peligro a la unidad por su imprudencia o incompetencia, una práctica que se generalizó durante la Guerra de Vietnam; el nombre procede de *fragmentation grenade,* ya que esas acciones se solían ejecutar lanzando una granada al hombre condenado en el fragor de la batalla y atribuyendo la muerte al enemigo para eludir cualquier responsabilidad.

Por su propia naturaleza, el fuego amigo ha sido considerado algo vergonzoso por los ejércitos. Constatar que hay soldados que son víctimas de ataques procedentes de las propias filas denota torpeza e ineptitud de los mandos militares, provocando la consiguiente desmoralización de las tropas. Por tanto, en la mayoría de ocasiones se ha tratado de ocultar. El conflicto de 1939-1945 no sería una excepción, por lo que en este capítulo podrá encontrar esos episodios de fuego amigo que seguramente no aparecerán en su libro de la Segunda Guerra Mundial.

HISTORIA BÉLICA

Desde la antigüedad se han producido lamentables sucesos de este tipo, estando documentados desde los tiempos de la antigua Grecia. En la Edad Media también hubo estas muertes accidentales, como en la batalla de Barnet (1471), durante la guerra de las Dos Rosas, cuando las fuerzas de la Casa de Lancaster se atacaron entre ellas debido a una confusión, lo que supuso la derrota al ejército de la Rosa Roja.

En los siglos posteriores se seguirían produciendo estos errores fatales, demostrando ser una constante de la historia bélica, aunque irían aumentando conforme las armas incrementaban su alcance y potencia. Por ejemplo, durante la batalla de Waterloo (1815), la artillería prusiana disparó contra la británica, que le devolvió el fuego. En la guerra de Secesión norteamericana, estos incidentes serían frecuentes. En la batalla de Antietam (1862), los nordistas se acabaron disparando entre sí debido a la confusión que produjo una incursión enemiga; 1150 soldados murieron a manos de sus compañeros. En 1863, el general confederado Thomas «Stonewall» Jackson moriría también víctima de disparos procedentes de sus propias filas.

Pero la gran proliferación de casos de fuego amigo se daría durante la Primera Guerra Mundial. Tanto por tierra, mar o aire se dieron fatales confusiones que acabaron con muertes fratricidas. Pero la peor parte sería para la infantería francesa; un total de 75 000 soldados cayeron víctimas de los proyectiles de su propia artillería. En el siguiente conflicto a escala mundial, con un enorme despliegue de tropas y medios, y con armas de mayor poder destructivo, los episodios de fuego amigo se harían todavía más frecuentes.

CONFUSIONES TRÁGICAS

Aunque los británicos se habían limitado a declarar la guerra a Alemania el 3 de septiembre de 1939, serían ellos los que, tres días después, sufrirían el primer caso de fuego amigo, cuando tres cazas Spitfire derribaron a dos Hurricanes, muriendo uno de los dos pilotos. Para completar el fiasco, uno de los Spitfire sería derribado a su vez por fuego amigo procedente de una batería antiaérea cuando regresaba a su base.

Tan sólo cuatro días después de ese infortunio aéreo, los británicos protagonizaron uno naval, cuando el submarino *Triton* hundió a otro sumergible de la

Royal Navy, el *Oxley*, en aguas noruegas. El incidente, que costaría la vida a 52 marineros, sería mantenido en secreto hasta los años cincuenta.

Los alemanes no estarían a salvo de cometer tales estropicios. El 19 de febrero de 1940, el destructor *Leberecht Maass* fue atacado por error por la Luftwaffe, resultando hundido. La propia aviación germana cometería una equivocación todavía más grave cuando el 10 de mayo de 1940 bombardeó la ciudad alemana de Freiburg en lugar de la ciudad francesa de Dijon, debido a un error de navegación. Para disimular la pifia, la propaganda alemana culpó a la aviación gala del bombardeo, que costó la vida a 57 alemanes.

Los italianos también se mostrarían duchos en el arte de encargarse del trabajo que debería hacer el enemigo. Así, el 28 de junio de 1940, el mariscal del Aire, Italo Balbo, y su tripulación perderían la vida cuando los cañones antiaéreos italianos en Tobruk derribaron su aparato. El 6 de octubre de ese año, el submarino *Gemma* fue hundido por error por el sumergible *Tricheco* cuando ambos estaban patrullando en aguas del Mediterráneo.

Durante el resto de la contienda, incidentes de esta clase serían frecuentes, sobre todo los de aviones derribados por el propio fuego antiaéreo. El caso más dramático sería durante el ataque japonés a Pearl Harbor, cuando varios cazas norteamericanos fueron abatidos por error en medio de la confusión.

Las densas junglas de Birmania resultarían terreno abonado para las confusiones fatales. El 20 de febrero de 1942, tropas británicas serían repetidamente bombardeadas por la RAF cuando trataban de romper el cerco al que le habían sometido los japoneses cerca del río Sittaung. El ataque provocó 170 muertos. Pero al día siguiente se repetiría la tragedia; en este caso serían aviones norteamericanos los que atacarían por error a los soldados británicos, ocasionando un centenar de bajas. En esa misma jornada negra, la RAF volvería a bombardear a sus compatriotas, en este caso a una columna motorizada; el ataque provocó 110 bajas y la destrucción de 159 vehículos.

Si en Birmania la RAF podía tener la excusa de la frondosidad de la selva, que le impedía distinguir sus objetivos, en el desierto era más difícil encontrar una justificación a los errores. Uno de especial gravedad tendría lugar la noche del 27 de junio de 1942, cuando un grupo de bombarderos Wellington atacó a sus propias tropas cerca de Mersa Matruh, en Egipto. El bombardeo, que se prolongó a lo largo de dos interminables horas, costó la vida a 359 soldados y 560 resultaron heridos.

La decisiva batalla de El Alamein también se cobraría su peaje de vidas a consecuencia del fuego amigo, en este caso debido a un error de coordinación. La noche del 23 de octubre de 1942, los soldados británicos avanzaron hacia las líneas alemanas, amparándose en la cortina de fuego de artillería que les precedía. Sin embargo, su avance sería demasiado rápido y se meterían de lleno en la zona que sería barrida instantes después por los cañones de Montgomery, causando unas 60 bajas. En la misma batalla se produciría otro error de la RAF, al bombardear a las tropas británicas durante cuatro horas, con un balance de 56 bajas.

Los norteamericanos, como hemos visto en Pearl

Harbor, no se encontraban a salvo de cometer semejantes patinazos, y lo harían a lo grande en una remota y deshabitada isla del archipiélago de las Aleutianas, Kiska, que había sido tomada por los japoneses en junio de 1942. El 15 de agosto de 1943, 35 000 soldados aliados, entre estadounidenses y canadienses, se lanzaron a la reconquista de la isla, sin saber que sus orientales invasores ya se habían marchado de allí dos semanas antes. Ese estrepitoso fracaso de los servicios de inteligencia, al no haber detectado que los nipones habían evacuado la isla y que no quedaba nadie allí, se vería superado por el que protagonizarían las tropas aliadas una vez en tierra. Los canadienses desembarcaron en la costa noroccidental, mientras que los estadounidenses lo hicieron en la suroccidental; debido a la espesa niebla, ambas fuerzas acabaron disparándose entre sí, muriendo 21 soldados en la refriega.

FIASCO EN SICILIA

Poco antes, el 11 de julio de 1943, durante la invasión aliada de Sicilia, había tenido lugar uno de los fiascos más estrepitosos de toda la guerra. Un total de 1900 paracaidistas norteamericanos, pertenecientes a la 82º División Aerotransportada, iban a ser lanzados tras las líneas alemanas para facilitar el avance hacia el interior de la isla. Si el tópico habla de las crónicas de los desastres anunciados, ésta sería una de ellas.

El punto más importante de la operación era advertir a los hombres que se encontraban en las playas de que por encima de sus cabezas iba a pasar esa fuerza aerotransportada, pero ese aspecto crucial se descuidó. Así, se tomó la decisión de realizar la misión por la noche, cuando era más difícil identificar los aparatos, en lugar de seguir el consejo de los expertos de efectuar el lanzamiento a la luz del día.

Además, el aviso a las tropas de tierra de que se llevaría a cabo la operación, pese a que estaba firmado por el general George Patton desde las 8:45 horas de la mañana, no fue enviado hasta las 16:40 horas, debido a una inoportuna congestión en la sala de transmisiones. Pese a su importancia crucial, a nadie se le había ocurrido ponerle un sello de prioridad. Por si fuera poco, como el aviso se envió codificado, muchas unidades tardaron un tiempo precioso en conocer el contenido del mensaje. A las embarcaciones más pequeñas ni siquiera les llegaría la advertencia.

Sobre las ocho de la tarde, el mando aliado se olió el desastre que se avecinaba, por lo que intentó abortar la misión, pero ya era tarde. No se podía contactar por radio con los aviones con paracaidistas, puesto que ya habían despegado. Al caer la noche, aun había miles de hombres que desconocían que se iba a lanzar la operación. Los astros parecían haberse alineado para que la catástrofe se abriera paso, ya que a las 21:50 se produjo una incursión aérea germana particularmente violenta. Con los nervios a flor de piel, los artilleros de las baterías antiaéreas ya quedaban dispuestos a disparar a todo lo que les sobrevolase.

Cuando los primeros aviones de transporte C-47 pasaron sobre la línea del frente, a las 22:40 horas, comenzaron a ser disparados por la artillería antiaérea aliada e incluso por la naval. Entonces se produjo el efecto contagio y todo el mundo comenzó a disparar también contra los aviones. Incluso las tripulaciones de los tanques les disparaban con sus ametralladoras. Los paracaidistas que cayeron al agua fueron acribillados desde los barcos. Un teniente recibió un disparo en la cara tras alcanzar la playa a nado.

Las balas aliadas derribaron 23 aviones y ocasionaron daños a otros 37. Para colmo, el santo y seña de los paracaidistas (Ulysses/Grant) no coincidía con el que esa noche tenían las tropas de tierra (Piensa/Rápido), por lo que algunos hombres murieron en tierra a manos de sus compatriotas, convencidos de que eran paracaidistas alemanes. El infortunado desastre se saldó con un total de 410 bajas, entre ellas 70 pilotos y 81 paracaidistas muertos.

A la mañana siguiente estaba prevista la visita de Eisenhower a la cabeza de playa. Increíblemente, al comandante supremo de las fuerzas aliadas se le consiguió ocultar a lo largo de toda la jornada el desastre sufrido la noche anterior. Aunque charló con decenas de oficiales y asistió a una reunión informativa con Patton, todos supieron mantener la boca cerrada sobre lo sucedido. No sería hasta última hora de la noche cuando Eisenhower se enteró de la calamidad padecida por la 82ª División Aerotransportada, montando en cólera de inmediato, no sabemos si por el propio desastre o porque lo habían mantenido engañado durante todo el día.

Enfurecido, Eisenhower dictó un mensaje en el que constataba que se había producido «un descuido y una negligencia inexcusables por parte de alguien». Aunque se mostró muy crítico con Patton por la planificación de la operación, encargó precisamente a él «una investigación exhaustiva con el fin de aclarar las responsabilidades». Como era de prever, nunca se culparía formalmente a nadie del desastre. El Pentágono mantuvo el incidente en secreto hasta muchos meses después de que acabara la campaña de Sicilia.

LA MUERTE VISTE DE AMARILLO

Para evitar que las tropas aliadas fueran bombardeadas por la propia aviación, se estableció un sistema de identificación sencillo y aparentemente inequívoco. Para alertar de su posición, las tropas de tierra utilizaban bengalas y botes de humo de un color determinado. Aunque normalmente ese sistema funcionaba, era inevitable que, en ocasiones, se produjesen confusiones, lo que acarreaba siempre funestas consecuencias.

Durante la invasión de Sicilia, una columna de tanques del general norteamericano Omar Bradley fue atacada por aviones estadounidenses. Las tripulaciones emplearon botes de humo amarillo para identificarse como tropas aliadas, tal como se había establecido, pero los aviones siguieron atacando, lo que obligó a responder; uno de los aparatos fue derribado por el disparo de un tanque. El piloto de ese avión se lanzó en paracaídas y fue llevado ante un furioso Bradley, que le espetó toda clase de insultos. Cuando el general le preguntó por qué habían seguido disparando pese al humo amarillo que les identificaba como amigos, el piloto se quedó perplejo y balbuceó: «¡Oh!, eso es lo que significaba el color amarillo…».

Los que aseguran que el color amarillo atrae la mala suerte deben tener razón, a tenor de lo que ocurriría un año más tarde en Normandía. Las tropas canadienses y polacas tenían establecido que las granadas de humo de color amarillo identificaban las posiciones amigas para alertar así de su posición a la propia aviación y evitar ser atacadas. Aunque resulte increíble, ni la aviación norteamericana ni británica conocían esa clave, y no sólo eso, sino que tenían precisamente el color amarillo como marcador de sus objetivos. El lector ya podrá imaginar las consecuencias de esa fatal coincidencia.

El 8 de agosto de 1944, un escuadrón de bombarderos norteamericanos B-17 debía atacar a los alemanes al sur de Caen, utilizando también bengalas amarillas como marcadores. Los soldados canadienses y polacos trataron de alertarles de su presencia con granadas de humo amarillo, pero lo que consiguieron fue convertirse en objetivo de las bombas norteamericanas. El resultado: 315 bajas aliadas por fuego amigo.

Pero la tragedia y la incompetencia no acabarían ahí. Tan sólo diez días más tarde, durante los combates en la Bolsa de Falaise, también en Normandía, 811 bombarderos británicos atacaron las posiciones alemanas. Los soldados canadienses y polacos encendieron botes de humo amarillo para evitar ser objetivo de las bombas, pero también atrajeron el fuego sobre ellos. Como es lógico, cuantas más granadas de humo amarillo encendían los desesperados soldados, los bombarderos de la RAF les atacaban con más ahínco. El balance fue de otros 391 hombres muertos o heridos.

De todos modos, no había que echar toda la culpa al

humo amarillo. Los Aliados también podían masacrar a sus propias tropas simplemente debido a la deficiente planificación de los bombardeos. Eso fue lo que había ocurrido el 25 de julio de 1944 durante la Operación Cobra, cuyo objetivo era romper la resistencia germana que impedía que las tropas desembarcadas en Normandía avanzasen hacia el interior. En lugar de planear un bombardeo en paralelo a la línea de frente, lanzando las bombas sobre el lado en el que se encontraban los alemanes, los norteamericanos lo hicieron en perpendicular, por lo que muchas bombas cayeron antes de rebasar esa línea, debido al viento y las nubes bajas que dificultaban la visibilidad. La consecuencia fue que hubo que lamentar 25 muertos y 131 heridos. Para más inri, pese a que esa táctica se había demostrado trágicamente errónea, al día siguiente se repitió el bombardeo siguiendo el mismo diseño, incluyendo además bombas de fósforo y napalm. A consecuencia de ese nuevo raid, 111 murieron —incluido un general— y 490 resultaron heridos.

Si algo está claro es que la mala suerte se cebó con las tropas canadienses y polacas que combatían en Normandía. El 8 de agosto de 1944, bombarderos pesados norteamericanos lanzarían sus bombas por error sobre los cuarteles generales de la 3ª División Canadiense de Infantería y la 1ª División Blindada Polaca, segando la vida de 65 hombres y dejando heridos a otros 250.

EL PUENTE DE ALLERONA

Los prisioneros de guerra podían convertirse también en víctimas del fuego amigo. El 16 de mayo de 1943, los bombarderos británicos lograron reventar tres presas para provocar inundaciones en la cuenca del Ruhr, en la acción denominada Operación Chastise. El bombardeo de precisión liberó unos 330 millones de litros de agua, que destrozaron puentes, líneas férreas, casas y fábricas. La falta de un sistema de alarma ante una posible rotura de las presas dificultó el aviso a la población civil para que pudiera ponerse a salvo. De las aproximadamente 1300 personas que murieron a consecuencia de la repentina avenida de agua, 749 eran prisioneros de guerra y trabajadores franceses, belgas, holandeses y ucranianos.

El 28 de enero de 1944 los prisioneros de guerra aliados sufrieron también las consecuencias del fuego amigo. El suceso ocurriría en Italia, en la región de Umbria, cuando un tren se dirigía hacia el norte con un millar de prisioneros británicos, norteamericanos y sudafricanos encerrados en vagones de ganado. Habían sido capturados en diferentes campañas, desde Túnez a Anzio. Estaban siendo trasladados desde Roma a un campo de confinamiento en Múnich cuando el tren fue atacado por la aviación aliada. El objetivo era el puente de Allerona, por el que pasaba en ese momento. Las bombas arrojadas por los veintiocho aviones norteamericanos B-26 que participaron en el ataque destruyeron dieciséis vagones cargados de prisioneros. La mitad de esos vagones acabó precipitándose al río, mientras que otros quedaron suspendidos entre los arcos semiderruidos del puente. Se desconoce el número de muertos, entre un mínimo de trescientos y un máximo de seiscientos, con lo que sería el incidente de fuego amigo más grave de toda la contienda.

Aunque en el informe oficial sobre el bombardeo del puente sólo se hablaba del «éxito» de la operación y no aparecía ninguna referencia a los prisioneros, se sabe con toda seguridad que a partir del 14 de febrero los Aliados conocían perfectamente lo que había ocurrido, aunque por motivos obvios prefirieron mantenerlo en secreto. En 1996, el gobierno norteamericano desclasificó una comunicación de Churchill a Roosevelt en la que se le informaba de que se había descifrado un mensaje alemán transmitido mediante la máquina Enigma. En él se daban los detalles antes referidos del ataque. Además, se indicaba que las bombas de efecto retardado dificultaron las labores de rescate de los supervivientes, por lo que muchos que habían quedado malheridos habían acabado muriendo. Según los alemanes, medio millar de prisioneros, la mayoría británicos, había fallecido en el ataque. En la comunicación, Churchill aclaraba que consideraba el hecho como un lamentable accidente y que no era su intención reclamar una disculpa o reparación. Igualmente, el primer ministro británico indicaba que la información debía permanecer en secreto, por lo que Roosevelt únicamente debía compartirla con el máximo responsable del ejército norteamericano, el general George Marshall, así como con la cúspide de los servicios de inteligencia, pero que no debía ser filtrada a los escalones inferiores.

No obstante, la representación diplomática de Gran Bretaña en Berna pediría el 13 de abril de 1944 al Departamento Federal de Asuntos Exteriores de Suiza que realizase discretas averiguaciones ante el Ministerio de Asuntos Exteriores alemán para saber lo que había ocurrido con los prisioneros de guerra que viajaban en aquel tren. Sobre estas gestiones, sólo se sabe que los alemanes no acusaron recibo del telegrama que les enviaron los suizos hasta cuatro meses después de cursado éste, lo que denota su escaso interés en proporcionar esa información.

Mientras tanto, los datos que los Aliados iban recopilando sobre el balance de víctimas y el estado y localización de los supervivientes eran fragmentarios. Una fuente de información eran los prisioneros que habían escapado del tren en medio de la confusión provocada por el ataque y que habían logrado llegar hasta las filas aliadas.

El 22 de junio de 1944, el avance aliado rebasó Allerona, pero lo que allí se encontraron no sirvió para determinar el número de bajas. Unos tres centenares de prisioneros que habían resultado muertos en el ataque habían sido enterrados allí mismo, en los cráteres dejados por las bombas, pero una crecida del río había arrastrado cualquier evidencia de las improvisadas tumbas. En el cementerio de la localidad más cercana, Orvieto, sí que se pudieron encontrar los cuerpos de tres prisioneros que habían muerto en el hospital local, al que habían sido trasladados para ser tratados de las heridas sufridas en el ataque. La Cruz Roja Internacional también se encargaría, por encargo de los Aliados, de recopilar información entre los supervivientes que se encontraban en los campos de prisioneros en Alemania. Tras la guerra continuarían las investigaciones, siempre de carácter confidencial, que serían llevadas a cabo por las autoridades militares británicas, norteamericanas y sudafricanas. Los prisioneros que habían estado confinados en Alemania serían interrogados al llegar a sus países de origen.

Gracias a los testimonios de los supervivientes se pudo reconstruir lo sucedido aquel día. El ataque al puente se inició cuando parte del tren se encontraba ya sobre el mismo. Una de las bombas inutilizó la locomotora, inmovilizando el tren. En ese momento, los soldados alemanes y el personal ferroviario lo abandonaron precipitadamente, tratando de ponerse a cubierto en las colinas que había junto al puente. Por su parte, los prisioneros quedaron atrapados en el interior de los vagones, sin capacidad de escapatoria, mientras tenía lugar el ataque.

Ese hecho fue estudiado detenidamente por los norteamericanos, para ver si la actitud de los guardias germanos podía ser constitutiva de crimen de guerra. La dificultad para identificar a los alemanes encargados de custodiar el tren y de atribuirles una intención criminal, así como el hecho de que, en todo caso, los prisioneros de guerra habían muerto víctimas de bombas aliadas, aconsejaba cerrar prudentemente el caso. El carpetazo final se produciría el 21 de febrero de 1947, sin que se hubieran acabado de despejar las incógnitas que aún existían sobre el número de víctimas, el de heridos o el destino de los que lograron escapar.

A partir de entonces, aquel suceso dramático se mantendría en secreto. No sería hasta medio siglo más tarde cuando, gracias al testimonio de los prisioneros supervivientes y los civiles italianos, y al trabajo de investigación de los historiadores locales, comenzarían a revelarse los detalles del terrible episodio.

El 28 de enero de 2012, coincidiendo con el 68º aniversario del incidente, llegaría un cierto reconocimiento de la tragedia, con la inauguración de un monumento en recuerdo de las víctimas, un homenaje impulsado por un veterano de guerra norteamericano que había combatido en Anzio. Aparte de ese memorial, poco queda que recuerde aquella tragedia, ya que tras el ataque se procedió a la demolición del puente y se reconstruyó en otro emplazamiento. Del viaducto original tan sólo queda la base de los arcos.

Pero hay otros vestigios que periódicamente van apareciendo; son restos de los cuerpos que fueron enterrados en el cauce del río y que afloran a la superficie cuando éste está seco, además de los objetos personales que las víctimas llevaban consigo cuando perecieron en el ataque aéreo.

LOS «BARCOS INFERNALES»

Durante la guerra, los japoneses trasladaron a miles de prisioneros de guerra desde Filipinas, Hong Kong o Singapur a campos de trabajo en Japón, Corea o Manchuria. Ese traslado se hizo en barcos prisión que no disponían de unas condiciones mínimas de alojamiento.

Los prisioneros debían viajar hacinados en bodegas de carga sin luz ni ventilación, a menudo sin ni siquiera disponer de agua ni comida, en trayectos que podían durar varias semanas. Las situaciones dramáticas que se vivieron en aquellas siniestras bodegas parecen extraídas de una película de terror. Por ejemplo, la acuciante sed llevó a la locura a algunos hombres, que acababan matando a sus compañeros para beber su sangre. Esos buques serían conocidos por los japoneses como *Jigoku sen* o «barcos infernales».

Los prisioneros que se veían confinados en esas bodegas podían morir asfixiados, por hambre, sed... o por las bombas aliadas. Eso es lo que ocurrió, al menos, en veintidós ocasiones a lo largo de la contienda.

La dificultad de saber si en un carguero viajaban prisioneros de guerra hizo que esos terribles episodios, tal como se ha apuntado, fueran tristemente frecuentes. En ese listado figura, por ejemplo, el caso del *Lisbon Maru*. El 25 de septiembre de 1942 zarpó de Hong Kong rumbo a Japón, cargado con 1816 prisioneros británicos que habían sido capturados nueve meses antes, tras la caída de la colonia. El 1 de octubre, cuando navegaba al sudoeste de Shanghái, recibió el impacto de un torpedo disparado por el submarino norteamericano *Grouper*. El *Lisbon Maru* quedó muy dañado, por lo que la tripulación japonesa fue rescatada por los barcos de escolta, mientras que a los prisioneros no se les permitió abandonar el buque. Así estuvo el barco durante veintiséis horas. Cuando comenzó a hundirse, los prisioneros salieron de las bodegas y se lanzaron al agua. Como los japoneses no hicieron ningún intento de rescatarlos, trataron de dirigirse nadando hacia unos islotes cercanos. Fue entonces cuando los japoneses comenzaron a dispararles. Finalmente, decidieron proceder a su rescate. En total, 825 prisioneros murieron a consecuencia del ataque.

El 29 de noviembre de 1943 ocurrió otro de estos desgraciados incidentes, cuando el *Suez Maru* fue torpedeado por el submarino norteamericano USS

Bonefish. El buque había zarpado tres días antes de la isla de Ambón rumbo a la de Java, con 415 prisioneros británicos y 133 holandeses. A consecuencia del ataque, aproximadamente la mitad de los prisioneros se ahogaron, al quedar atrapados en las bodegas en las que estaban confinados, pero unos doscientos de ellos lograron saltar al agua. Un dragaminas japonés acudió al rescate, pero sólo recogió a los supervivientes nipones. Una vez rescatados, el capitán del dragaminas ordenó ametrallar a los prisioneros que todavía trataban de mantenerse a flote. Murieron todos.

El 24 de junio de 1944 sería otra fecha trágica en la historia de los *Jigoku sen*. El *Tamahoko Maru* había zarpado de Kaohsiung, en la isla de Formosa —la actual Taiwán— para llevar a Japón 281 prisioneros de guerra holandeses, 258 australianos, 197 británicos y 42 norteamericanos. Cuando se estaba aproximando a las costas niponas, fue torpedeado por el submarino USS *Tang*. A resultas del ataque, el barco se hundió en apenas dos minutos. Aun así, hubo tiempo para que más de dos centenares de prisioneros pudieran saltar al agua. Los barcos de escolta del convoy del que formaba parte el *Tamahoko Maru*, una vez rescatados los supervivientes japoneses, continuaron su camino. A la mañana siguiente acudió un ballenero, que rescató a los 212 prisioneros que seguían vivos. Fueron trasladados a un campo de prisioneros en Japón.

En el capítulo de barcos infernales hundidos por fuego amigo destaca una jornada negra, la del 12 de septiembre de 1944. Ese día, un convoy de buques nipones estaba atravesando el estrecho de Luzón en su ruta entre Singapur y Formosa. En el convoy iban dos de estos barcos-prisión, el *Kachidoki Maru* y el *Rakuyo Maru*, con 951 y 1316 prisioneros de guerra respectivamente, la mayoría británicos y australianos. En el estrecho les esperaban tres submarinos norteamericanos: el *Growler*, el *Pampanito* y el *Sealion*.

El *Kachidoki Maru* fue torpedeado por el sumergible con el nombre más simpático, el *Pampanito*, aunque seguramente no lo encontrarían tan gracioso los 431 prisioneros que fallecieron en el hundimiento. En cuanto al *Rayuko Maru*, éste recibió los torpedos del *Sealion*, llevándose al fondo del mar unos 800 prisioneros. El resto logró sobrevivir al ataque en botes salvavidas y balsas improvisadas, pero un barco japonés se dedicó a dispararles para impedir que pudieran llegar a tierra. Cuando los submarinos norteamericanos supieron más tarde lo que había ocurrido, regresaron al lugar del ataque y consiguieron rescatar a 149 prisioneros.

Aquella jornada luctuosa no sería un hecho aislado. Otros tres días contribuirían a lo que sería un auténtico septiembre negro. El 7 de septiembre, el *Shinyo Maru* fue atacado en la costa de Mindanao por el submarino norteamericano *Paddle*, después de que se interceptara un mensaje que hacía suponer que transportaba 750 soldados japoneses. En realidad, en sus bodegas había 750 prisioneros de guerra estadounidenses, de los que 688 morirían al hundirse el buque; si en otros casos esos desastres se debían al infortunio, en este caso tuvo más que ver la incompetencia, ya que más tarde se sabría que se había cometido un error fatal a la hora de transmitir por radio el mensaje original, en el que precisamente se advertía de que esos 750 hombres que iban a bordo eran prisioneros de guerra.

En las hojas del calendario de aquel septiembre de 1944 habría que anotar el caso de fuego amigo contra un barco infernal que provocó más víctimas. El *Junyo Maru* era un carguero en el que los japoneses trasladaban prisioneros desde Batavia —la actual capital de Indonesia, Jakarta— a Padang, en Sumatra, para trabajar en el tendido de una línea de ferrocarril. En él viajaban 1377 prisioneros de guerra holandeses, 64 británicos y australianos, y 8 norteamericanos, además de unos 4200 trabajadores forzados javaneses.

El 18 de septiembre, cuando el *Junyo Maru* se encontraba frente a las costas de Sumatra, fue torpedeado por el submarino británico HMS *Tradewind*, que creía que se trataba de un transporte de tropas, al ver que iba escoltado. Como sólo había chalecos salvavidas para la tripulación y los guardias, y además el barco contaba únicamente con dos botes salvavidas, el desastre estaba servido. Tras el impacto de dos de los cuatro torpedos disparados por el sumergible, el *Junyo Maru* empezó a hundirse de popa. Los prisioneros más afortunados consiguieron saltar al agua, pero la mayoría quedaron atrapados en las bodegas. Después de que los buques de escolta rescatasen a los miembros de la tripulación y los guardias, recogieron del agua a unos 680 prisioneros de guerra y dos centenares de trabajadores indonesios, que continuarían viaje hacia Padang. El *Tradewind* abandonó el lugar del hundimiento sin saber la tragedia que había provocado su ataque.

Para completar ese fatídico mes, el 21 de septiembre tuvo lugar el hundimiento del *Hofuku Maru*, cuando navegaba entre Filipinas y Japón. Este otro barco infernal fue atacado por la aviación norteamericana;

de los 1289 prisioneros británicos y holandeses que transportaba, 1047 murieron en la acción.

Si al lector le ha parecido demasiado prolijo y reiterativo este listado de catástrofes, con esos redundantes *Marus* y esas repetitivas cifras de prisioneros muertos, tendrá que tratar de ponerse en la piel de los jefes militares a cuyas mesas llegaban esos espeluznantes informes, un día tras otro. Sin duda, era necesario poseer un temple y una sangre fría fuera de lo común para asimilar esas tragedias y, sobre todo, ordenar que continuaran esos ataques sistemáticos contra los mercantes nipones, pese al riesgo de que en sus bodegas estuvieran confinados sufrientes compatriotas. Esa persistencia demuestra que, para los norteamericanos, la derrota japonesa estaba por encima de cualquier otra consideración, por terrible que pudiera ser.

Los ataques aliados que provocaron muertes entre los prisioneros de guerra no se limitarían al mar. El 24 de abril de 1945, aviones de la RAF bombardearon el edificio de una prisión en la capital birmana, Rangún, creyendo que alojaba un centro de mando japonés. En realidad, el edificio no era utilizado por los nipones como cuartel general, sino para confinar a centenares de prisioneros de guerra. El ataque costaría la vida a treinta de ellos.

TRAGEDIAS NAVALES

En Europa, los Aliados cometieron también trágicos errores que supondrían la muerte de miles de refugiados o prisioneros de guerra. Uno de los más destacados sería el que tendría como protagonista un barco griego destinado al transporte de ganado, el *Struma*, que el 12 de diciembre de 1941 partió del puerto rumano de Constanza con rumbo a Palestina. En él viajaban hacinados 782 refugiados judíos que trataban de escapar de una muerte segura si caían en manos de los nazis.

Antes de proseguir viaje hacia Palestina, entonces bajo administración británica, el *Struma* debía hacer una breve escala en Estambul, para que los refugiados recogiesen sus certificados de inmigración. Sin embargo, se trataba de un engaño promovido por los que les habían vendido los pasajes a precio de oro. En realidad, los británicos no tenían ninguna intención de dejarles entrar en Palestina, por lo que estaban decididos a bloquear su paso por el estrecho de los Dardanelos. Los turcos, por su parte, tampoco estaban dispuestos a permitirles desembarcar en su país. Hubo un intento conjunto de turcos y británicos para que el barco fuera enviado de vuelta a Rumania, pero el gobierno de Bucarest no quería saber nada del asunto.

La situación pasó a ser dramática para los refugiados del *Struma*. El motor del barco estaba averiado, y apenas había agua y comida. Finalmente, los turcos decidieron remolcarlo para alejarlo de la costa. Después de permanecer tan sólo dos horas a la deriva, en la mañana del 24 de febrero de 1942, hubo una gran explosión y el *Struma* se hundió. Hubo supervivientes, pero los turcos no mandarían botes salvavidas hasta la mañana siguiente. Tan sólo encontraron vivo a un joven refugiado de diecinueve años, que había podido subirse a una puerta de madera. Todos los demás habían muerto ahogados o por hipotermia.

Durante dos décadas se pensó que el *Struma* había

sido torpedeado por un submarino alemán. Pero en 1964 comenzaron a surgir indicios de que en realidad había sido atacado por el submarino soviético SC-213, quien tenía órdenes de hundir cualquier barco que navegase por el mar Negro sospechoso de abastecer a los alemanes. La apertura de los archivos soviéticos en la década de los noventa confirmaría la autoría soviética del hundimiento del *Struma*.

A punto de finalizar la guerra se dio otra desgraciada confusión que supuso la muerte de unos 7500 prisioneros confinados en barcos-prisión germanos. El hecho tuvo lugar el 3 de mayo de 1945, en la bahía de Lübeck, en el norte de Alemania. Allí se encontraban fondeados cuatro buques, el *Cap Arcona*, el *Thielbeck*, el *Athen* y el *Deutschland*, un barco hospital. Al puerto de Lübeck habían sido conducidos los prisioneros supervivientes de los campos de concentración de Neuengamme, en las proximidades de Hamburgo, Mittelbau-Dora, en Turingia, y Stutthof, en Pomerania. El *Athen* se dedicó durante varios días a trasladar prisioneros al *Cap Arcona*, anclado a 4 kilómetros de la costa; al parecer, el plan era torpedearlo para que se hundiese, arrastrando al fondo del mar las pruebas vivientes del horror de los campos de concentración. Pero no fue necesario que los alemanes consumasen su crimen hundiendo el *Cap Arcona*, ya que de eso se encargaría la aviación británica.

El *Cap Arcona* y los otros buques fueron el objetivo de los cazabombarderos Hawker Typhoon y los cohetes con los que estaban dotados. Aunque los deportados trataron de advertir desesperadamente a los pilotos de que estaban allí, no lograron detener el ataque. El barco se incendió y se hundió. Los prisioneros que habían podido saltar al agua serían ametrallados sin piedad por los pilotos británicos, cumpliendo así con las órdenes expresas que habían recibido. De los 4500 prisioneros que había en el barco, sólo sobrevivieron 316.

Minutos más tarde le tocó el turno al *Thielbeck*. Aunque los prisioneros extendieron una bandera blanca, el barco fue igualmente atacado. Sólo sobrevivieron medio centenar de los casi 3000 que estaban a bordo. Los más afortunados fueron los 1800 prisioneros del *Deutschland*, que pudieron ser transferidos al *Athen* antes de hundirse. Para colmo de males, unos 400 prisioneros que habían logrado llegar nadando hasta la orilla serían asesinados fríamente por tropas de las *Waffen* SS, ayudados por miembros fanáticos de las Juventudes Hitlerianas. Durante décadas, restos humanos siguieron llegando a la costa. El último, un cráneo, apareció en la orilla en 1971.

La tragedia de la bahía de Lübeck se convertiría para los británicos en un tema tabú, quienes nunca se referirían de forma oficial a la acción que había supuesto la muerte de 7500 prisioneros de campos de concentración. Al parecer, los británicos poseían indicios del carácter de barco-prisión de los buques, proporcionados el día anterior por un avión de reconocimiento, pero pudo más el deseo de proporcionar experiencia en combate a los pilotos de la RAF antes de que el conflicto llegase a su fin. Las incógnitas que rodean este lamentable suceso quizás se despejen cuando se lleve a cabo la desclasificación de los documentos de la operación, prevista para el año 2045.

La campana del *Cap Arcona* está expuesta desde 1995 en el museo permanente del campo de concentración

La campana del Cap Arcona se conserva en el museo del campo de concentración de Neuengamme como testimonio mudo de su hundimiento por aviones británicos. Foto del autor, diciembre 2016.

de Neuengamme. La compañía naviera Hamburg Süd, propietaria del buque, la cedió a ese museo después de que fuera recuperada.

No era la primera vez que los Hawker Typhoon británicos protagonizaban un incidente de fuego amigo. En agosto de 1944, durante la batalla de Normandía, atacaron por error a las martirizadas fuerzas canadienses y polacas, causando varias bajas, y también dispararon cohetes contra un grupo de tanques norteamericanos Sherman, aunque sólo hubo que lamentar dos heridos. Un nuevo incidente se produjo el 13 de agosto, cuando doce soldados británicos murieron y otros veinticinco resultaron heridos al ser atacados con cohetes y fuego de ametralladora cerca de La Villette, Calvados. Los canadienses volverían a convertirse en víctimas de los Hawker Typhoon el 12 de septiembre, en Maldegem, Bélgica, cuando tres soldados murieron y otros cuatro fueron heridos en un ataque con cohetes a los tanques en los que servían.

El episodio más grave ocurriría el 19 de abril de 1945, cuando una columna de prisioneros de guerra aliados que era conducida hacia el interior de Alemania fue confundida con tropas germanas en retirada por una escuadrilla de Hawker Typhoon. El consecuente ataque de los aviones británicos dejó un saldo de treinta muertos y otros treinta heridos.

Los Hawker Typhoon también se vieron involucrados en incidentes de este tipo acaecidos en el mar. El 27 de agosto de 1944, una flotilla de cuatro dragaminas que operaba cerca del puerto francés de Le Havre fue atacada por Hawker Typhoon. Aunque los barcos enviaron todo tipo de señales para advertir que eran británicos, el ataque continuó. El *Britomart* y el *Hussar* recibieron impactos directos de cohete y se hundieron. Los otros dos, el *Salamander* y el *Jason*, sufrieron importantes daños.

En total murieron 117 marineros en esa acción de Le Havre. No obstante, la investigación secreta posterior exculpó a los Hawker Typhoon, dictaminando que la culpa había sido de la Royal Navy, al haber solicitado un ataque aéreo en la zona en la que se hallaban los dragaminas. La información se mantendría clasificada hasta 1994.

EL BOMBARDEO DE PARÍS

Otros incidentes de fuego amigo protagonizados por los Aliados cobraron la forma de lo que más tarde se denominaría «daños colaterales». Un ejemplo sería la campaña de bombardeos que se llevó a cabo en Francia durante los preparativos para el desembarco de Normandía contra los principales nudos de comunicaciones ferroviarias, para impedir que los alemanes pudieran enviar refuerzos por vía férrea cuando se lanzase la invasión.

El territorio galo ya había sido objetivo de los bombarderos aliados desde que cayese en poder de los alemanes en junio de 1940. La potente industria francesa había sido puesta al servicio del Tercer Reich; desde mediados de 1942, los Aliados trataban de obstaculizar esa producción arrojando bombas sobre las factorías, lo que ya había causado víctimas civiles. En septiembre de 1943, 1247 franceses habían muerto en el bombardeo de la ciudad industrial de Nantes.

Pero ahora, con la vista puesta en el desembarco que debía tener lugar en junio de 1944, había que lanzar una vasta y ambiciosa campaña que debía destruir el sistema de comunicaciones ferroviarias del país galo. Esa campaña no se aprobaría sin división de opiniones en el mando aliado. Churchill y Roosevelt eran partidarios de afrontar los riesgos y las críticas que podía conllevar una ofensiva aérea que, a buen seguro, iba a provocar víctimas civiles, ya que los grandes nudos ferroviarios se encontraban en áreas habitadas, pero que podía ser el factor decisivo para el éxito del desembarco. En cambio, el jefe del mando británico de bombarderos, Arthur Harris, y el jefe de la fuerza aérea estadounidense, Carl Spaatz, concentrados en el bombardeo de Alemania, no estaban dispuestos a desviar recursos para actuar sobre Francia. Finalmente, pudo más el criterio de los líderes políticos aliados; el territorio francés se convertiría a partir de marzo de 1944 en objetivo de los bombarderos aliados.

Los primeros ataques contra las infraestructuras ferroviarias francesas fueron lo suficientemente quirúrgicas para evitar que la población civil sufriese daños. Pero era sólo cuestión de tiempo que llegase la tragedia. En pleno casco urbano de París, en el norte de la ciudad, se hallaba el nudo de comunicaciones de la estación de mercancías de La Chapelle, a través de la cual pasaba el tráfico ferroviario que se dirigía hacia Normandía. Su destrucción dificultaría mucho que los alemanes pudieran enviar refuerzos desde la capital francesa cuando se pusiera en marcha la invasión. La RAF sería la encargada de arrasarlo.

La noche del 20 al 21 de abril de 1944, los bombarderos británicos lanzaron el ataque. En él participarían 22 bombarderos rápidos Mosquito, encargados de señalizar el objetivo, y la friolera de 247 bombarderos pesados Avro Lancaster. Cuando pasaban cinco minutos de las doce de la noche comenzaron a caer las primeras bombas. El ataque se prolongaría a lo largo de dos horas y cuarto. Los cañones antiaéreos derribaron a 7 Lancaster, lo que costó la vida a 44 aviadores.

Los pilotos hicieron un esfuerzo por concentrar el bombardeo sobre la zona del objetivo, un propósito que se cumplió aceptablemente, ya que de las 2000 bombas arrojadas, 1800 cayeron sobre el área delimitada. No obstante, esas 200 bombas que impactaron fuera del nudo de comunicaciones causaron graves daños entre los habitantes de los barrios de Porte de la Chapelle y La Plaine-Saint Denis. Incluso llegaron a caer 13 bombas cerca de la basílica del Sacré-Coeur. El bombardeo de París provocó la muerte de entre 641 y 670 civiles, y heridas a otros 377.

Desde el punto de vista militar, la operación fue un éxito. Los alemanes ya no podrían utilizar más la estación de La Chapelle. De hecho, ésta no se acabaría de reconstruir hasta 1952. Desde Francia se elevarían airadas quejas a Londres sobre el precio que los parisinos habían tenido que pagar por la inutilización de la estación. Por ejemplo, el tristemente célebre devastador bombardeo que los alemanes habían lanzado sobre Conventry el 14 de noviembre de 1940 había causado menos víctimas mortales, 554, que la operación de la RAF sobre París.

Pero los Aliados no cejarían en su empeño en garantizar que la invasión del continente fuese un éxito, aunque para ello hubiera que poner en riesgo la vida de inocentes. En los meses siguientes seguiría subiendo el contador de víctimas colaterales. Entre el 19 y el 23 de mayo murieron 300 personas en Orleans por las bombas aliadas. El 26 de mayo hubo más de un millar de muertos en Saint-Étienne y 717 en Lyon. Al día siguiente los bombarderos aliados atacaron Sartrouville, un suburbio al norte de París, dejando una estela de 400 cadáveres. En esa misma jornada dejaron caer también sus bombas sobre Marsella, provocando la inaudita cifra de 1752 muertos, y sobre Aviñón, acabando con la vida de 525 de sus habitantes. La campaña de bombardeos se intensificaría en los días previos y posteriores al Día D, ya concentrados en la región normanda. Entre el 6 y el 7 de junio murieron 700 personas en Liseuz, 400 en Vire y un millar en Caen.

Pero los bombardeos sobre las ciudades francesas no se detendrían tras el éxito del desembarco. Entre el 5 y el 11 de septiembre de 1944, la ciudad portuaria de Le Havre sufriría una serie de ataques aéreos por parte de la RAF para desalojar a los ocupantes germanos, que destruirían más de 12000 edificios y acabarían con la vida de unos 5000 civiles. El objetivo del bombardeo, que supuso el lanzamiento de 10000 toneladas de explosivos, no está claro, ya que los alemanes ocupaban los puntos altos de la ciudad y las bombas fueron arrojadas sobre el centro histórico, que quedó completamente arrasado. En 1949, la ciudad fue condecorada con la Legión de Honor por «el heroísmo con el que había soportado la destrucción». En total, 68778 franceses murieron a consecuencia de los bombardeos aliados y 432000 casas quedaron destruidas. Ése fue el precio que Francia tuvo que pagar por su liberación.

Como hemos podido comprobar, el riesgo de perecer a manos de combatientes del propio bando fue una constante a lo largo de toda la Segunda Guerra

Mundial. Pese a todas las precauciones que se tomaron, siempre hubo un error, una confusión, un accidente o una fatalidad que llevó a que se produjesen esos hechos deplorables. Incluso los bombardeos atómicos de Hiroshima y Nagasaki, que pusieron fin a la contienda, provocarían la muerte de una veintena de prisioneros de guerra aliados que se encontraban confinados en esas ciudades. De ese modo, el fuego amigo, ese infortunio tan trágico como inevitable, se cobraba sus últimas víctimas.

CAPÍTULO 6.
EL FINAL DE LA GUERRA

El final de la Segunda Guerra Mundial es bien conocido. En el escenario europeo, la contienda concluyó con esa tragedia wagneriana que tuvo como escenario un Berlín en ruinas, y en el asiático, una apocalíptica hecatombe que llevó a los guerreros del Sol Naciente a arrojar por fin su espada.

Aunque parezca difícil encontrar episodios poco conocidos de ese último capítulo de la contienda, el lector podrá comprobar que todavía hay lugar para la sorpresa; desde una insólita batalla en un rincón de Europa cuando hacía semanas que las armas ya habían callado, a trágicas deportaciones de civiles cuando parecía que esas terribles escenas que habían avergonzado a la humanidad habían terminado con el final del conflicto.

Las muertes, el dolor y la desesperación no acabaron con la victoria aliada, sino que se extenderían dramáticamente durante varios meses, o incluso unos años más. La Segunda Guerra Mundial, para cientos de miles de personas, no acabó aquel 2 de septiembre de 1945.

EL ÚLTIMO CAMPO DE
BATALLA EUROPEO

Como el lector bien sabrá, la Segunda Guerra Mundial en Europa acabó el 7 de mayo de 1945. A las 2:41 horas de la madrugada de ese día, en el cuartel general aliado en la ciudad francesa de Reims, el general Alfred Jodl firmó la rendición de todas las fuerzas germanas. No obstante, en el acta se estipulaba que las operaciones activas cesarían a las 23.01 del 8 de mayo. De este modo, el mando alemán pretendía proporcionar algo más de tiempo a sus tropas para que siguieran huyendo hacia el oeste y evitar caer así en manos del Ejército Rojo, de quien no esperaban compasión.

Aunque los soviéticos estaban representados en Reims por el general Ivan Susloparov, quien firmó el acta de rendición, desde Moscú se anunció que él no tenía autoridad para rubricar aquel documento. La Unión Soviética había hecho el grueso del gasto para derrotar a Hitler, lo que incluía la vida de cerca de veinticuatro millones de compatriotas, por lo que exigió que los alemanes capitulasen también ante ellos. Ese acto final tendría lugar en Berlín antes de la medianoche del 8 de mayo. Como en ese momento, por la diferencia horaria, ya era 9 de mayo en Moscú, a partir de entonces se celebraría ese día la victoria soviética en la conocida como Gran Guerra Patria.

Con la rendición alemana, las armas callaron por fin en el Viejo Continente, que había quedado devastado por cinco años y ocho meses de lucha. Aun así, hubo algunos restos de la Wehrmacht que aún tardarían unos días en capitular, como sería el caso de las guarniciones de Lorient y Saint Nazaire, que los Aliados habían dejado aisladas en su avance por territorio francés, y que se rendirían el 10 y el 11 de mayo respectivamente. El 12 de mayo serían las tropas destinadas en Creta las que se entregarían a los vencedores, al igual que los cerca de 145 000 soldados que habían quedado aislados en la Bolsa de Curlandia, en Letonia.

Aunque en Europa volvía a respirarse la paz que había quedado rota aquel ya lejano 1 de septiembre de 1939 con la invasión de Polonia, las armas siguieron hablando en una pequeña isla holandesa, Texel, hasta el 20 de mayo de 1945, en lo que se denominaría como «el último campo de batalla europeo», un episodio que seguramente no encontrará en su libro de la Segunda Guerra Mundial.

BATALLÓN DE GEORGIANOS

Para conocer la naturaleza de la insólita batalla que tuvo lugar en la isla de Texel hay que remontarse a junio de

1943, cuando se formó en territorio polaco un batallón formado por prisioneros de guerra soviéticos de origen georgiano. A estos soldados se les dio la oportunidad de alistarse en el ejército alemán o permanecer confinados en los campos de prisioneros en unas condiciones terribles. Así, unos ochocientos georgianos accedieron a vestir el uniforme germano en el 822º Batallón de Infantería de la Legión Georgiana, (*Georgische Legion*) a la que se alistarían más de treinta mil hombres. El batallón fue destinado a la lucha antiguerrillera en el frente oriental.

A finales de agosto de 1944, el 822º fue enviado al oeste, quedando estacionado en la pequeña localidad holandesa de Zandvoort, a 10 kilómetros de Haarlem. Por esa época, las fuerzas aliadas habían rebasado ya París y se aprestaban al asalto del territorio del Reich. De hecho, el 17 de septiembre se lanzaría la Operación Market Garden, consistente en un rápido avance por territorio holandés para irrumpir en Alemania por el norte, atravesando el Bajo Rin, en lo que suponía un atrayente atajo que podía dejar finiquitada la guerra antes de Navidad. El fracaso de la operación por culpa de los errores de planificación del alto mando aliado y la inesperada resistencia alemana, que los servicios de información aliados no supieron prever, hizo que Holanda dejase de ser vista como la posible puerta de entrada trasera a Alemania. Aun así, a los georgianos se les encargó construir defensas y cavar fosos, en previsión de una nueva ofensiva aliada.

En febrero de 1945 se produjo en Zandvoort una explosión en un almacén de munición. Aunque probablemente se trató de un accidente, o quizás de un ataque de la resistencia holandesa —con quien parece ser que los georgianos mantenían por entonces contacto— los alemanes creyeron que podía tratarse de una acción de sabotaje de los propios georgianos, en quienes hacía tiempo que habían perdido la confianza.

Después de que Hitler se hubiera jugado su última carta en la fracasada ofensiva de las Ardenas de diciembre de 1944, ya sólo era cuestión de tiempo que los Aliados acabasen pasando por Holanda en su camino hacia Alemania. Los georgianos no tenían nada que ganar si seguían colaborando con los alemanes, más bien al contrario, y eso era algo que no se le escapaba a los teutones, que temían ser traicionados en cualquier momento.

LA ISLA DE TEXEL

Así pues, los alemanes decidieron trasladar al 822ª a Texel, la más grande de las Islas Frisias. Esta isla tiene unos 20 kilómetros de largo y 8 de ancho, y su extremo sur se encuentra apenas a 3 kilómetros de la costa holandesa. Se llega a ella mediante un transbordador. Su imagen más icónica es el faro de Eierland, situado en la punta septentrional de la isla; de 34 metros de altura y un llamativo color rojo, fue construido en 1863.

El nombre de la isla había pasado a los anales de la historia militar la noche del 21 de enero de 1795, cuando la flota holandesa, que se encontraba estacionada entre la costa y la isla, fue capturada por la caballería francesa. Ese inaudito hecho de armas pudo ocurrir porque, debido al intenso frío, las aguas estaban congeladas. Gracias a esa circunstancia, los franceses pudieron asaltar los barcos, después de cubrir con trapos los cascos de los caballos para que no hicieran ruido, y evitar así que despertasen a los marinos. Los holandeses perdieron 14 navíos armados con 850 cañones.

Texel, de perfil plano y con numerosas marismas, había sido ocupada por los alemanes en mayo de 1940, al igual que el resto de Holanda. La isla constituía un valiosísimo punto estratégico, ya que desde allí se protegía el acceso al puerto de Den Helder, a 65 kilómetros al norte de Ámsterdam. A comienzos del siglo XIX, cuando Holanda formaba parte del Imperio napoleónico, se construyó ese puerto como base naval. A partir de entonces, y hasta la actualidad, Den Helder ha sido el puerto base de la Armada Real holandesa.

Como los Aliados podían estar tentados de tomar el puerto para poner así un pie firme en el continente, los alemanes fortificaron Texel, integrándola en la línea defensiva del Muro del Atlántico que se extendía desde Noruega hasta la frontera española. Así pues, construyeron en la isla medio millar de búnkeres y emplazaron dos baterías costeras. La sólida presencia militar germana en Texel, al estar destinada allí una guarnición de unos dos mil hombres, hacía que fuera el lugar idóneo para que los georgianos, cuya fidelidad a la causa alemana estaba bajo sospecha, permaneciesen aislados y controlados en todo momento. En 1943 ya había estado confinado en Texel un batallón de soldados indios que luchaban en el ejército británico, y que habían sido hechos prisioneros en la campaña de África del Norte. Ante las terribles condiciones que los indios tuvieron que soportar en los recintos de la isla en los que quedaron confinados, todos ellos decidieron unirse al ejército germano para escapar de aquel infierno.

Con ese pésimo precedente llegaron los georgianos al que sería su lugar de internamiento. Para dificultar el que los georgianos pudieran encontrar apoyos entre la población holandesa de la isla, los alemanes extendieron el rumor de que se comportaban de manera salvaje, e incluso de que podían llegar al canibalismo. Pero los 752 georgianos que llegaron a la isla demostraron que esas calumnias no tenían ningún fundamento y, tras superarse el recelo inicial, confraternizaron con la población local. Los holandeses habían padecido durante ese invierno una terrible hambruna debido al saqueo sistemático de alimentos que llevaban a cabo los alemanes, por lo que sus simpatías se dirigieron hacia los georgianos, a los que consideraban unas víctimas más de la brutal dominación germana.

JEFE DEL BATALLÓN

A finales de marzo de 1945, ante la proximidad de las tropas aliadas y lo desesperado de la situación, comenzaron los preparativos para enviar a los georgianos al frente para tratar de retrasar una derrota que ya parecía inevitable. Así pues, les entregaron armas y les impartieron las consignas para la inminente lucha. Pero, como es natural, la perspectiva de morir por Hitler cuando Alemania estaba prácticamente derrotada no entusiasmaba a los georgianos, más preocupados por salvar el pellejo.

El jefe del batallón georgiano era Shalva Loladze, de 29 años, que estaba sirviendo en el Ejército Rojo al estallar la guerra. En 1942 era capitán de las fuerzas aéreas soviéticas. Su avión fue derribado sobre

Ucrania, pero sobrevivió y fue hecho prisionero por los alemanes. Loladze accedió a alistarse en la Legión Georgiana, alcanzando el grado de teniente. Durante la estancia de su batallón en Texel, Loladze tenía autorización, en consideración a su grado, para desplazarse libremente por Holanda.

A tenor del desmoronamiento a ojos vista de la maquinaria bélica germana, Loladze pudo inferir que en apenas unas semanas los alemanes habrían sido vencidos, por lo que resultaba imperativo desmarcarse de ellos lo más pronto posible si no querían sufrir las consecuencias de su colaboración. Había que tomar una decisión rápida o serían destinados al frente, en donde caerían o serían hechos prisioneros y enviados a un nuevo cautiverio. Mirando más allá, si los Aliados los entregaban después a los soviéticos, no podían hacerse ilusiones del destino que les esperaba después de haber vestido el uniforme alemán. La única opción para sobrevivir era rebelarse contra los alemanes y, de ese modo, ganarse la indulgencia de los vencedores. Loladze se mostró dispuesto a dirigir el levantamiento.

ESTALLA LA REBELIÓN

A la una de la madrugada del 6 de abril de 1945, tres bengalas se elevaron al cielo desde Den Burg, la localidad más importante de la isla. Era la señal acordada para que comenzara la rebelión. A partir de ese momento, los soldados georgianos desataron una auténtica noche de los cuchillos largos. Unos cuatrocientos alemanes fueron asesinados, muchos de ellos con armas blancas.

Los soldados alemanes fueron acuchillados mientras dormían en los mismos barracones que los georgianos, o cuando hacían guardia. Como ejemplo del encarnizamiento de la revuelta, los georgianos encerraron a dieciséis alemanes en el lugar en el que estaban durmiendo e incendiaron la casa; todos ellos perecieron.

Los georgianos estaban convencidos de que iban a ser apoyados por las fuerzas aliadas mediante un desembarco o el lanzamiento de paracaidistas. Para acelerar la llegada de los apoyos, en la noche del 8 de abril, cuatro georgianos, acompañados de diez civiles holandeses residentes en la isla, zarparon en un bote rumbo a Gran Bretaña, sin ser detectados por los alemanes. Tras un arriesgado viaje de veinticuatro horas, llegaron a la playa de Mundesley, en el condado de Norfolk. Después de presentarse ante la policía e informarles de la naturaleza de su misión, fueron llevados a Londres, en donde pudieron entrevistarse con la reina holandesa Guillermina, que se encontraba allí exiliada. La monarca se quedó vivamente impresionada por el relato del levantamiento en Texel, pero eso no sirvió para alterar los planes aliados.

La esperada ayuda de los Aliados nunca llegaría, para decepción de los georgianos, que quedarían abandonados a su suerte. Apenas se consiguió que la RAF efectuase un vuelo de reconocimiento sobre la isla, que no tuvo ninguna incidencia sobre el desarrollo de la revuelta. Si hubieran sabido que el mando aliado iba a limitarse a contemplar el levantamiento desde el aire, seguramente aquellos catorce hombres no se hubieran hecho a la mar.

Por su parte, los alemanes enviaron refuerzos a Texel para ahogar el amotinamiento en sangre. Los rebeldes se apoderaron de los depósitos de armas y munición, el aeródromo De Vlijt[17] e incluso el complejo de 49 búnkeres que constituía el cuartel general germano en la isla, conocido como Texla[18]. Pese a esos éxitos notables, los georgianos no lograron tomar las dos baterías de costa, tal como se habían propuesto como objetivo. Ese fracaso resultaría fatal, ya que los alemanes giraron los enormes cañones para castigar las posiciones georgianas, en especial el centro de mando Texla, que se convertiría también en el blanco de los disparos procedentes de las baterías del puerto de Den Helder. Ante la violencia del contraataque germano, los georgianos comenzaron a retroceder.

Los sublevados contaron con la colaboración de los civiles holandeses que residían en la isla, quienes les advertían de la presencia de soldados alemanes o les ofrecían refugio. Aunque los georgianos trataban de hacerse fuertes en algunos puntos, la misión era muy difícil ante las bregadas tropas alemanas. En una colina en la que los rebeldes resistieron a lo largo de varios días, la proporción acabó siendo de 20 atacantes por cada defensor. Al final, de los 115 georgianos que trataron de conservar la colina, tan sólo 8 sobrevivieron.

---

[17] El aeródromo De Vlijt acoge en la actualidad un modesto museo dedicado a la aviación, en el que se puede ver, por ejemplo, el motor de un bombardero B-17 derribado en 1943 sobre la isla. En el museo hay una sala dedicada a la rebelión de los georgianos, conocida por los holandeses como la *Russenoorlog*.

[18] Este complejo sería demolido poco después de acabada la Segunda Guerra Mundial, a excepción de dos búnkeres. Aunque permanecen en buen estado de conservación, se encuentran situados en una propiedad particular y no es posible visitarlos.

Los alemanes, furiosos por los asesinatos a sangre fría de sus compañeros, no tuvieron compasión de los georgianos capturados; tras ser obligados a cavar su propia tumba, eran despojados del uniforme que los identificaba como soldados de la Wehrmacht y ejecutados. El 25 de abril, el teniente Loladze cayó en combate; la rebelión se quedó sin su líder, pero no se detendría.

SIGUE LA LUCHA

El 5 de mayo de 1945 se produjo la capitulación alemana en Holanda y Dinamarca, y el 7 de mayo, tal como se ha referido, Alemania firmó la rendición incondicional, pero eso parecía no incumbir a las tropas germanas que seguían luchando en Texel. Allí continuaban los combates, con características de ajuste de cuentas por el bando alemán, y de mera supervivencia por los sublevados.

Muchos georgianos trataron de ocultarse en el campo o los canales, o recibieron ayuda de los habitantes de la isla, escondiéndose en sus casas. Pero los alemanes estaban dispuestos a encontrar hasta el último de los rebeldes, empleando perros en la búsqueda. Ante la mínima sospecha de que pudiera haber alguno escondido en una casa, los alemanes no tenían reparo en incendiarla. Numerosas granjas fueron pasto de las llamas.

Pero no todos los alemanes estaban sedientos de venganza, tal como pudo comprobar un afortunado soldado georgiano, Grisha Baindurashvili, quien trató de ocultarse en un granero, ante la presencia de una patrulla germana. Un soldado germano entró con un perro y éste se dirigió hasta donde se había escondido. Hasta allí fue el alemán, quien, después de subir por una escalera de mano, descubrió a Baindurashvili. No obstante, el georgiano tenía en su poder una pistola, con la que apuntó al soldado, mientras que éste no había tenido tiempo de desenfundar la suya. Tras unos dramáticos segundos, que debieron resultar eternos para ambos, el alemán decidió descender la escalera rápidamente. Alejándose de donde se encontraba oculto el georgiano, dijo en voz alta a sus compañeros que no había nadie allí. Baindurashvili recordaría toda su vida el rostro del joven soldado que le había perdonado la vida. Posteriormente, el georgiano intentaría encontrar a su salvador, recurriendo incluso a periodistas holandeses para que diesen a conocer la historia, pero nunca consiguió poner nombre a aquel rostro que ya no pudo olvidar[19].

DESEMBARCO CANADIENSE

Con la contienda ya finalizada, las fuerzas aliadas continuaron inhibiéndose ante los dramáticos hechos que estaban teniendo lugar en la isla. Durante la guerra, esa no injerencia podía tener alguna justificación, teniendo en cuenta los riesgos que podía entrañar una intervención, pero una vez que los alemanes se habían rendido no existía ninguna razón para seguir permitiendo que éstos asesinasen impunemente a los

---

[19] Esta historia, relatada por el propio Grisha Baindurashvili, fue publicada en el *Georgian Journal*, el 15 de mayo de 2015.

georgianos que se habían levantado contra ellos. Aun así, los aliados prefirieron esperar a que se resolviese por sí misma la confusa situación en la isla antes de ocuparla. Pero los días iban pasando y el avispero en el que se había convertido la isla no daba indicios de calmarse. Los combates continuaban allí como si la Segunda Guerra Mundial no hubiera finalizado.

Finalmente, el 20 de mayo de 1945, las tropas canadienses se decidieron por fin a desembarcar en Texel y proceder a desarmar a los alemanes, aunque no conseguirían hacerse con el control total de la isla. Los alemanes, ignorando a los Aliados, se habían tomado su duelo con los georgianos como algo personal, y no estaban dispuestos a que salieran con vida de la isla. No sería hasta mediados de junio que los últimos alemanes entregarían sus armas. En total, 1533 soldados alemanes fueron hechos prisioneros de guerra. Los canadienses se quedaron tan impresionados por la resistencia georgiana que renunciaron a clasificarlos como tropas enemigas, concediéndoles el trato de Personas Desplazadas.

La paz que había reinado en el continente desde la capitulación germana había llegado por fin también a la isla holandesa, pero la actitud que habían mantenido los Aliados respecto al levantamiento georgiano no podía calificarse de ejemplar. La realidad era que, mientras los sublevados se enfrentaban valientemente a los alemanes, los Aliados no habían movido un dedo para ayudarles. Aunque es comprensible que el mando aliado no se aventurase a una operación tan arriesgada como un desembarco anfibio o el lanzamiento de paracaidistas en una isla con dos millares de soldados alemanes, también es cierto que podían haberse llevado a cabo acciones de apoyo menos comprometidas como podía haber sido un bombardeo naval o aéreo contra las baterías germanas desde las que se castigaban las posiciones georgianas.

REGRESO Y RECONOCIMIENTO

La sublevación de los soldados georgianos costó a los alemanes una cifra de 812 muertos, o al menos esa fue la cantidad de cuerpos encontrados[20]. También murieron en la rebelión 565 georgianos, así como 117 civiles holandeses[21]. Los daños provocados por los combates serían valorados en unos 10 millones de florines. Incluso el emblemático faro de Eierland salió maltrecho de la contienda; la parte superior había quedado completamente destrozada, por lo que tuvo que ser reconstruida.

A la isla llegaron también miembros del contraespionaje soviético, el SMERSH (la abreviatura de «Muerte a los espías» en ruso) para vigilar de cerca a los 228 georgianos que habían sobrevivido. Tal como se ha apuntado, los georgianos obtuvieron el reconocimiento de los mandos canadienses, quienes les permitieron conservar su armamento hasta que fueron evacuados

---

[20] Los alemanes muertos en Texel serían enterrados en el cementerio militar de Ysselsteyn, cerca de Eindhoven. El recinto acoge las tumbas de 31 598 soldados germanos caídos en las batallas del bosque de Hürtgen y las Ardenas, así como de 85 fallecidos en la Primera Guerra Mundial.

[21] El cementerio de guerra georgiano se encuentra situado al sur de la isla, en Oudeschild. El él se encuentran las tumbas de 475 soldados georgianos y del líder de la rebelión, Shalva Loladze, quien da nombre al camposanto.

a la ciudad alemana de Wilhelmshaven el 16 de junio de 1945. Como muestra de confianza, todavía pudieron allí mantener en su poder las armas cortas. Pese a que se hallaban bajo el control de los Aliados occidentales, su destino estaba escrito; debían ser repatriados a la Unión Soviética. En Wilhelmshaven fueron puestos a disposición de una delegación de este país, que se encargaría de llevar a cabo la repatriación.

Los canadienses hicieron lo que estuvo en su mano para impedir que los valerosos georgianos del 822ª Batallón de Infantería padecieran el trágico destino común a los prisioneros de guerra soviéticos que regresaban a casa. El general Charles Foulkes dirigió una carta personal al alto mando soviético en la que pedía que los georgianos fueran recibidos como héroes de guerra. Igualmente, los mandos canadienses hablaron en favor de ellos a la delegación soviética que se encontraba en Wilhelmshaven.

En 1946, el diario soviético *Pravda* alababa a los georgianos de Texel calificándolos de «patriotas soviéticos», lo que debió tranquilizar a los canadienses y aligerarles quizás del peso de su mala conciencia por no haberlos ayudado en su lucha contra los alemanes y haberlos entregado después a Moscú. Pero esas alabanzas de la prensa oficial no eran más que una cínica tapadera; Stalin no les había perdonado que en su día hubieran vestido el uniforme de la Wehrmacht, por lo que una parte de ellos probó en sus carnes el rigor del cautivero en el gulag, falleciendo en los campos de trabajo debido al agotamiento, el hambre y las enfermedades.

En todo caso, se cree que la inusual presión canadiense, ya que no era habitual que los Aliados occidentales se inmiscuyesen en el destino de los prisioneros de guerra que les entregaban, hizo que el castigo a los georgianos que regresaron no fuera tan duro como el que sufrieron, por ejemplo, los cosacos. La rehabilitación de los héroes de Texel no llegaría hasta después de la muerte de Stalin, a mediados de los años cincuenta.

A partir de entonces, el cementerio en el que estaban enterrados los soldados georgianos se convertiría en un lugar de homenaje a los «héroes soviéticos», al que solían acudir regularmente miembros de la representación diplomática soviética en Holanda para presentar sus respetos. Curiosamente, el lugar se convertiría durante años también en un punto de referencia para los comunistas holandeses, que consideraban que, en cierto modo, los soviéticos habían liberado esa pequeña porción de territorio holandés. Con la desaparición de la Unión Soviética, en 1991, el cementerio dejó de recibir las visitas periódicas de los diplomáticos, y quedó sumido en una cierta indefinición, aunque los habitantes de la isla seguían refiriéndose a él como el «cementerio ruso».

No sería hasta 1999 cuando las autoridades de la República de Georgia cayeron en la cuenta de que en una isla holandesa se hallaban las tumbas de unos soldados que podían ser calificados de «patriotas georgianos». Ese año, el embajador de Georgia en el Benelux, acompañado del patriarca de la iglesia ortodoxa georgiana, acudió al cementerio para rendirles homenaje. En 2005, el entonces presidente de Georgia, Mikheil Saakashvili, visitó el cementerio con el mismo propósito. El último de los rebeldes de Texel que quedaba con vida falleció el 18 de julio de 2007, siendo enterrado con honores militares.

SOBREVIVIR A DOS
BOMBAS ATÓMICAS

Se ha escrito mucho sobre las dos bombas atómicas que los norteamericanos lanzaron contra Japón, sobre Hiroshima el 6 de agosto de 1945 y sobre Nagasaki tres días después. Además de describir las terribles consecuencias que tuvo el bombardeo nuclear, se ha debatido bastante sobre si era necesario recurrir a ese arma definitiva para obligar a los japoneses a capitular, cuando esa rendición se hubiera producido de todos modos.

Las historias personales que tuvieron lugar a consecuencia de los ataques suelen ser espantosas, pero hay algunas que resultan insólitas. Aunque nos resulta fácil distinguir entre la buena y la mala suerte, hay algún caso en el que esa distinción se hace ciertamente confusa. Esta es la increíble historia de tres japoneses que sobrevivieron a dos bombas atómicas, una historia que seguramente no encontrará en su libro de la Segunda Guerra Mundial.

DESTINADOS A HIROSHIMA

Tsutomu Yamaguchi, Akira Iwanaga y Kuniyoshi Sato eran delineantes técnicos de la empresa Mitsubishi. En mayo de 1945 se encontraban trabajando en la ciudad en la que tenían su residencia, Nagasaki, diseñando barcos petroleros, pero la dirección de la empresa decidió enviarlos a trabajar a un astillero de Hiroshima. Ese cambio de aires no les agradó porque les obligaba a separarse de sus familias, especialmente a Yamaguchi, que acababa de ser padre, pero no tenían otra opción que acatar la decisión de sus superiores.

Cuando se iban a cumplir tres meses de su desplazamiento a Hiroshima, se les comunicó que ya podían volver a Nagasaki, fijando la fecha del viaje de regreso para el 7 de agosto. El día anterior a la partida, los tres delineantes fueron a tomar el autobús que les debía llevar al astillero en el que trabajaban, para formalizar unos papeles y despedirse de sus compañeros. En el último momento, Yamaguchi advirtió que había olvidado un documento en su dormitorio; le dijo a sus compañeros que subiesen al autobús y que él tomaría el siguiente.

Tras recuperar el documento y viajar en el autobús hasta la última parada, Yamaguchi se dispuso a caminar hasta el astillero. Según relataría sesenta años después al diario británico *The Independent*[22], «el día estaba despejado y hacía una temperatura agradable. Me sentía de buen humor. Mientras caminaba, escuché el sonido de un avión. Levanté la vista y vi un B-29,

---

[22] Entrevista de David McNeill para *The Independent*, 26 de marzo de 2009.

que lanzó dos paracaídas. Todavía miraba hacia arriba cuando de repente sentí como un fogonazo de magnesio, un destello inmenso en el cielo, y a continuación salí despedido».

ESCENAS APOCALÍPTICAS

Eran exactamente las 8:15 horas del 6 de agosto de 1945, un momento que quedaría grabado a fuego en la historia de la humanidad. Lo que había estallado a 580 metros sobre el centro de Hiroshima era una bomba atómica de uranio de 13 kilotones, apodada *Little Boy* («muchachito»). Mientras la tripulación del bombardero estadounidense *Enola Gay* celebraba el éxito de su misión, en Hiroshima tenían lugar escenas apocalípticas.

«Creo que perdí el conocimiento durante un rato. Cuando abrí los ojos, todo estaba sumido en una densa oscuridad. Pensé que había muerto, pero el cielo se aclaró un poco y me di cuenta de que estaba vivo», recordaría Yamaguchi. «Cuando el ruido disminuyó, divisé una enorme columna en forma de hongo de fuego que se elevaba hacia el cielo, era como un tornado que se alzaba y se extendía horizontalmente en la parte superior. Percibí una luz centelleante, como los diseños de un caleidoscopio. Lo primero que hice fue compro-bar que aún tenía mis piernas. Conseguí llegar hasta un refugio antiaéreo, donde encontré a dos jóvenes que me dijeron: «tienes unos cortes muy serios, estás gravemente herido». Entonces me di cuenta de que tenía media cara quemada, además de los brazos».

El edificio del Museo de la Ciencia y la Industria de Hiroshima, poco después del bombardeo atómico sufrido el 6 de agosto de 1945. Archivo del autor.

Después de dos horas en el refugio, Yamaguchi partió de nuevo hacia el astillero. Allí se reencontró con sus compañeros de trabajo. El momento de la explosión les había sorprendido en el interior de la oficina; un desorden de muebles y cristales reventados invadía la sala, pero nadie había resultado gravemente herido. Al parecer, se habían salvado gracias a la protección que les ofrecía una colina cercana.

Yamaguchi explicaría que «no teníamos ni idea del tipo de bomba que habían lanzado. Lo único que sabíamos era que la causante había sido un solo artefacto. Todos recordaban que la explosión se compuso de dos partes. Primero llegó el fogonazo silencioso de luz cegadora y, una fracción de segundo más tarde, la onda expansiva y un rugido atroz.

Los tres compañeros de trabajo que habían sobrevivido milagrosamente al apocalipsis nuclear tomaron una lancha motora para regresar a su alojamiento. Desde el bote vieron la ciudad ardiendo. Según Yamaguchi, había niños por todas partes, unos corriendo, otros cojeando. «No lloraban, no vi una sola lágrima. Tenían el pelo quemado y estaban totalmente desnudos. Detrás de ellos se elevaban unos incendios descomunales. No oí que nadie dijera nada, ni que gritara, tan sólo el crepitar de la ciudad en llamas», aseguraría el superviviente nipón.

Después de pasar toda una noche sin dormir en un refugio antiaéreo, los tres afortunados delineantes emprendieron el camino hacia la parte occidental de la ciudad, donde había una estación de ferrocarril. Por el camino presenciaron nuevas escenas de pesadilla: personas que se habían quedado ciegas, otras con las caras tan abotargadas que resultaba imposible saber si eran hombres o mujeres y otras a las que la piel les colgaba como si les hubieran despellejado.

«Vimos a una madre con un niño a su espalda que parecía como si se hubiera vuelto loca. El niño que llevaba a la espalda estaba muerto y ni siquiera ella era consciente de eso. Vimos órganos internos de personas desparramadas por ahí, otras con la lengua colgando o con los ojos fuera de las órbitas», recordaba Akira Iwanaga.

Al toparse con un puente destruido, los tres hombres tuvieron que vadear el río apartando los cuerpos que flotaban sobre las aguas. Llegaron a la estación y Kuniyoshi Sato se vio separado de sus dos amigos por la multitud. Le tocó a él ser testigo del último horror.

Frente a él, en el vagón del tren, se sentó un joven que apretaba contra las rodillas una especie de fardo torpemente envuelto con unos trapos. «Le pregunté que qué llevaba. «Me he casado hace un mes» me respondió, «pero mi mujer ha muerto ayer. Quiero llevarla a su casa, con sus padres». Entonces apartó los trapos para enseñarme un casco de soldado vuelto hacia arriba que contenía la cabeza cortada de su esposa».

REGRESO A NAGASAKI

Cuando llegaron a Nagasaki, se dirigieron a sus hogares para reencontrarse con sus familias. Pese a la alegría de encontrarse de nuevo en casa, aquellos hombres no se hacían ilusiones. Estaban convencidos de que era sólo cuestión de tiempo que los norteamericanos atacaran también su ciudad con otra de esas bombas devastadoras. Yamaguchi se dirigió hacia el hospital, donde recibió tratamiento por las quemaduras.

A pesar de su precario estado, que le aconsejaba tomarse un tiempo para recuperarse de las heridas, pudo más en Yamaguchi la proverbial laboriosidad nipona y el férreo compromiso con la empresa, por encima incluso de su salud. Así pues, al día siguiente, se presentó en los astilleros para trabajar.

«Estaba cubierto de vendas y sólo se me podían ver los ojos, los labios y la nariz. Informé al director y él me preguntó qué era lo que había ocurrido allí. Le conté que una sola bomba había destruido toda la ciudad por completo, pero él se puso hecho una furia. «¡Una sola bomba ha destruido toda una ciudad!», exclamó.

*Un aterrador hongo atómico cubre la ciudad de
Nagasaki el 9 de agosto de 1945. Archivo del autor.*

«¡Está claro que usted no está bien de la cabeza», me
dijo. En aquel momento, vi por la ventana otro enorme
resplandor y toda la oficina salió volando por los aires.
De pronto, ambos nos vimos tirados por el suelo. El
director me pedía ayuda, pero yo estaba tan molesto
con él que salté por la ventana y me marché de allí»,
relataría Yamaguchi.

Al igual que había sucedido en Hiroshima, otra
superfortaleza volante B-29 había lanzado un artefacto

atómico, en este caso una bomba de plutonio de 25 kilotones, apodada *Fat Man* («hombre gordo»).

Yamaguchi regresó a su domicilio y, completamente aterrorizado, se acurrucó en el refugio que había detrás de su vivienda. «Debí quedarme allí una semana, sin saber si era de noche o de día. Llegó entonces un día, el 15 de agosto, en que me di cuenta de que a mi alrededor había otras personas llorando». Lloraban porque estaban escuchando la alocución del emperador Hirohito, en la que anunciaba la rendición del país. Sin duda traumatizado todavía por lo que acababa de vivir, Yamaguchi aseguraría que «no sentí nada en aquel momento, no sentía preocupación o alivio».

Tanto Yamaguchi como sus dos compañeros habían sobrevivido por segunda vez a la explosión de una bomba atómica. Tuvieron la terrible desdicha de encontrarse sucesivamente en las dos únicas ciudades que han sufrido un ataque nuclear, pero tuvieron también la fortuna necesaria para poder contarlo.

Al parecer, no sólo ellos pasaron por esa experiencia tan singular como dramática. Se cree que unas 160 personas pudieron haberse encontrado en Hiroshima y Nagasaki cuando ambas ciudades fueron atacadas sucesivamente. No obstante, tan sólo Tsutomu Yamaguchi, fallecido el 4 de enero de 2010, ha sido reconocido oficialmente por el gobierno japonés como doble superviviente de las dos hecatombes atómicas.

«VOLUNTARIOS»
PARA DESACTIVAR MINAS

Durante la ocupación de Dinamarca por los alemanes, cerca de 1 500 000 minas antipersona y antitanque fueron colocadas en este país, la mayoría a lo largo de la costa occidental, formando parte del Muro del Atlántico. Debido a la proximidad geográfica con Alemania, se temía que los Aliados pudieran escoger la costa danesa para llevar a cabo el desembarco con el que se pretendía iniciar el asalto al continente. Comparado con el número de minas que los alemanes emplearon en otros países, ese número puede parecer pequeño pero, para esa región representa una cantidad enorme, tal como quedaría luego de manifiesto a la hora de desactivarlas.

Unos meses antes de la liberación de Dinamarca, los Aliados decidieron que serían los propios alemanes los que se encargarían de limpiar de minas el territorio danés. En teoría, los soldados germanos estaban más familiarizados con sus minas, por lo que les tenía que ser más fácil desactivarlas, pero la razón fundamental era que se trataba de una tarea especialmente peligrosa, por lo que era preferible que, si alguien tenía que saltar por los aires, parecía más justo que fuera antes un alemán que un danés. En todo caso, el trabajo que las autoridades danesas tenían por delante era tan ingente que, si no se contaba con un auténtico ejército de desactivadores, la tarea podía prolongarse a lo largo de muchos años.

Por lo tanto, tras la derrota alemana, esa penosa labor sería encomendada a un contingente de prisioneros de guerra germanos que sería conocido con el nombre de *Minenkommando Dänemark*. Esta es la trágica historia de otros soldados para los que la guerra no acabó en mayo de 1945, un episodio que seguramente no podrá encontrar en su libro de la Segunda Guerra Mundial.

ZAPADORES ALEMANES

Los prisioneros que debían encargarse de limpiar las minas eran supuestamente zapadores voluntarios, pero se hace difícil pensar que todos ellos se ofreciesen por propia iniciativa para desactivar minas y que todos ellos fueran zapadores, es decir, que contasen con el adiestramiento requerido para realizar esa labor. En todo caso, las autoridades militares británicas reunieron aproximadamente 2600 prisioneros alemanes y los colocaron bajo control danés, para que les fuera encomendada esa tarea.

Los alemanes vestían los diferentes tipos de uniforme usados por el ejército germano entre 1940 y 1945, menos la esvástica, que fue arrancada de los mismos.

En el brazo izquierdo debían llevar un brazalete blanco con las palabras *Minenkommando Dänemark* en negro. Los oficiales daneses que debían controlarlos usaban uniformes británicos y un brazalete rojo con el texto *Dansk Minekontrol* en amarillo, también en el brazo izquierdo.

Para llevar a cabo su labor, a los alemanes se les proporcionaron vehículos germanos, como camiones, semiorugas o tanques. A todos ellos se les pintó la inscripción *Minenkommando* en la parte delantera y la trasera.

Antes de ponerse manos a la obra, lo primero que se tuvo que hacer fue recurrir a los documentos alemanes que señalaban los campos de minas. La mayoría de estos campos estaban bien detallados en mapas, dibujos e informes que habían sobrevivido a la guerra. En teoría, esos planos permitían descubrir la localización exacta de cada una de las minas, ya que su distribución solía seguir un patrón determinado. No obstante, existían campos de minas en las que éstas habían sido enterradas de forma aleatoria, lo que haría mucho más difícil su desactivación. En todo caso, las mareas y el movimiento de la arena harían que no pocas minas acabasen apareciendo en zonas insospechadas, lo que añadía una dificultad extra.

Una vez delimitado el terreno en el que se encontraban enterrados los artefactos, la técnica para desactivar las minas era rudimentaria. No era factible utilizar detectores, ya que buena parte de las minas alemanas estaban fabricadas con madera, plástico o cristal. Por tanto, el hombre encargado de la tarea debía avanzar de rodillas o arrastrarse por el suelo con una vara metálica o una bayoneta, e ir pinchando el terreno delante de ella. Cuando se encontraba una mina, se limpiaba cuidadosamente la tierra que tenía encima y alrededor. Si el tipo de mina era fácil de desactivar, se procedía a hacerlo en ese momento; si no, se procedía a explosionarla en el mismo lugar.

PELIGROSA COMPROBACIÓN

Cuando se determinaba que un campo de minas había quedado limpio, entonces se verificaba esta circunstancia mediante el inhumano sistema de obligar a los prisioneros a marchar por él formando una apretada fila que iba de un extremo a otro[23]. Este dramático hecho hace de nuevo difícil pensar que realmente se tratase de trabajadores voluntarios, tal como querían presentar los británicos.

Si se trataba de minas antitanque, se empleaban carros de combate o semiorugas dotados de un rodillo en la parte delantera, para asegurarse de que todas ellas habían sido eliminadas. Esta tarea podía resultar complicada cuando debía realizarse en dunas, ya que los vehículos solían quedarse atascados y debían ser remolcados para salir del atolladero. Cuando topaban con alguna mina que no había sido desactivada y hacía explosión, los tanques no sufrían demasiado daño, pero

---

[23] Los soviéticos recurrieron durante la guerra a un método parecido, pero en su caso no para comprobar si un campo había quedado limpio sino para limpiarlo. Cuando las tropas llegaban a un campo minado, los hombres que habían sido destinados a batallones de castigo, en muchos casos por razones políticas, debían marchar por el terreno, haciendo explotar las minas en su avance.

los tripulantes de los semiorugas sí que podían resultar heridos.

Si, por la circunstancia que fuera, no se podía garantizar que el campo de minas hubiera quedado totalmente limpio, se rodeaba de una alambrada para impedir el paso y se colocaba una señal con una calavera y la indicación *Livsfare Miner*, («peligro minas») en danés.

Desde el 11 de mayo de 1945 al 30 de septiembre de 1945, los 2600 hombres que integraron el *Minenkommando Dänemark* desactivarían un total de 1402000 minas. En esas tareas perdieron la vida 149 hombres, 165 resultaron gravemente heridos y otros 167 sufrieron heridas de distinta consideración, incluyendo la amputación de miembros. Por otra parte, 3 de los 52 oficiales daneses encargados de supervisar los trabajos fueron también heridos.

La utilización de prisioneros de guerra en la desactivación de minas no estaba expresamente prohibida por el artículo 29 de la Convención de Ginebra de 1929, pero era una cuestión que, obviamente, estaba sujeta a controversia, tal como denunciaría el Comité Internacional de la Cruz Roja. Finalmente, en 1949, en Ginebra quedó estipulado que esa actuación era ilegal, al considerar que se trataba de un trabajo peligroso y humillante, pero esa decisión llegaría ya tarde para los hombres que habían resultado muertos o heridos mientras realizaban esas tareas.

Aunque la mayor parte de las minas fueron desactivadas en ese período, hasta 1947 se seguirían limpiando amplias zonas en la península de Skallingen, una tarea que presentaba mayor dificultad debido a las fuertes mareas, que habían modificado el emplazamiento original de las minas. Debido a esas dificultades, una zona de 1,86 kilómetros cuadrados —una extensión similar a la de Mónaco— quedó sin limpiar.

El área permaneció señalizada y vallada hasta que en 2006 se retomaron los trabajos de desminado en la mayor parte de esa zona, unas labores que se prolongarían hasta 2010, sin que se produjese ninguna víctima durante los trabajos. Pese a que la zona se podía considerar ya segura, ya que las minas habrían perdido su capacidad de hacer explosión debido a la corrosión de sus componentes, las autoridades danesas optaron por mantener la prohibición de acceso, lo que ha permitido, paradójicamente, que la zona presente un gran valor ecológico. Desde entonces queda por limpiar un área de 310 metros cuadrados, un último vestigio de la barrera que los alemanes levantaron en la costa danesa para impedir una invasión anfibia que tendría lugar a muchos kilómetros de allí.

PAPERCLIP: NAZIS RECIBIDOS
CON LOS BRAZOS ABIERTOS

La glamurosa actriz Zsa Zsa Gabor afirmaba que «nunca odié lo suficiente a un hombre como para devolverle sus diamantes». Al acabar la contienda provocada por Hitler y que había costado tantas vidas a los Aliados, éstos bien pudieron decir, emulando a la artista, que «nunca odiamos lo suficiente a los nazis como para prescindir de sus científicos».

Mientras que muchos nazis sufrieron largos procesos de *desnazificación*, lo que incluía estancias en campos de prisioneros y juicios, los que habían destacado en el campo de la ciencia fueron acogidos por los norteamericanos con los brazos abiertos y sin hacer preguntas, en un programa de captación cuyos detalles más controvertidos no encontrará en su libro de la Segunda Guerra Mundial.

CIENCIA AVANZADA

La ciencia bajo el Tercer Reich se hallaba, en algunos campos, muy adelantada a la desarrollada por los Aliados. Alemania contaba desde hacía décadas con un sistema educativo que valoraba los perfiles técnicos. En 1871 se creó la denominada *Realschule*, que preparaba a los alumnos para una formación profesional técnica. Aunque la Revolución Industrial llegó con retraso a Alemania, en el año 1900 ya era líder mundial en industrialización. En 1907, un millón de alemanes trabajaba en la construcción de maquinaria. Ese esfuerzo iría ligado a la investigación tecnológica, dejando preparado el terreno para que, posteriormente, los nazis recogiesen los frutos.

Durante la guerra, la tecnología germana demostraría estar siempre un paso por delante de la que poseían sus enemigos. Por ejemplo, los carros de combate alemanes, como los legendarios Panzer VI Tiger I y II, brillarían como prodigios de la técnica. Paradójicamente, esa sofisticación tecnológica se volvería en contra de estos ingenios, ya que la tendencia a averiarse en el campo de batalla era mucho mayor. Los soviéticos, en cambio, disponían de tanques más sencillos pero más resistentes y fiables, como el T-34, que podían ser fabricados a un ritmo superior, lo que acabaría resultando decisivo.

Parecía que no había reto al que los ingenieros alemanes no se atrevieran a enfrentar. Así, por insistencia de Hitler, diseñaron y produjeron el que sería el mayor tanque de la historia, el Panzer VIII *Maus* («ratón»), de 188 toneladas (el Tiger II no llegaba a las 70 toneladas y el T-34 apenas pesaba 30), del que sólo se llegarían a ensamblar tres unidades. Pero el arma más fantástica de todas sería un tanque de 1000 toneladas y 11 metros de altura (!), el *Landkreuzer* («crucero terrestre») P.1000, apodado *Ratte* («rata»), con veinte tripulantes, el blindaje de un acorazado y dotado de cañones navales, aunque este fantástico monstruo de acero no pudo pasar de la mesa de proyectos.

Igualmente, los alemanes lograron construir un submarino muy adelantado para su época, el del tipo XXI, que marcaría la pauta para los sumergibles de la siguiente generación. También crearon el primer avión de combate a reacción del mundo, el Messerschmitt Me 262, cuyo diseño influiría en el de muchos aviones de la posguerra.

Los artefactos más innovadores serían las bombas volantes V1 y, sobre todo, la V2. Aunque eran unos ingenios revolucionarios, hicieron una aparición tardía y en un número insuficiente para convertirse en decisivos. Los alemanes mostraron también sus avances en el campo de la artillería, con la construcción del cañón Gran Gustavo, con un alcance de 25 kilómetros, que se emplearía en la toma de Sebastopol. También iniciaron la construcción de otro cañón, el V-3, capaz de bombardear Londres desde la costa francesa, a 165 kilómetros de distancia. Afortunadamente para los londinenses, los Aliados pudieron destruir a tiempo las instalaciones en las que debían emplazarse 50 de estos mortíferos cañones V-3.

Con la derrota de Alemania, y dejando ese espectacular muestrario de logros y proyectos con los que los Aliados sólo podían soñar, norteamericanos y soviéticos pugnarían por llevarse lo mejor del plantel de científicos germanos que habían logrado esas proezas técnicas. El que esos hombres de ciencia pudieran tener o no un pasado turbio al servicio de los nazis pasó a ser intrascendente.

LA LISTA OSENBERG

En septiembre de 1943, los estadounidenses ya habían fijado su atención en los citados avances científicos del enemigo. Para ello lanzaron la Operación Alsos, destinada a obtener información de estos progresos, especialmente de los destinados a conseguir la bomba atómica, y tratar de que no cayesen en manos de los soviéticos al acabar la guerra. En 1944, con los lanzamientos de las bombas volantes, los Aliados comprendieron que en ese campo se hallaban muy atrasados respecto a los alemanes, por lo que hacerse con esa tecnología se convirtió en una prioridad.

En abril de 1945, a los Aliados occidentales les cayó en suerte una lista con los nombres de los científicos más destacados que trabajaban para el esfuerzo bélico germano. Ese papel, como si de una novela de espías se tratase, fue encontrado por casualidad por un técnico polaco en un lavabo de la Universidad de Bonn. Sería conocido como la lista Osenberg, por el nombre del ingeniero que había seleccionado a esos científicos. La providencial lista facilitaría el trabajo a los norteamericanos, que ya sabían exactamente a quién tenían que buscar, pudiendo adelantarse a los soviéticos.

Comenzaba así la Operación Overcast, por la que la

Oficina de Servicios Estratégicos (OSS), la antecesora de la CIA, se encargaría de localizar a los científicos. En un primer momento, el objetivo era sólo interrogarlos, pero de inmediato se decidió trasladarlos a Estados Unidos para que siguieran desarrollando allí su trabajo. Así, centenares de científicos comenzaron a ser enviados a América, junto con sus familias.

Había llegado también el momento de apoderarse de la tecnología empleada en las V2. Poco antes de que la base de Peenemünde pasase a formar parte de la zona ocupada por los soviéticos, los norteamericanos se llevaron 400 toneladas de material. Pero el botín más preciado era el jefe del diseño de la V2, el ingeniero Wernher von Braun, quien se entregó a los norteamericanos junto a medio millar de colaboradores.

PASADO NAZI

Tanto en el caso de Von Braun como en el de otros científicos germanos, la OSS tuvo que enfrentarse a un espinoso dilema. El presidente norteamericano, Harry Truman, cuando autorizó oficialmente el programa Overcast en agosto de 1945, ordenó de manera expresa que se prescindiera de los científicos que habían pertenecido al partido nazi y apoyado el militarismo alemán. Eso reducía considerablemente la nómina de científicos que podían ser reclutados, y ampliaba el número de los que podían acabar cayendo en manos de los rivales soviéticos. Con conocimiento o no del presidente, la OSS decidió dejar aparcada la ética y apostar por el pragmatismo, procediendo a aligerar a los científicos de su pasado nazi, limpiando a conciencia sus expedientes y dejándolos impolutos.

Por ejemplo, Von Braun era perfecto conocedor de las condiciones de esclavitud de los trabajadores que construían las V2, ya que visitó en varias ocasiones las factorías, en las que murieron más de veinte mil prisioneros debido a enfermedades, maltrato y agotamiento. También giró una visita a Buchenwald para escoger trabajadores entre los internos.

Aun así, se hizo la vista gorda tanto con Von Braun como con sus colaboradores directos, que también conocían el trabajo esclavo. Alguno de ellos, como Walter Dornberger, no tuvieron tanta suerte, pues en agosto de 1945 cayó en manos de los británicos, que lo tuvieron preso dos años, pudiendo luego marchar a Estados Unidos para reunirse con sus compañeros. Otro de los integrantes del equipo de Von Braun, Arthur Rudolph, acabaría participando en el programa espacial de la NASA, a pesar de que en su antiguo informe aparecía la siguiente advertencia: «Cien por cien nazi, muy peligroso». En 1983 se le advirtió de que iba a ser juzgado por su responsabilidad al frente de las factorías de trabajo esclavo si permanecía en suelo estadounidense, por lo que decidió regresar a Alemania.

Pero hubo casos que obligaron a los norteamericanos a taparse bien la nariz, como en el del médico y fisiólogo Theodor Benzinger, quien había experimentado con humanos en Dachau. Sus estudios, que acababan siempre provocando la muerte de los sujetos, habían servido a la Luftwaffe para conocer los efectos del frío o la altitud sobre sus pilotos. Fue detenido en septiembre de 1945 pero, antes de ser juzgado, fue repentinamente liberado y trasladado a Estados Unidos. Siguió investigando, en este caso para la Marina norteamericana, y se anotó la invención del termómetro de oído.

Otro fisiólogo implicado en experimentos con cobayas humanas, Hubertus Strughold, gozó de protección ante las investigaciones y acusaciones de que fue objeto. Su valía le llevó a ser considerado como «el padre de la medicina espacial», siendo el encargado de diseñar los planes de vida a bordo de los astronautas; no sería hasta después de su fallecimiento, en 1988, cuando se admitió su responsabilidad, siéndole retirados los honores obtenidos en vida.

En noviembre de 1945, el programa Overcast se convirtió en el Proyecto Paperclip. El nombre hacía referencia al nuevo expediente, limpio de polvo y paja nazi, que se añadía al original, en el que figuraba ese turbio pasado. Aunque Paperclip era secreto, en diciembre de 1946 la existencia del plan salió a la luz pública. Albert Einstein y otros hombres de ciencia mostraron su rechazo al programa, pero éste continuó adelante, ignorando esas reservas morales. La Guerra Fría obligaba a aprovechar todos los recursos disponibles en la pugna con los soviéticos.

CONTROL MENTAL

Los norteamericanos no mostrarían sólo atención a la más avanzada tecnología nazi, también se interesarían por los progresos en el campo del control mental. En el campo de Dachau, el doctor de las SS Kurt Plötner había estado experimentando métodos químicos para

*El campo de concentración de Dachau, cercano a
Múnich, fue el escenario de terribles experimentos
médicos. Foto del autor, julio 2017.*

lavar el cerebro y controlar la conciencia en prisioneros.
Para ello se utilizaban diversas drogas, como barbitú-
ricos, morfina y mescalina. La administración de ese
«suero de la verdad» desataba la lengua del sujeto,
precisamente lo que necesitaban los interrogadores de
la Gestapo en su trabajo diario.

Cuando los norteamericanos liberaron Dachau, se
llevaron toda la documentación del programa. Con ese
material, los experimentos continuarían en un instituto
de la Marina en Washington, y se prolongaría durante
la década de los cincuenta; el objetivo sería usar esas
técnicas para desenmascarar espías soviéticos. Plötner

no entró en el programa Paperclip, quizás porque su pasado nazi resultaba demasiado fétido, pero lo cierto es que, tras la guerra, el doctor de las SS no sufrió ninguna persecución y pudo vivir tranquilamente en Alemania, por lo que no se descarta que los norteamericanos hubieran pactado con él algún tipo de colaboración a cambio de impunidad.

CARRERA ESPACIAL

La Unión Soviética había conseguido hacerse también con una plantilla de científicos germanos, en una operación denominada Osoaviakhim. A la manera resolutiva propia del estalinismo, el 22 de octubre de 1946, 2000 científicos y técnicos fueron apresados en la zona de ocupación soviética y, junto a sus familias y pertenencias, enviados de inmediato a Rusia en 92 trenes. Gracias a su aportación, además de disputar a los norteamericanos el monopolio atómico, los soviéticos tomarían ventaja en la carrera espacial, con el lanzamiento en 1957 del primer satélite, el Sputnik.

Daba comienzo así la carrera espacial, en la que los soviéticos se anotarían los éxitos iniciales, como el envío del primer hombre al espacio. Sin embargo, Von Braun y su equipo demostrarían su extraordinaria valía creando el cohete Saturno V de la NASA, que llevaría al hombre a la Luna. Con ese éxito, Von Braun, que adquirió gran popularidad, acalló las voces que todavía le atacaban por su implicación en el trabajo esclavo.

El que los norteamericanos lograsen imponerse a los soviéticos en la carrera espacial sería el fruto más

El científico alemán Wernher von Braun —aquí en el momento de su detención, llevando un brazo en cabestrillo— fue reclutado por los norteamericanos. Su pasado al servicio de los nazis fue convenientemente olvidado. Wikimedia commons.

espectacular de aquella controvertida operación que llevaría mil seiscientos científicos nazis a Estados Unidos, absolviéndoles de su oscuro pasado al servicio de Hitler.

LA ORGANIZACIÓN GEHLEN

Los estadounidenses no se conformaron con reclutar a los científicos nazis para partir con ventaja en la Guerra Fría. Al no disponer de una red de espionaje en la Unión Soviética, al contrario que Moscú, que tenía una amplia nómina de espías en Estados Unidos, los norteamericanos creyeron que la solución era reutilizar en su favor la infraestructura de inteligencia utilizada por los alemanes durante la guerra en el frente oriental.

El máximo responsable de esa red era el referido general Reinhard Gehlen, que tanta credibilidad había otorgado a los informes del agente doble soviético Max, tal como vimos en el correspondiente capítulo. En marzo de 1945, ante la inminente derrota germana, Gehlen decidió ocultar todo el material recopilado durante su labor de espionaje, microfilmándolo y enterrándolo en cilindros herméticos. Al acabar la guerra, Gehlen se entregó a los norteamericanos, ofreciéndoles sus conocimientos sobre la inteligencia soviética y su preciado material a cambio de permanecer libre. Los estadounidenses aceptaron la componenda y Gehlen se garantizó así su libertad y la de sus colaboradores.

Se creó así la llamada Organización Gehlen, al servicio de la CIA, que realizó labores de espionaje, contraespionaje e infiltración tras el Telón de Acero, llegando a contar con más de cuatro mil agentes, incluyendo criminales de guerra con los que también se hizo la vista gorda. En 1956, la organización fue reasignada al gobierno de Bonn.

La eficacia de Gehlen y su red es objeto de controversia, debido a que los soviéticos lograron, a su vez, infiltrarse en ella, por lo que es muy posible que los norteamericanos se viesen más perjudicados que beneficiados por la utilización de esa red de información heredada de la Alemania nazi.

EL MENGELE JAPONÉS

La captación de científicos enemigos no se limitó a los procedentes de la Alemania nazi. Aunque la ciencia japonesa había demostrado encontrarse atrasada en relación con las otras potencias, hubo un abominable proyecto que despertó el interés de los norteamericanos.

Japón dispuso de una unidad destinada a la experimentación con humanos, conocida como la Unidad 731. Al frente estaba Shiro Ishii, considerado el Mengele nipón. Ishii, nacido en 1892, destacó en sus estudios de Medicina. Como médico militar, inició en 1932 sus experimentos sobre la guerra biológica.

En 1936 impulsó la construcción en la China ocupada de un ambicioso centro secreto de experimentación para el que contaría con grandes medios materiales. En él se llevarían a cabo todo tipo de atrocidades con

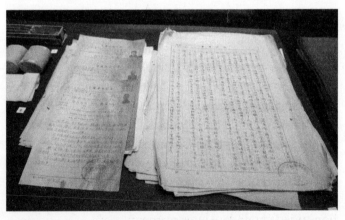

Documentos elaborados a raíz de los experimentos realizados por humanos por la Unidad 731, expuestos en el Museo de la Segunda Guerra Mundial de Gdansk. Foto del autor, octubre 2017.

prisioneros chinos, como vivisecciones, amputaciones, congelaciones e incluso reimplantaciones de miembros al revés. También se observó en ellos el efecto a diferentes distancias de las explosiones de granadas o de los lanzallamas. Se calcula que unas diez mil personas, incluyendo mujeres y niños, fueron empleadas como cobayas humanas por Shiro Ishii. Durante la guerra se hicieron también pruebas de campo con la población civil china, muriendo miles de personas víctimas del cólera, el ántrax o la peste bubónica, propagados por campos y aldeas. Ante la inminente derrota, los japoneses procedieron a demoler el centro.

Una vez acabada la guerra, y en lo que constituye un episodio vergonzoso para los aliados, Shiro Ishii obtuvo la inmunidad para sus crímenes a cambio de proporcionar a los norteamericanos la información que había recopilado en sus experimentos con armas biológicas. Gracias a esa protección, ni siquiera fue juzgado. Quizás para compensar el mal que había causado a la humanidad, Ishii abrió una clínica en la que atendía gratuitamente a sus pacientes y se convirtió al cristianismo; falleció en 1959.

Las aportaciones de todos aquellos hombres que habían servido al Eje y a los que se les había perdonado su oscuro pasado, pese al dilema moral que suponía aceptarlas, acabarían resultando determinantes para que, en las décadas posteriores a la guerra, Estados Unidos mantuviese su liderazgo mundial en la industria aeronáutica y espacial, la guerra biológica y química, o la investigación nuclear. Los norteamericanos lo lograron gracias a que, como se apuntaba al principio, no odiaron tanto a los nazis como para prescindir de sus científicos.

ALEMANES EXPULSADOS: EL ÉXODO IGNORADO

A los resultados que obtuvo Alemania en la Segunda Guerra Mundial bien se puede aplicar el refrán castellano de «ir a por lana y volver trasquilado». La agresiva política internacional del Tercer Reich, cuyo propósito era expandir las fronteras germanas, que ya habían menguado tras la Primera Guerra Mundial, se saldó con una nueva reducción de los kilómetros cuadrados del país.

Los más beneficiados serían los polacos, quienes precisamente habían sufrido la primera embestida de la máquina de guerra germana en septiembre de 1939. Casi seis años después, todo el territorio alemán que estaba al este de los ríos Óder y Neisse pasaría a ser polaco, lo que incluía las antiguas provincias germanas de Pomerania, el este de Brandeburgo, Baja y Alta Silesia, la mayor parte de Prusia Oriental (aparte del enclave de Königsberg que sería para Rusia) y el puerto de Danzig, que tan disputado había sido antes del conflicto.

Ese enorme bocado a la geografía alemana quedaría certificado en la conferencia interaliada de Potsdam, celebrada entre el 17 de julio y el 2 de agosto de 1945, pero ese planteamiento ya había sido acordado durante la conferencia de Teherán, que se había desarrollado entre el 28 de noviembre y el 1 de diciembre de 1943. En ella, Stalin planteó su intención de quedarse con una porción de territorio polaco. Para compensar a los polacos de esa mutilación, Churchill y Roosevelt acordaron entregarles las regiones orientales de Alemania, ante lo que Stalin mostró su satisfacción.

Así pues, los Aliados dibujaron unas nuevas fronteras para Polonia, «moviéndola» hacia el oeste. Sin embargo, esa trascendental decisión tenía un pequeño inconveniente, el de la presencia de más de once millones de alemanes en esas regiones que debían ser entregadas a Polonia. Consciente del factor de desestabilidad que iba a suponer la presencia de esa importante minoría germana dentro de las fronteras polacas, Churchill aseguraría en la conferencia de Yalta, celebrada del 4 al 11 de febrero de 1945, que «sería una lástima cebar a la oca polaca con demasiada comida alemana y provocarle así una indigestión».

Con esa frívola metáfora del primer ministro británico, el destino de esos alemanes que habitaban esas regiones quedaba sentenciado. Ellos serían los protagonistas de una tragedia que, seguramente, no figurará en su libro de la Segunda Guerra Mundial[24].

---

[24] Para la confección de este capítulo he tomado como referencia el estudio publicado por el historiador y escritor británico Keith Lowe en su obra *Continente salvaje*, págs. 201-215.

POLONIZACIÓN FORZOSA

Las regiones que debían pasar a control polaco habían sido alemanas durante siglos, y su población era casi totalmente germana. Su entrega a Polonia no podía llevarse a cabo sin consecuencias dramáticas, ya que implicaba la expulsión de millones de personas de sus hogares, con la amarga certeza de que nunca más iban a poder regresar a ellos, y su posterior reubicación en otras regiones alemanas.

Aunque los Aliados estaban de acuerdo en que había que tomar esa comprometida decisión, surgieron las preocupaciones sobre la manera de ponerla en práctica del modo menos traumático. Stalin, acostumbrado a decretar y efectuar grandes traslados forzosos de población en su propio país, no se mostró impresionado por las consecuencias que podía provocar ese corrimiento de fronteras. En todo caso, el mandatario soviético aseguró que la mayor parte de los alemanes de esas regiones ya habían huido ante el avance del Ejército Rojo. Eso no era del todo cierto, ya que, de los 11 millones de alemanes que las habitaban, al acabar la guerra unos 4,5 millones permanecían allí todavía. Además, pese al temor que suscitaba el dominio soviético, en las semanas siguientes, más de un millón de alemanes que habían huido hacia el oeste regresarían a sus lugares de origen, esperando que la ocupación fuera soportable.

Según los planes previstos por los Aliados, el traslado de la población germana debía iniciarse una vez que quedaran fijadas oficialmente las nuevas fronteras. Sin embargo, ese paso no llegó a darse. En Potsdam se fijaron unas fronteras provisionales, a la espera de la firma de un tratado de paz entre Alemania y los Aliados que las certificase. Pero la tensión provocada por la incipiente Guerra Fría llevó a que ese tratado no se rubricase; de hecho, el reconocimiento de las nuevas fronteras por parte de Alemania no llegaría hasta 45 años después. Ante esa confusa situación legal, los polacos decidieron no esperar a que quedase dilucidada y optaron por acelerar la polonización de esos territorios arrebatados provisionalmente a Alemania, para impedir por la política de hechos consumados una hipotética vuelta atrás.

Así pues, nada más acabar la guerra, los polacos emprendieron una campaña de polonización consistente en primer lugar en el cambio de los topónimos. Por ejemplo, Breslau pasó a ser Wroclaw, Stettin se convirtió en Szczecin o Danzig en Gdansk. Se eliminaron todas las señales y rótulos en alemán y se sustituyeron por otras en lengua polaca.

Los alemanes comenzaron a ser deportados hacia territorio germano, al mismo tiempo que llegaban polacos para que ocupasen las casas que habían sido abandonadas a la fuerza. En varias ciudades se crearon guetos para confinar en ellos a los alemanes, que veían como eran desposeídos de sus propiedades del mismo modo que ellos habían procedido anteriormente con los judíos, en una suerte de justicia poética. Esos alemanes que permanecían retenidos en guetos o campos estaban a la espera de ser oficialmente deportados, pero los polacos tenían prisa por verlos desaparecer de su territorio y los fueron enviando hacia la frontera a pesar de que el paso por ella estaba restringido debido a

Imagen actual de Gdansk, la antigua Danzig germana. La ciudad quedó prácticamente destruida tras la guerra. En su reconstrucción se evitó recuperar la arquitectura típica alemana. Foto del autor, octubre 2017.

Antigua sede del cuartel general de la Gestapo en Danzig. Todavía son visibles los vestigios del período germano de la ciudad. Foto del autor, octubre 2017.

las dificultades para reubicar en el interior de Alemania a esa masa de refugiados.

El carácter que estaba tomando la expulsión de alemanes, tanto en Polonia como en Checoslovaquia o Hungría —que también contaban con minorías germanas dentro de sus fronteras de las que se querían deshacer— llevó a que los Aliados realizaran una declaración formal, exigiendo que las expulsiones se detuvieran hasta que pudieran realizarse «de una forma ordenada y humana». No sabemos si pesó más en esa declaración la constatación de la brutalidad con la que se estaban llevando a cabo esas deportaciones o las dificultades que tenían las autoridades aliadas en la Alemania ocupada para digerir la ola de refugiados que llegaba del este.

MARCHAS A PIE

Era de prever que una simple declaración no serviría para detener, aunque fuera momentáneamente, la expulsión de las minorías germanas. Los polacos ya habían sido engañados en 1939 cuando los Aliados occidentales les prometieron salir en defensa de ellos en caso de ataque alemán, y no estaban dispuestos ahora a dejar para un futuro la polonización del territorio germano que les había caído en suerte, no fuera que los Aliados se repensasen la idea.

En todo caso, en Potsdam se asumió la inevitabilidad de las expulsiones masivas de población germana, por lo que las autoridades polacas, así como las checoslovacas y húngaras, interpretaron un cierto respaldo oficial a su política de deportaciones.

Gracias a los testimonios recogidos por el Ministerio alemán de Expulsados, Refugiados y Víctimas de Guerra a finales de los años cuarenta y comienzos de los cincuenta, podemos conocer los dramáticos pormenores de aquella deportación masiva. Habitualmente, el ejército polaco llegaba a una localidad e informaba a sus habitantes de que tenían apenas media hora para recoger sus pertenencias y marcharse. Debido a que la mayoría de hombres adultos habían muerto en la guerra o se hallaban confinados como prisioneros de guerra, sólo había mujeres, niños y ancianos, por lo que era impensable presentar algún tipo de resistencia. Se limitaban entonces a recoger las pertenencias que pudieran llevar encima o en una carretilla y se concentraban a la salida del pueblo.

Comenzaba así la marcha a pie hasta la nueva línea de la frontera alemana, que podía encontrarse a más de un centenar de kilómetros. Debido a las penosas condiciones en que debía hacerse la marcha, podía tardarse una semana en cubrir esa distancia. El paisaje que iban encontrándose durante el camino era desolador, con los restos que habían ido dejando los refugiados anteriores, y los cuerpos en descomposición de los que no habían resistido el esfuerzo, así como las improvisadas tumbas de los que, al menos, habían podido ser enterrados.

Los expulsados alemanes debían beber el agua de abrevaderos y pozos, que podían causar enfermedades, y comían lo poco que encontraban por los campos, por lo que los más débiles morían de agotamiento. Se desplomaban al borde de la carretera y ya no se volvían a levantar. No había leche, y la mayoría de los niños menores de un año fallecieron por el camino. Durante el camino debían soportar altas temperaturas o lluvia. Trataban de pasar la noche en casas que habían quedado abandonadas o en graneros, pero a menudo se quedaban a la intemperie. Ni siquiera por la noche podían descansar tranquilos, ya que los civiles polacos aprovechaban la oscuridad para acercarse a los grupos de refugiados y robarles sus escasas pertenencias. Si alguien ofrecía resistencia, podía ser asesinado allí mismo.

Pero el peligro de ser asaltado era continuo. Era tristemente habitual que patrullas de soldados polacos estableciesen un punto de control en la carretera y separasen del grupo a las mujeres jóvenes, teóricamente para asignarlas a unidades de trabajo forzado en campos y granjas. Si sus familiares intentaban evitarlo, eran golpeados con las culatas de los fusiles y, si persistían en su resistencia, podían ser ejecutados.

Después de esa caminata terrible, en la mayoría de ocasiones se encontraban con que no se les permitía cruzar el río Óder, que era el que marcaba la línea de la frontera con Alemania. Las autoridades soviéticas de ocupación no podían asumir la llegada de más refugiados, por lo que éstos quedaban atrapados entre un país que les expulsaba y otro que no les quería acoger.

Comenzaba así otra odisea para encontrar la manera de entrar en territorio germano. Los deportados debían entonces ir recorriendo en paralelo la línea fronteriza, con la esperanza de hallar un puente por el que se les permitiese cruzar al otro lado. Esa oportunidad solía llegar cuando algunos guardias fronterizos soviéticos se apiadaban de ellos, no sin que antes les aligerasen de sus últimas pertenencias de valor. Los deportados que no tenían esa suerte acababan deambulando por la zona fronteriza, padeciendo robos y vejaciones de todo tipo. Según los testimonios, los civiles polacos que se habían trasladado ya a vivir allí, además de desvalijarles, les escupían, azotaban y, llegado el caso, violaban. Según una disposición del gobierno polaco, no podían llevar consigo más de 500 marcos alemanes, y ninguna otra moneda más, lo que daba una especie de cobertura legal al latrocinio sistemático de que fueron objeto.

Es significativo que ni siquiera los alemanes que se habían opuesto a los nazis, los que habían ayudado a los polacos, o incluso los judíos germanos, se librarían de esos ultrajes. Para los polacos, todos ellos tenían la «condición de alemanes», y por tanto merecían ese castigo por los atropellos que habían sufrido bajo el dominio germano.

DEPORTACIÓN EN TREN

No sería hasta finales de 1945 que el gobierno polaco trató de instaurar unas mejores condiciones en el proceso de expulsión de alemanes, aunque no se aplicarían plenamente hasta los primeros meses de 1946. Así, las autoridades establecieron el transporte por tren para evitar esas marchas de la muerte.

También se elaboraron una serie de normas a seguir. Para evitar los rigores del frío invernal, los niños no acompañados, los ancianos y los enfermos no podrían ser deportados hasta la llegada del buen tiempo. Además, los trenes en los que fueran trasladados debían contar con atención médica por personal de lengua alemana, y contar con agua y alimentación suficiente. En el

*Vagón polaco para transporte de ganado de los años veinte.
Estos vagones serían utilizados sucesivamente por los soviéticos para
deportar civiles polacos, por los alemanes para enviar judíos a los
campos de exterminio y, finalmente, para expulsar alemanes de las
regiones que habían pasado a Polonia. Se expone en el Museo de la
Segunda Guerra Mundial de Gdansk. Foto del autor, octubre 2017.*

verano de 1945, la prensa internacional se hizo eco de las condiciones en que fueron trasladados a los orfanatos y el hospital de Prusia Oriental, sin ningún tipo de asistencia médica, lo que había forzado a tomar esas medidas. Las mujeres embarazadas tampoco tendrían que emprender viaje hasta que hubieran dado a luz.

Paradójicamente, esas disposiciones no serían siempre bien acogidas por los alemanes, porque lo que muchos deseaban era abandonar cuanto antes suelo polaco. Así pues, ocultaban enfermedades o embarazos para poder subir a los trenes. Por su parte, los funcionarios polacos hacían la vista gorda ante la marcha de los niños y ancianos, ya que representaban una carga para los polacos. En cambio, las autoridades intentaban retrasar la deportación de los que estaban en edad de trabajar, necesarios para reconstruir el país.

Aunque la deportación en tren suponía una mejora respecto a las largas marchas a pie, las condiciones en las que se llevarían a cargo los transportes serían terribles. Hombres, mujeres y niños eran hacinados en vagones de ganado, en los que permanecían encerrados días enteros, sin poder ni siquiera sentarse. Dentro no había un lugar indicado para hacer las necesidades, por lo que todos acababan cubiertos de excrementos. Cuando el tren paraba en una estación, se aprovechaba para sacar los cadáveres de los que no habían podido resistir el viaje; los ataúdes ya estaban preparados en previsión de ese hecho.

Cuando los trenes llegaban a la frontera alemana, se podían encontrar con que los guardias soviéticos no les permitiesen cruzarla, tal como sucedía también cuando las deportaciones se llevaban a cabo a pie. Debían entonces permanecer varados en vías muertas durante días o semanas, mientras esperaban que llegase la autorización de las autoridades soviéticas. Evidentemente, esa larga espera, encerrados en los vagones de ganado, se cobraba su precio en vidas humanas. Para subsistir durante ese tiempo intercambiaban con los lugareños sus artículos de valor por alimentos. Pero también solían recibir la visita de bandas de polacos armados dispuestos a arrebatarles sus últimas posesiones, aunque fuera un par de zapatos, unos asaltos que eran tolerados por la decena de guardias encargados de la custodia del tren. A esos sufrimientos se unía el frío y la lluvia que penetraba por los resquicios de los vagones. Cada mañana, los guardias polacos sacaban los cuerpos de los que habían muerto durante la noche, que en los peores momentos podían llegar hasta una decena por vagón.

De tanto en cuanto, los soviéticos permitían el ingreso de los deportados en territorio alemán. Entonces los alemanes bajaban de los trenes y cruzaban la frontera a pie, después de que los guardias rusos se quedasen con lo poco que hubieran podido conservar después de las razias de los polacos. Pero cuando parecía que habían terminado por fin las penalidades, comenzaban otras nuevas. Las ciudades estaban colapsadas ante la llegada de más refugiados. En los caminos se colocaban carteles avisando que en tal pueblo o ciudad no había comida, o se había extendido alguna epidemia, para disuadir a los que pretendían llegar hasta allí.

Los deportados se encontraban con que no había nadie preparado para atenderles, indicarles hacia dónde debían dirigirse o dónde podían encontrar refugio. Algunos lograban subir a los escasos trenes que se dirigían al interior de Alemania, a las zonas ocupadas por norteamericanos, británicos o franceses. Los vagones estaban tan atestados que la gente viajaba en el techo o agarrada a los laterales. A los niños se les ataba al vagón para que no cayeran. Cuando el tren llegaba a la ciudad en la que esperaban ser acogidos, se encontraban con un panorama descorazonador. Los andenes solían ya estar abarrotados de refugiados, por lo que resultaba difícil siquiera apearse del tren. Una vez en la calle, intentaban buscar algún lugar en el que buscar acomodo, a la espera de que las autoridades les proporcionasen orientación y ayuda.

La llegada ininterrumpida de refugiados a territorio germano procedentes de Polonia y Checoslovaquia, y los escalofriantes informes de los observadores británicos y americanos, provocó por fin algún tipo de reacción de los Aliados occidentales, que hasta entonces habían preferido mirar hacia otro lado. En los informes internos se recurría a paralelismos con las deportaciones llevadas a cabo por los nazis, para llamar la atención de los gobiernos. Estaba claro que había que instar a polacos y checos a que esas transferencias de población se llevasen a cabo de forma ordenada, tal como se había establecido en la Conferencia de Potsdam. Sin embargo, para desgracia de los refugiados, acabaron por imponerse los intereses políticos; esas reclamaciones podían ser interpretadas como «proalemanas» en un contexto en el que los comunistas tildaban de «fascistas» a los gobiernos occidentales. Por tanto, los representantes diplomáticos americanos y británicos en Polonia y Checoslovaquia consideraron más prudente continuar con la política del avestruz. El problema de los refugiados seguiría oficialmente sin existir.

Los británicos se limitaron, por ejemplo, a enviar equipos médicos para el transporte de niños y ancianos, mientras que el Comité Internacional de la Cruz Roja trató de supervisar las deportaciones en tren para que no se llevaran a cabo en los meses más fríos. No sería hasta principios de 1947 cuando las condiciones comenzaron a mejorar de forma apreciable. Se coordinó el flujo de expulsión y acogida, se establecieron campos de tránsito y se dotó a los vagones de calefacción.

LA TRAGEDIA EN CIFRAS

Aunque sea difícil plasmar aquella tragedia en frías cifras, las estadísticas dejan traslucir el drama humano que hubo detrás. Se calcula que un total de 11 730 000 alemanes fueron expulsados de las tierras en las que habían vivido durante generaciones. Casi 7 millones corresponden a los que vivían en las zonas que habían pasado a ser territorio polaco, casi otros 3 millones procedían de Checoslovaquia y el resto, 1,8 millones, de Hungría, Rumanía o Yugoslavia.

La estimación del número de muertes con el que se saldó la expulsión ha descendido con el tiempo. Si durante la posguerra se había cifrado entre 1,7 millones y 2,5 millones, los historiadores han reducido ese número de víctimas a aproximadamente 500 000 fallecidos.

En cuanto al reparto de refugiados entre las distintas zonas de ocupación, se calcula que entre 3,2 y 4,3 millones pudieron haberse establecido en la que estaba controlada por los soviéticos. Aunque la zona británica, en el norte de Alemania, no lindaba con la frontera polaca, los británicos establecieron una especie de puente humanitario por el que cada día llegaban en ferrocarril unos 6000 refugiados, atravesando la zona soviética, un flujo que se mantendría a lo largo de un año y medio. También se realizaron transportes por vía marítima. Se cree que más de 4 millones de expulsados acabarían llegando de este modo a la zona británica. Por su parte, la zona americana, en el sur del país, recibió unos 3,5 millones, procedentes de la vecina Checoslovaquia y los otros países. En cambio, la zona francesa, al oeste de Alemania, recibiría un número de deportados muy reducido.

Esa afluencia masiva de refugiados a casi todo el territorio germano incrementaría dramáticamente las dificultades con las que ya se encontraban las autoridades de ocupación, llegando a bordear lo catastrófico. De media, la población a la que había que proporcionar cobijo, alimentos y asistencia médica aumentaría más de un 23 por ciento. Se cree que miles de refugiados pudieron morir después de su llegada, al no poder recibir la atención necesaria.

Progresivamente, los que estaban en condiciones de buscar trabajo y valerse por sí mismos pudieron irse integrando en el lugar en el que habían recalado. Pero muchos otros, como los enfermos, inválidos o ancianos sin familia, sólo podían aspirar a vegetar hacinados en los campos de refugiados.

Más difícil de evaluar era el daño psicológico que padecía buena parte de estos exiliados. Algunos de ellos, como los procedentes de la región checa de los Sudetes, eran considerados extranjeros por el resto de alemanes. Lo mismo sucedía con las minorías procedentes de Hungría o Rumanía. Con las sucesivas generaciones, las costumbres y tradiciones de esas personas que procedían de Alemania habían pasado a ser distintas, lo que provocaría una acusada sensación de desarraigo. Buena parte de ellos no deseaban hacer un esfuerzo de integración en esa nueva tierra, ya que mantenían la esperanza de regresar algún día a sus tierras de origen, una esperanza que el paso del tiempo acabaría revelando fútil.

De todos modos, si aquellos expulsados que soñaban con regresar a casa lo hubieran hecho, no habrían reconocido el pueblo o la ciudad que habían dejado atrás. Tal como se ha apuntado, las autoridades polacas o checas pusieron en marcha desde el primer momento una política sistemática de erradicación de cualquier rastro de presencia germana. Al citado cambio de los topónimos se sumó la destrucción de los monumentos alemanes y su sustitución por otros checos o polacos. La lengua germana fue prohibida; a los pocos alemanes que se les permitió vivir allí se les llegaría a aconsejar hablar polaco o checo en la intimidad. Las escuelas dejaron de impartir Historia de Alemania y a los niños se les inculcó que esas regiones habían sido siempre polacas o checas. Los polacos denominaron a sus nuevas posesiones «territorios recuperados», reescribiendo la historia y propagando una nueva mitología nacionalista que sirviera para asimilar esas regiones al conjunto del país, dejando atrás rápidamente el pasado alemán.

Así pues, si los deportados hubieran hecho realidad el ansiado regreso al hogar, se habrían deprimido aún más al comprobar cómo había desaparecido totalmente su cultura, sus tradiciones e incluso su lengua. Habrían encontrado un nuevo paisaje urbano y una nueva sociedad en la que ya no tenían cabida.

De todos modos, la esperanza de volver allí seguía viva. Durante décadas, el gobierno de la República Federal de Alemania se refería a aquellas regiones con el circunloquio «Los antiguos territorios orientales de Alemania temporalmente bajo autoridad de las administraciones de Polonia y la Unión Soviética», lo que daba a entender que no renunciaba a una futura reintegración. Sin embargo, la *Ostpolitik* emprendida por el gobierno de Bonn en los años setenta, con el

Cementerio militar alemán en Gdansk. En él están enterrados 562 soldados germanos que combatieron en las dos guerras mundiales y en la guerra franco-prusiana (1870-1871). Foto del autor, octubre 2017.

reconocimiento de la República Democrática Alemana y el establecimiento de relaciones diplomáticas con la Unión Soviética y Polonia, llevó implícito el abandono de esa reivindicación.

La renuncia definitiva a la reintegración de los territorios orientales quedaría certificada en 1990 por el gobierno de la Alemania reunificada. Aun así, perviven en Alemania organizaciones que insisten en la reclamación de esos territorios, y que llevan a cabo iniciativas legales para conseguir la devolución de sus propiedades familiares o una compensación del gobierno polaco.

UN TEMA INCÓMODO

La expulsión de la población de origen germano de Polonia y Checoslovaquia resulta, sin duda, un tema incómodo. Las comparaciones entre las deportaciones llevadas a cabo por los nazis y aquellas expulsiones masivas son inevitables. Es posible que para los alemanes que viajaron durante semanas hacinados en vagones de ganado no existiera mucha diferencia con lo que habían padecido los deportados de los países sometidos por el Tercer Reich. No obstante, existía una diferencia crucial; mientras que los nazis conducían a sus deportados a campos de concentración y exterminio, en donde muchos de ellos encontrarían la muerte, a los polacos y checos sólo les interesaba conducirlos hasta la frontera para que la cruzasen, desentendiéndose de su destino a partir de ahí.

No hay duda de que los expulsados alemanes fueron tratados de forma brutal. Pero no hay que olvidar el régimen de terror que los nazis habían impuesto tanto en Polonia como en Checoslovaquia, con ejecuciones arbitrarias, pueblos y ciudades arrasadas o el reclutamiento de trabajadores forzosos.

La destrucción llevada a cabo por los alemanes sigue muy presente incluso hoy día. Cada 1 de agosto, a las cinco en punto de la tarde, Varsovia se paraliza durante un minuto en recuerdo de los más de doscientos mil polacos que murieron en el Levantamiento de Varsovia, que dio comienzo ese día de 1944. Por las calles de la ciudad se pueden ver placas que testimonian la crueldad de la ocupación germana, en la que se indica el número de civiles polacos que fueron ejecutados, un número que varía en cada caso desde veintisiete, en una esquina del barrio de Mokotów, a cuatro mil en la calle Wolska.

Tras el Levantamiento de Varsovia, que acabó con la derrota de los valerosos insurgentes, Hitler ordenó que la capital polaca fuera destruida «hasta los cimientos». De forma metódica, las unidades de demolición fueron cumpliendo la orden del Führer, casa por casa y monumento tras monumento. Palacios, parques, iglesias, archivos, museos o bibliotecas fueron reducidos a escombros.

Con actuaciones de ese tenor, es lógico que los alemanes dejasen tras de sí un rastro de odio y resentimiento tal, que por fuerza debía de traducirse en algún tipo de desquite. Al menos, las autoridades polacas y checas no pagaron a sus minorías germanas con la misma moneda y se limitaron a trasladarlos a Alemania, aunque fuera en las trágicas condiciones descritas.

Pero los alemanes no fueron los únicos que sufrieron deportaciones masivas. En la inmediata posguerra se dieron otros casos no menos dramáticos. Casi medio millón de ucranianos fueron también expulsados de Polonia. Los checoslovacos intentaron expulsar a los 600 000 húngaros que se habían establecido en el país después de que éstos se hubieran apoderado de una región fronteriza antes de la guerra, aprovechando el desmembramiento provocado por Hitler. Aunque no lograron su propósito, debido a la oposición de los aliados occidentales, unos 150 000 húngaros tuvieron que hacer las maletas.

La minoría húngara también sería expulsada de

Rumanía, y la minoría rumana sería expulsada a su vez de Hungría. Los albaneses de Grecia tendrían que regresar a su país, al igual que los rumanos de Ucrania, los italianos de Yugoslavia, los finlandeses de la Karelia occidental o los turcos de Bulgaria. Los propios polacos sufrirían estas deportaciones entre 1944 y 1946; las minorías polacas existentes en Ucrania, Bielorrusia y Lituania, que sumaban 1,2 millones de personas, se vieron forzadas también a trasladarse a su país de origen.

Todas esas deportaciones supusieron miles de tragedias personales y familiares, unas tragedias que venían a unirse a las que habían ocurrido a lo largo de la guerra y que, al igual que los episodios que se han relatado a lo largo de estas páginas, seguramente no encontrará en su libro de la Segunda Guerra Mundial.

111 datos sorprendentes

1. En 1939, en la guía telefónica de Nueva York aparecían un total de 22 personas apellidadas Hitler. En 1945 ya no quedaría ninguna; probablemente optaron por cambiarse el apellido.

2. La batalla más larga de la Segunda Guerra Mundial fue la batalla del Atlántico, que discurriría ininterrumpidamente de 1939 a 1945.

Sala dedicada a la guerra de Invierno en el Museo de la Segunda Guerra Mundial de Gdansk. En el centro, un fusil PPD utilizado por los soviéticos. A la derecha se observa el uniforme mimetizado y los esquíes empleados por los finlandeses. Foto del autor, octubre 2017.

3. La tasa de suicidios en Gran Bretaña cayó durante la guerra un 33 por ciento; cuando finalizó el conflicto, las cifras volvieron a las de 1939.

4. Aunque la Unión Soviética acabó imponiéndose a Finlandia en 1940, el Ejército Rojo perdió 200 000 hombres en la campaña, por sólo 25 000 de las fuerzas finlandesas.

5. Antes de la campaña en el oeste, la igualdad entre las fuerzas germanas y francesas era obvia: 114 divisiones y 2800 carros de combate por parte alemana y 104 divisiones y 3000 tanques por parte francesa.

6. Para proteger los edificios de los bombardeos, los británicos utilizaron 400 millones de sacos de arena.

7. En los bombardeos aéreos sobre Gran Bretaña, una de cada 10 bombas no estallaba. En total, unas 40 000 quedaron sin explotar; 750 personas murieron en los trabajos de desactivación.

8. Un perro llamado Rip rescató a un total de 100 personas que habían quedado atrapadas bajo los edificios londinenses derruidos a consecuencia de los bombardeos.

9. En 1940, un industrial norteamericano llamado Samuel H. Church ofreció un millón de dólares a quien fuera capaz de capturar a Hitler, siendo, hasta ese momento, la recompensa más alta ofrecida nunca por un criminal.

10. En la batalla naval del cabo Matapán, librada del 27 al 29 de marzo de 1941, y que enfrentó a británicos e italianos, los primeros perdieron 3 hombres, y los segundos 2303.

11. En 1941, la aviación soviética perdió 10 000 aparatos, por 2100 de la Luftwaffe.

12. Una carnicería portátil del Ejército alemán durante la Segunda Guerra Mundial podía preparar 40 000 raciones de carne de vaca, 24 000 de cerdo o 19 000 de cordero; para ello era necesario sacrificar, respectivamente, 40 vacas, 80 cerdos o 240 corderos.

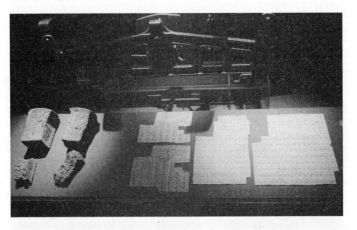

Cartillas de racionamiento utilizadas por la población de Leningrado; éstas permanecieron sin usar porque sus titulares murieron. A la izquierda, pan elaborado siguiendo las directrices de las autoridades locales, que incluían la adición de serrín. Se exponen en el Museo de la Segunda Guerra Mundial de Gdansk. Foto del autor, octubre 2017.

13. El 16 de septiembre de 1941 se dio la mayor captura de prisioneros en una sola jornada. En las proximidades de Kiev, el ejército alemán hizo un total de 660 000 prisioneros soviéticos.

14. Durante el sitio de Leningrado, que se prolongaría a lo largo de dos años, cuatro meses y diecinueve días, morirían más rusos, entre civiles y militares, que soldados británicos y norteamericanos a lo largo de toda la guerra.

15. El día de Navidad de 1941, 3700 habitantes de Leningrado murieron de hambre.

16. En 1941, un soldado norteamericano ganaba 21 dólares al mes. En 1942, tras la entrada de Estados Unidos en la guerra, el sueldo aumentó a 50 dólares mensuales. Los sargentos cobraban 96 dólares.

Churchill y Roosevelt mantienen un encuentro con los periodistas durante la Conferencia de Casablanca. Wikimedia commons.

17. En sólo un mes, marzo de 1942, los alemanes lanzaron un total de 275 ataques aéreos contra Malta.

18. Según una campaña de recogida de metales en Estados Unidos, 10 cubos viejos contenían acero suficiente para fabricar un mortero, 10 hornillos equivalían a un vehículo de reconocimiento y 252 cortacéspedes daban para una batería antiaérea.

19. Las fuerzas armadas alemanas tuvieron un total de 3363 generales a lo largo de la guerra, mientras que las norteamericanas sólo tuvieron 1100.

20. El soldado norteamericano medio tenía una altura de 1,73 y un peso de poco más de 65 kilos.

21. Canadá produjo más camiones (815 730 unidades) que Alemania (346 000), Japón (166 000) e Italia (83 000) juntas.

22. Por cada avión derribado en combate, otro avión se perdió debido a accidentes.

23. Los soviéticos fabricaron el doble de piezas de artillería (517 000) que los norteamericanos (257 400).

24. La esperanza de vida de los soldados soviéticos que combatían en la batalla de Stalingrado era de apenas veinticuatro horas.

25. En 1943, en Birmania, de los soldados británicos que debían ser evacuados, sólo el 0,8 por ciento era a causa de heridas de guerra, el resto era por enfermedad.

26. De cada 100 soldados del Mando de Bombarderos de la RAF, 51 murieron durante las operaciones, 7 fueron víctimas de accidentes, 3 fueron heridos de gravedad, 12 fueron capturados por el enemigo y uno murió de un disparo sin ser apresado. Sólo 24 llegarían a completar un período de operaciones.

27. Los hombres que se alistaban en la marina norteamericana tenían sólo un 1,5 por ciento de posibilidades de morir en combate. Los que servían como guardacostas, únicamente un 0,8 por ciento.

28. En la Conferencia de Casablanca, celebrada del 14 al 24 de enero de 1943, a la que asistirían Roosevelt, Churchill y De Gaulle, se consumió una caja de botellas de coñac, tres cajas de botellas de ginebra y otras tres de whisky.

29. El ejército estadounidense calculó las provisiones de papel higiénico por soldado y día en 22,5 hojas. Los soldados británicos debían conformarse con sólo tres hojas diarias.

30. El bombardero pesado norteamericano Consolidated Liberator B-24 estaba construido con 1 550 000 partes diferentes.

31. Durante la Conferencia de El Cairo, celebrada del 22 al 26 de noviembre de 1943, en la que se encontraron Roosevelt, Churchill y el líder chino Chiang Kai-shek, los militares de los estados mayores reunidos allí

consumieron cada día medio millar de cervezas, 34 de ginebra, 12 de brandy y 8 de whisky.

32. Los dentistas del ejército norteamericano extrajeron 15 millones de dientes, colocaron 68 millones de piezas dentales, y fabricaron 2,5 millones de dentaduras postizas.

33. Según estadísticas de la 8ª Fuerza Aérea de Estados Unidos, para derribar un caza alemán hacía falta emplear una media de 12 700 disparos.

34. Las refinerías alemanas produjeron entre 1942 y 1944, 23 millones de toneladas de combustible. En el mismo período, la producción norteamericana fue de 600 millones de toneladas.

35. En el edificio del Pentágono, inaugurado en Washington en enero de 1943, se sirvieron a lo largo de la guerra 55 000 comidas diarias, al precio de 35 centavos cada una.

36. La artillería antiaérea alemana necesitaba disparar una media de 16 000 proyectiles, de 7 kilos cada uno, para derribar un solo bombardero pesado.

37. Para una misión de dos semanas, la tripulación de un acorazado de la armada estadounidense, compuesta de unos 2000 hombres, podía consumir 15 toneladas de harina, 12 toneladas de carne de vaca, 10 toneladas de patatas, 1 tonelada y media de lechuga y otra de limones, 800 kilos de salmón ahumado, 400 kilos de pescado congelado, 200 kilos de carne de cerdo enlatada y 37 000 huevos.

38. Entre los años 1939 y 1943, en el ejército alemán se registraron unos 250 000 casos de enfermedades venéreas.

39. En total, 100 000 soldados norteamericanos decidieron desertar a lo largo de la contienda, de los que 21 049 fueron sometidos a un consejo de guerra; 49 fueron sentenciados a muerte, pero esta pena tan sólo fue ejecutada en un caso.

40. En 1943, durante la campaña de Italia, el ejército británico hizo un estudio que descubrió que, de un pelotón de treinta hombres, sólo tres o cuatro combatían realmente; los demás no llegaban a disparar.

41. En el ejército norteamericano se dieron un total de 929307 casos de fatiga de combate durante la guerra. Se desconoce el número de casos entre las tropas alemanas, ya que este trastorno no estaba reconocido como una enfermedad.

42. Entre los desertores del ejército norteamericano, un 62 por ciento reconoció haber faltado habitualmente a la escuela cuando eran niños.

43. De los 39000 tripulantes de los submarinos alemanes, 28000 acabaron sus días en el fondo del mar, es decir, casi tres cuartas partes de la fuerza total.

Un submarino alemán parte hacia una misión. La mayoría de los tripulantes acabarían hundiéndose junto a sus naves. Archivo del autor.

44. De los 55 800 tripulantes de la marina mercante británica, más de 25 000 murieron ahogados, en un porcentaje cercano al de las unidades de infantería de primera línea.

45. El ejército más peligroso para sus propios integrantes era el soviético; un soldado ruso tenía 30 veces más posibilidades de morir en combate que uno norteamericano.

46. Una encuesta incluida en un estudio oficial sobre el rendimiento de las tropas estadounidenses en combate reveló que una cuarta parte de los soldados estadounidenses se había orinado y una octava parte admitía haberse defecado encima; entre los que experimentaron combate intenso, las proporciones ascendían a la mitad y a la cuarta parte respectivamente.

47. Los mandos aliados en el Norte de África establecieron en 1943 la siguiente tabla de indemnizaciones a la población local por los frecuentes atropellos que se producían al paso de los vehículos militares por las carreteras argelinas: 25 000 francos (unos 500 dólares) por un camello muerto, 15 000 por un niño muerto, 10 000 por un burro muerto y 500 por una niña muerta.

48. Los tribunales militares estadounidenses condenaron a muerte a 443 soldados, 255 de las cuales lo fueron por asesinato o violación, pero sólo 70 hombres fueron ejecutados.

49. El 30 de julio de 1943, el submarino alemán U-461 fue hundido en aguas del golfo de Vizcaya por un hidroavión Sunderland de las Fuerzas Aéreas australianas, cuyo número de identificación era también U-461.

50. Los pilotos soviéticos derribaron más de medio millar de aparatos alemanes mediante la desesperada táctica de embestirlos en el aire.

51. Los alemanes requisaron en la Europa ocupada cerca de

4,5 millones de tijeras y más de 6 millones de almoha-
dillas para entintar tampones.

52. Para transportar el petróleo de Texas a los puertos de
la costa este, en donde era embarcado con destino al
frente europeo, se construyó el que entonces fue el
oleoducto más largo del mundo, de 2200 kilómetros.

53. En la Primera Guerra Mundial, aproximadamente el
95 por ciento de las bajas fueron militares y el restante
5 por ciento correspondió a civiles. En cambio, en la
Segunda Guerra Mundial, tan sólo un tercio de las bajas
correspondió a personal militar, mientras que los otros
dos tercios fueron civiles.

54. Los norteamericanos lanzaron una campaña de recogida
de tubos de pasta de dientes usados; 60 tubos contenían
estaño suficiente para soldar todas las conexiones
eléctricas de un bombardero B-17. En 16 meses se
recogieron 200 millones de tubos.

55. En el Ejército de Estados Unidos, sólo uno de cada
56 soldados norteamericanos falleció en combate
(un 1,8 por ciento, en total 291 557), mientras que
cerca de uno de cada 25 (un 4,1 por ciento) resultó
herido pero logró recuperarse. 1 de cada 143 (un 0,7
por ciento) murió a consecuencia de un accidente o
de enfermedad.

56. El submarino alemán más exitoso fue el U-48, al hundir
51 barcos mercantes y un buque de guerra.

57. En la construcción de las defensas de la región de
Kursk, en el verano de 1943, los soviéticos emplearon
a 300 000 civiles.

58. Los Aliados dedicaron más fondos a suministrar cigarrillos a las tropas que los que se emplearon en la adquisición
de balas.

59. Los soviéticos recibieron de sus aliados occidentales 15
millones de pares de botas.

60. De los 5 800 000 prisioneros de guerra soviéticos que

capturaron los alemanes a lo largo de la guerra, unas dos terceras partes, 3 800 000, habían sido apresados durante los 6 primeros meses de la invasión germana.

61. Un empresario sudafricano ofreció a Eisenhower 10 000 libras si conseguía llevarle a Mussolini para mostrarlo al público en los teatros de Ciudad del Cabo.

62. Las probabilidades de un prisionero de guerra aliado de escapar de su cautiverio en Alemania y llegar a su país para combatir de nuevo eran de 1 entre 28.

63. La fuga de prisioneros de guerra más masiva de la Segunda Guerra Mundial se produjo en el campo de prisioneros de Cowra, en Australia, en agosto de 1944. Un total de 334 prisioneros japoneses lograron escapar del recinto asaltando la cerca. Todos ellos fueron apresados o morirían al cabo de pocos días.

64. En 1944, el entrenamiento de un piloto norteamericano constaba de 330 horas de vuelo, mientras que uno alemán entraba en combate con tan sólo 110 horas, debido a la falta de combustible.

65. Para construir la línea de defensas costeras conocida como el Muro del Atlántico, los alemanes emplearon 11 millones de toneladas de hormigón y 1 millón de toneladas de acero.

66. A lo largo de la guerra, el ejército norteamericano encargó un total de 2,3 millones de gafas para sus efectivos.

67. En 1944, la intendencia norteamericana debía proveer a las tropas de 800 000 artículos distintos, ocho veces más de los que tenía entonces a la venta la famosa cadena de grandes almacenes Sears.

68. Entre los soldados norteamericanos, sólo 1 de cada 3 tenía el graduado escolar, 1 de cada 4 el diploma de bachillerato y 1 de cada 10 había cursado al menos un semestre de estudios superiores.

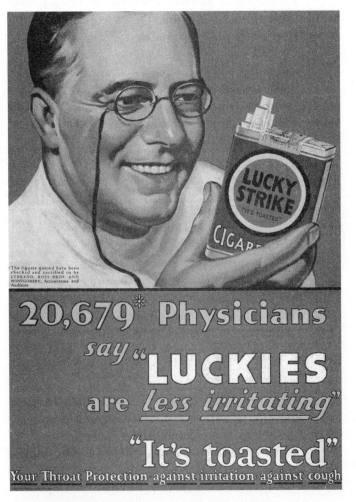

20,679* Physicians *say* **"LUCKIES** are *less irritating"*

"It's toasted"

Your Throat Protection against irritation against cough

*The figures quoted have been checked and certified to by LYBRAND, ROSS BROS AND MONTGOMERY, Accountants and Auditors.

Las autoridades militares eran conscientes de la importancia del tabaco para mantener alta la moral de las tropas, por lo que hicieron lo posible para que nunca les faltase. Aquí, un cartel de la época en el que un supuesto médico recomienda el consumo de una famosa marca de cigarrillos. Archivo del autor.

69. Los soldados de las Waffen SS tenían un 34,9 por ciento de posibilidades de morir en combate.

70. Para alojar a las tropas estadounidenses en suelo británico, se montaron 400 000 barracones prefabricados y unas 279 000 tiendas de campaña.

71. 70 000 soldados estadounidenses y 47 000 canadienses destinados en Gran Bretaña para participar en el Día D aprovecharon su estancia allí para prometerse o casarse con muchachas inglesas.

72. Para la Operación Overlord, el ejército norteamericano reunió 301 000 vehículos, 1800 locomotoras, 20 000 vagones de tren, 2700 piezas de artillería y 300 000 postes telefónicos.

73. En la preparación del Día D se tomaron un millón de fotografías aéreas de las defensas costeras alemanas.

74. El peso medio de la carga que debía soportar un soldado en el desembarco de Normandía era de 31,25 kilos, cuando el peso máximo recomendado para las tropas de asalto era de 19,5 kilos.

75. El ejército norteamericano utilizó 210 millones de planos durante la campaña europea, la mayoría impresos a 5 colores. Sólo para las operaciones en Normandía se distribuyeron 3000 toneladas de mapas.

76. Los expertos del Cuartel General Supremo de las Fuerzas Expedicionarias Aliadas (SHAEF) habían calculado, tras el desembarco de Normandía, un consumo diario en combate de 18 584 kilos por soldado, una cantidad que incluía el combustible, la munición e incluso la goma de mascar.

77. Los soldados aliados occidentales, en su avance por Europa, comían diariamente unas 4000 reses de vacuno y 6 millones y medio de huevos deshidratados, y se fumaban más de 1 millón de cigarrillos.

78. Las tropas norteamericanas consumieron a lo largo de la guerra 29 millones de vacas.

Los Aliados descargando material en las playas de Normandía, bajo la protección de globos cautivos. La capacidad industrial norteamericana se revelaría determinante para el desenlace de la guerra. Wikimedia commons.

79. En el avance aliado tras el Día D, las municiones se gastaban a razón de más de 2 toneladas por minuto, y la gasolina se consumía a razón de cerca de 4 millones de litros al día.

80. En julio de 1944, el 35 por ciento de los soldados del ejército alemán habían resultado heridos en una ocasión, el 11 por ciento lo habían sido dos veces, el 6 por ciento en tres, el 2 por ciento en cuatro y otro 2 por ciento en más de cuatro ocasiones.

81. En el mes siguiente al Día D, los soldados norteamericanos consumieron 60 millones de raciones de combate.

82. Para abastecer de combustible a las fuerzas aliadas en el continente europeo, a partir de agosto de 1944 los

norteamericanos tendieron 22 líneas de tuberías por el fondo del canal de la Mancha.

83. El ejército británico poseía en 1944 unos 600 modelos diferentes de vehículos, lo que le provocaba graves problemas para encontrar repuestos en caso de avería.

84. En la batalla por la isla de Saipán, en julio de 1944, y en la que murieron 3126 soldados norteamericanos, unos 8000 soldados japoneses prefirieron suicidarse a ser hechos prisioneros.

85. Sólo 1 de cada 9 kamikazes acertó su objetivo.

86. Por cada barco de guerra de gran calado construido en los astilleros japoneses, los estadounidenses produjeron dieciséis.

87. Durante la campaña europea del ejército norteamericano, cada día se perdían 1200 armas de pequeño calibre y 5000 neumáticos.

88. Un estudio de las bajas de oficiales en dos divisiones británicas reveló que un 4 por ciento eran debidas a disparos accidentales o provocadas por centinelas del propio bando.

89. En 1944, la fuerza aérea estadounidense derribó 3706 aviones germanos sólo en operaciones diurnas efectuadas sobre Alemania.

90. Para la Conferencia de Yalta, en la que se iban a reunir Churchill, Roosevelt y Stalin entre el 4 y el 11 de febrero de 1945, la lista de intendencia preparada por los proveedores británicos incluía 144 botellas de whisky, 144 botellas de jerez y 144 botellas de ginebra. Además, un buque transportó 864 botellas adicionales de whisky y ginebra, y 180 botellas de jerez. Se organizó otro envío que incluía varios centenares de botellas de vino del Rin, vermut, ginebra, whisky y champán. Por último, por si las previsiones se quedaban cortas, se encargó al embajador británico en Moscú un envío a Yalta de 48 botellas más de whisky, además de vino, coñac y cerveza.

Los Tres Grandes, en una imagen distendida durante la Conferencia de Yalta. En esta importante reunión, en la que se decidió el futuro de Europa, se consumieron cantidades ingentes de alcohol. Wikimedia commons.

91. Expertos norteamericanos consideraron que los soldados quedaban agotados definitivamente tras vivir de 200 a 240 días de combate.

92. Los Aliados arrojaron sobre Alemania entre 1944 y 1945 un total de 6000 millones de octavillas.

93. La Cruz Roja estadounidense se encargó de enviar paquetes de ayuda a todos los prisioneros de guerra occidentales en manos del Eje, excepto a los británicos. Suministró un total de 28 millones de paquetes a casi 1,5 millones de prisioneros, de los que sólo 115000 eran norteamericanos, conteniendo 200000 toneladas de alimentos y medicinas. Se decía que, si los paquetes se hubieran puesto en fila, habrían llegado de Chicago a Berlín.

94. Los paquetes de la Cruz Roja que se enviaban a los prisioneros aliados en Alemania pesaban exactamente 5 kilos, para poder cumplir las normas postales germanas.

95. En una división norteamericana, aunque los fusileros constituían el 65,9 por ciento de sus integrantes, sufrían el 92 por ciento de las muertes. Por el contrario, los artilleros, que eran el 15 por ciento de la división, apenas encajaban un 2 por ciento de pérdidas.

96. Los japoneses causaron sólo 6 muertos en el continente americano, todos ellos el 5 de mayo de 1945, al hacer explosión una bomba transportada por un globo.

97. El 28 por ciento de los 95 000 británicos, estadounidenses, canadienses, australianos y neozelandeses apresados por los japoneses murieron en cautividad.

98. Del total de bombas que los aliados occidentales arrojaron sobre Alemania en toda la guerra, el 60 por ciento se concentró entre septiembre de 1944 y abril de 1945.

99. A lo largo de la guerra se hicieron 15 millones de prisioneros de guerra.

100. De cada 5 soldados alemanes que murieron en la guerra, 4 de ellos cayeron en el frente oriental.

101. Si se toman en consideración los ejércitos de todos los contendientes, sólo uno de cada 14 soldados participantes en la guerra resultó muerto o gravemente herido.

102. Polonia fue el país que sufrió una mayor cantidad de víctimas en relación a su población: un 17 por ciento.

103. La cantidad de chinos que murieron en la Segunda Guerra Mundial es equivalente a la suma de alemanes, británicos y franceses muertos en la Primera Guerra Mundial.

104. El 80 por ciento de los varones soviéticos nacidos en 1923 murieron en la Segunda Guerra Mundial.

105. De los más de 25 000 miembros de las SS encargados del funcionamiento de los campos de exterminio

nazis, tan sólo 250 tuvieron que rendir cuentas ante la justicia.

106. Del medio millar de corresponsales de guerra norteamericanos que cubrieron el conflicto, 54 murieron en el frente.

107. La guerra supuso a los contribuyentes norteamericanos un gasto de 296 000 millones de dólares, equivalente a cuatro veces el presupuesto total de Estados Unidos en 2015.

108. Con un último pago de 43 millones de libras, efectuado el 29 de diciembre de 2006, el gobierno británico saldó su deuda de guerra con Estados Unidos.

109. Cada año se encuentran y desactivan unas 5500 bombas en Alemania, a un promedio de 15 diarias.

110. De cada 100 películas bélicas que se producen, 50 están ambientadas en la Segunda Guerra Mundial. Las demás se reparten así: 12 en la Primera Guerra Mundial, 2 en Vietnam, 2 en la guerra de Corea y las 34 restantes en otros conflictos.

111. En Estados Unidos, cada día fallecen de media 1056 veteranos de la Segunda Guerra Mundial.

100 preguntas y respuestas

CUESTIONARIO 1

1. Además de Francia y Gran Bretaña, ¿qué otros países declararon la guerra a Alemania en septiembre de 1939?
    a. Irlanda, Islandia, Noruega y Finlandia.
    b. Brasil, México, Costa Rica y Guyana.
    c. Australia, Nueva Zelanda, Sudáfrica y Canadá.

2. ¿Cuántas bajas costó la invasión de Dinamarca al ejército alemán?
    a. 78.
    b. Ninguna.
    c. 11.

3. ¿Qué político aseguró en una campaña electoral en 1940 «nunca enviaré a nuestros chicos a combatir en una guerra en el extranjero»?
    a. Franklin D. Roosevelt.
    b. Édouard Daladier.
    c. Neville Chamberlain.

4. ¿En qué consistía la Operación Otto, de agosto de 1940?
    a. El diseño de la ocupación de Gran Bretaña.
    b. La preparación de la invasión de la Unión Soviética.
    c. Un plan de desembarco en Islandia.

5. ¿Qué tres países ocupó la Unión Soviética en junio de 1940?
    a. Finlandia, Polonia y Bulgaria.
    b. Ucrania, Moldavia y Bielorrusia.
    c. Lituania, Letonia y Estonia.

6. ¿Qué gobernante era conocido como el Perro Rojo?
    a. El rumano Ion Antonescu.
    b. El búlgaro Bodgan Filov.
    c. El soviético Jósif Stalin.

7. ¿Dónde tuvo lugar la batalla de Keren, en marzo de 1941?
    a. Libia.
    b. Albania.
    c. Eritrea.

8. Cuando Yugoslavia fue atacada por Alemania en abril de 1941, ¿qué dos aliados de Yugoslavia prefirieron no oponerse a la invasión para no provocar a Hitler?
    a. Hungría y Bulgaria.
    b. La Unión Soviética y Turquía.
    c. Grecia y Rumanía.

9. ¿En qué consistió la Operación Demon, de abril de 1941?
    a. El bombardeo de los campos petrolíferos rumanos.
    b. El asalto naval a las islas Lofoten, en Noruega.
    c. La evacuación de las fuerzas británicas de Grecia.

10. ¿Cómo cruzó la División SS Leibstandarte el canal de Corinto en abril de 1941?
   a. Con botes neumáticos.
   b. Con barcos de pesca requisados.
   c. Construyendo un puente de madera.

CUESTIONARIO 2

1. ¿En qué isla estableció bases Estados Unidos en abril de 1941?
   a. Ascensión.
   b. Madeira.
   c. Groenlandia.

2. ¿En qué consistió la Operación Brevity, en mayo de 1941?
   a. Un plan de rescate de las tropas británicas en Creta.
   b. Una ofensiva británica en la frontera libio-egipcia.
   c. Un golpe contra el gobierno proalemán de Irak.

3. ¿Entre qué dos países se firmó un tratado de asistencia mutua en julio de 1941?
   a. Gran Bretaña y Estados Unidos.
   b. Estados Unidos y la Unión Soviética.
   c. La Unión Soviética y Gran Bretaña.

4. ¿Qué país cayó bajo control aliado en julio de 1941?
   a. Siria.
   b. Madagascar.
   c. Túnez.

5. ¿En qué consistió la Operación Substance, en julio de 1941?

   a. El ataque a un convoy del Eje que se dirigía a Libia.

   b. Un transporte de suministros de Gibraltar a Malta.

   c. Un ataque a la flota italiana fondeada en Tarento.

6. ¿En qué consistió la Operación Beowulf, en septiembre de 1941?

   a. Asalto anfibio alemán a unas islas estonias.

   b. Cerco de tropas soviéticas en Ucrania.

   c. Ofensiva contra las defensas de Leningrado.

7. ¿Qué medida tomó Stalin en octubre de 1941 para levantar la moral de la población?

   a. Entregó un saco de patatas a cada familia.

   b. Estableció el reparto gratuito de vodka y cigarrillos.

   c. Anuló la prohibición de las prácticas religiosas.

8. ¿Qué avión británico era conocido como la «maleta volante»?

   a. El Westland Lysander.

   b. El Handley Page Hampden.

   c. El Avro Lancaster.

9. ¿Cómo se llamaba el vehículo semioruga que utilizaba el general Erwin Rommel en África?

   a. Greif.

   b. Safari.

   c. Tuareg.

10. ¿Qué país declaró la guerra a Gran Bretaña y Estados Unidos en enero de 1942?

    a. Birmania.

    b. Irán.

    c. Tailandia.

CUESTIONARIO 3

1. En febrero de 1942, ¿en qué ciudad quedaron rodeadas las tropas alemanas y tuvieron que ser aprovisionadas por la Luftwaffe?
    a. Stalingrado.
    b. Demyansk.
    c. Járkov.

2. ¿Qué bombardero alemán era conocido como el «lápiz volante»?
    a. Messerschmitt Bf 110.
    b. Dornier Do 17.
    c. Junkers Ju 88.

3. ¿Qué político vio cómo su nombre se convertía en sinónimo de traidor?
    a. El noruego Vidkun Quisling.
    b. El francés Philippe Pétain.
    c. El inglés Oswald Mosley.

4. ¿Cuántos ataques aéreos lanzó el Eje sobre Malta en marzo de 1942?
    a. 23.
    b. 132.
    c. 275.

5. ¿En qué consistió la Operación Góndola, lanzada por los Aliados en febrero de 1943?
    a. Un ataque aéreo contra los submarinos germanos en el golfo de Vizcaya.
    b. El bombardeo de unas fábricas de armamento cercanas a Venecia.
    c. Un ataque con torpedos contra el puerto de Trieste.

6. ¿En qué consistió la Operación I-Go, lanzada por los japoneses en abril de 1943?
   a. El envío de globos bomba contra la costa oeste norteamericana.
   b. Un ataque aéreo contra las fuerzas aliadas en las islas Salomón y Nueva Guinea.
   c. La invasión de las islas Aleutianas.

7. ¿En qué campo de exterminio nazi se produjo una fuga masiva en octubre de 1943?
   a. Auschwitz.
   b. Treblinka.
   c. Sobibor.

8. ¿Qué país declaró la guerra a Alemania en octubre de 1943?
   a. Bulgaria.
   b. Italia.
   c. Argentina.

9. ¿Qué dirigentes se reunieron en El Cairo en noviembre de 1943?
   a. Churchill, Roosevelt y Chiang Kai-shek.
   b. Jorge VI, Roosevelt y el rey Faruk.
   c. Churchill, Roosevelt, De Gaulle y Henri Giraud.

10. ¿A qué político se referían sus detractores como la Rata?
    a. Heinrich Himmler.
    b. Lavrenti Beria.
    c. Joseph Goebbels.

CUESTIONARIO 4

1. ¿Qué piloto alemán logró destruir doce tanques soviéticos en la batalla de Kursk?
    a. Hans-Ulrich Rudel.
    b. Erich Hartmann.
    c. Adolf Galland.

2. En noviembre de 1943, ¿contra qué objetivo iniciaron los británicos una campaña de bombardeo que duraría cinco meses?
    a. Los campos petrolíferos de Ploesti.
    b. Berlín.
    c. Las fábricas de armamento en Francia.

3. ¿Qué acción llevada a cabo por los norteamericanos en enero de 1944 se denominó Operación Flintlock?
    a. El ataque a un convoy japonés procedente de las Indias Holandesas.
    b. El rescate de unos prisioneros aliados en las Filipinas.
    c. La invasión de las islas Marshall.

4. ¿En dónde tuvo lugar la Operación Jueves, lanzada por los británicos en marzo de 1944?
    a. En Birmania.
    b. En las islas Cocos.
    c. En China.

5. ¿Qué significa el término japonés kamikaze?
    a. Muerte heroica.
    b. Viento divino.
    c. Flor cortada.

6. ¿En qué país se produjo un levantamiento partisano contra los alemanes en agosto de 1944?
    a. Eslovaquia.
    b. Hungría.
    c. Rumanía.

7. ¿Qué dirigentes se reunieron en la Segunda Conferencia de Moscú, en octubre de 1944?
    a. Stalin, George Marshall y Anthony Eden.
    b. De Gaulle, Stalin y Molotov.
    c. Churchill, Stalin y Averell Harriman.

8. ¿Qué mujer era conocida despectivamente como la «vaca loca»?
    a. Clara Petacci.
    b. Eleanor Roosevelt.
    c. Eva Braun.

9. ¿En dónde desembarcaron los británicos en octubre de 1944?
    a. En la isla de Rodas.
    b. En la ciudad griega de Patras.
    c. En Creta.

10. ¿Qué dos países declararon la guerra a Alemania en febrero de 1945?
    a. Siria y Arabia Saudí.
    b. San Marino y Andorra.
    c. Chile y Argentina.

CUESTIONARIO 5

1. ¿En qué consistió la Operación Iceberg, lanzada por los norteamericanos en abril de 1945?
    a. El establecimiento de una base militar en el Polo Sur.
    b. La captura de una base meteorológica germana en las islas Spitzbergen.
    c. La invasión de la isla de Okinawa.

2. ¿Qué causó grandes daños a la flota norteamericana en Okinawa el 5 de junio de 1945?
    a. Un ataque kamikaze masivo.
    b. Un tifón.
    c. Un ataque con torpedos humanos.

3. ¿Cómo se llamaba el avión privado, un B-17, del general Douglas MacArthur?
    a. Bataan.
    b. Spirit of Manila.
    c. Corregidor.

4. ¿Cómo se llamó el plan alemán para atentar contra el presidente Roosevelt en Teherán?
    a. Alfombra persa.
    b. Salto de longitud.
    c. Golpe de espada.

5. ¿Cuál era el nombre en clave con el que los norteamericanos designaban la isla de Guadalcanal?
    a. Cactus.
    b. Palmera.
    c. Helecho.

6. ¿Con qué nombre conocían los pilotos norteamericanos la ruta aérea entre los aeródromos de las islas Marianas y Tokio?
   a. Camino del Sol Naciente.
   b. Autopista Hirohito.
   c. Pasillo de la Muerte.

7. ¿Qué personaje del Tercer Reich había nacido en El Cairo?
   a. Alfred Rosenberg.
   b. Rudolf Hess.
   c. Wilhelm Canaris.

8. ¿Cuál era el nombre en clave del monarca británico Jorge VI?
   a. General Lyon.
   b. Comodoro Kingsley.
   c. Capitán Thomas.

9. ¿Qué ciudades habían sido designadas para albergar los Juegos Olímpicos de 1940 y 1944?
   a. Ámsterdam y Los Ángeles.
   b. París y Estocolmo.
   c. Tokio y Londres.

10. ¿Con qué irónico nombre conocían los aviadores norteamericanos la cuenca del Ruhr?
    a. El Parque de Atracciones.
    b. El País de las Maravillas.
    c. El Valle Feliz.

CUESTIONARIO 6

1. ¿Con qué nombre se presentó Rudolf Hess a las autoridades británicas tras su vuelo a Escocia?
   a. Albert Schmidt.
   b. Rudolf Meyer.
   c. Alfred Horn.

2. ¿Qué director de cine ganó dos Óscars por sus documentales realizados durante la guerra?
   a. Raoul Walsh.
   b. John Ford.
   c. Howard Hawks.

3. ¿Cuál fue el primer gueto establecido por los alemanes en Polonia?
   a. Varsovia.
   b. Cracovia.
   c. Lodz.

4. ¿Cómo se llamaba la avioneta del general norteamericano Omar Bradley?
   a. Aligátor de Luisiana.
   b. Aguila de Arizona.
   c. Mula de Misuri.

5. ¿Qué líder político fue juzgado por no haber preparado a su país para la guerra?
   a. El holandes Dirk Jan de Geer.
   b. El francés Édouard Daladier.
   c. El británico Neville Chamberlain.

6. ¿Cuál era el nombre en clave de Churchill en las comunicaciones telefónicas con Roosevelt?
   a. General Hornblower.
   b. Duque de Portsmouth.
   c. John Martin.

7. ¿Qué futuro Papa trabajó para los servicios de Inteligencia norteamericanos durante la Segunda Guerra Mundial?
   a. Juan XXIII.
   b. Pablo VI.
   c. Juan Pablo II.

8. ¿Qué líder de la resistencia francesa era conocido como el Rey de las Sombras?
   a. Raymond Aubrac.
   b. Stéphane Hessel.
   c. Jean Moulin.

9. ¿Cómo se llamaba la resistencia noruega?
   a. Styrke.
   b. Milorg.
   c. Folkets Bataljon.

10. ¿Cómo se llamaba el avión privado, un C-56, del general Charles de Gaulle?
    a. Libération.
    b. France.
    c. Grandeur.

CUESTIONARIO 7

1. ¿Qué nombre recibió el plan alemán para alcanzar el Canal de Suez?
   a. Apis.
   b. Faraón.
   c. Aida.

2. ¿Qué general era conocido como el Bombero de Hitler?
   a. Wilhelm Keitel.
   b. Walther Model.
   c. Alfred Jodl.

3. ¿Cómo se llamaba el avión privado, un LB-30, de Churchill?
   a. Commando.
   b. Britannia.
   c. Victory.

4. ¿Qué empresario norteamericano tenía un retrato de Hitler en la mesa de su despacho, en Dearborn, Michigan?
   a. Dale Carnegie.
   b. Henry Ford.
   c. John Rockefeller.

5. ¿Cuál era el nombre en clave del plan alemán para tomar Gibraltar?
   a. Operación Fénix.
   b. Operación Feliz.
   c. Operación Félix.

6. ¿Con qué nombre bautizó el almirante norteamericano Chester Nimitz a su *jeep*?
   a. USS Boogie Boogie.
   b. USS Bungee Jumping.
   c. USS Hush Hush.

7. ¿Qué líder rechazó un intercambio de prisioneros que incluía el retorno de su hijo capturado por el enemigo?
   a. Hideki Tojo.
   b. Josif Stalin.
   c. Chiang Kai-shek.

8. ¿Cuándo y dónde se lanzó la última carga de la caballería estadounidense?
   a. En marzo de 1943, en Túnez.
   b. En enero de 1942, en Filipinas.
   c. En julio de 1943, en Sicilia.

9. ¿Con qué nombre era conocido el tanque ligero italiano L3/33 entre sus propias tropas?
   a. Lata de sardinas.
   b. Ataúd de hierro.
   c. Caja de zapatos.

10. ¿Cómo se llamaba el tren privado del general Eisenhower?
    a. Sword.
    b. Hammer.
    c. Bayonet.

CUESTIONARIO 8

1. ¿Con qué nombre en clave se referían los japoneses al presidente Roosevelt en las comunicaciones entre Tokio y la embajada nipona en Washington?
    a. Madame Butterfly.
    b. Geisha.
    c. Miss Kimiko.

2. ¿En qué consistía la Operación Atila, llevada a cabo por los alemanes?
    a. La defensa de Hungría ante el avance del Ejército Rojo.
    b. La ocupación de la Francia de Vichy.
    c. La política de tierra quemada durante la retirada de territorio soviético.

3. ¿Cómo se llamaba el tren privado del general alemán Alfred Jodl?
    a. Germania.
    b. Atlas.
    c. Europa.

4. ¿El hijo de qué líder político falleció cuando se estrelló el bombardero que pilotaba?
    a. Hideki Tojo.
    b. Josif Stalin.
    c. Benito Mussolini.

5. ¿Qué nombre se utilizaba en los códigos militares y diplomáticos británicos para referirse a Churchill?
    a. Teniente Claymore.
    b. General Watson.
    c. Coronel Warden.

6. ¿Cuál fue la isla que resultó más bombardeada durante la guerra?
   a. Malta.
   b. Sicilia.
   c. Inglaterra.

7. ¿Cómo llamaron los británicos a la orden de destrucción de documentos secretos en El Cairo ante el temor de la llegada de las fuerzas de Rommel?
   a. Domingo de Pascua.
   b. Miércoles de Ceniza.
   c. Viernes Santo.

8. ¿Cuál era el nombre original del caza norteamericano P-51 Mustang?
   a. Apache.
   b. Comanche.
   c. Thunderbird.

9. ¿Cuál era el nombre auténtico del líder partisano yugoslavo Tito?
   a. Milos Rajkov.
   b. Josip Broz.
   c. Dragan Vujovic.

10. ¿Cuál era el nombre en clave para designar a las tropas norteamericanas destinadas en Irlanda?
    a. Leprechaun.
    b. Trébol.
    c. Magnet.

CUESTIONARIO 9

1. Para los norteamericanos, ¿cuál era el nombre en clave de las islas Filipinas?
   a. Excélsior.
   b. Tifón.
   c. Hoja de Palma.

2. ¿Cómo se llamaba el yate de Hitler?
   a. Seewolf.
   b. Adler.
   c. Grille.

3. ¿Cuál fue la Operación Titanic?
   a. Las tácticas de engaño de las fuerzas paracaidistas aliadas durante el Día D.
   b. La instalación de muelles flotantes ante la costa de Normandía.
   c. La localización y hundimiento del acorazado alemán *Tirpitz*.

4. ¿Cómo se llamaba la sección infantil del movimiento comunista de Italia?
   a. Koba.
   b. Bandiera Rossa.
   c. Bambini Rosso.

5. ¿Con el nombre de qué pescado denominaban los alemanes en clave a Irlanda?
   a. Caballa.
   b. Arenque.
   c. Bacalao.

6. ¿Quién era conocido por los Aliados como «el hombre más peligroso de Europa»?
   a. Heinrich Himmler.
   b. Heinz Guderian.
   c. Otto Skorzeny.

7. El nombre del novelista Joseph Conrad fue impuesto a...
   a. Una brigada polaca.
   b. Un mercante británico.
   c. Un caballo.

8. ¿Qué general norteamericano usaba los nombres en clave de Howe o Duckpin?
   a. Marshall.
   b. Eisenhower.
   c. Patton.

9. ¿A qué se refería la prensa norteamericana cuando hablaba de la V-2 aliada?
   a. La bomba Grand Slam.
   b. Una cantante.
   c. La bomba atómica.

10. ¿Qué nombre recibió la campaña de bombardeos sobre Hamburgo en el verano de 1943?
    a. Operación Sodoma.
    b. Operación Jericó.
    c. Operación Gomorra.

CUESTIONARIO 10

1. ¿Qué nombre recibieron los ataques aéreos contra la abadía de Montecasino en marzo de 1944?
   a. Operación Ludlum.
   b. Operación Benedict.
   c. Operación Montaña Mágica.

2. ¿Cómo se llamaba la operación alemana para desembarcar espías en Norteamérica en 1942?
   a. Atlantik.
   b. Pastorius.
   c. Pegasus.

3. ¿Qué país perdió el mayor número de barcos hospital a lo largo de la guerra?
   a. Alemania.
   b. Estados Unidos.
   c. Italia.

4. ¿Qué acción es conocida como el Pearl Harbor del Mediterráneo?
   a. El ataque italiano al puerto de Alejandría.
   b. El ataque del Eje a Malta.
   c. El ataque británico a la base naval de Tarento.

5. ¿En qué consistió la Operación Edelweiss?
   a. Avance del Ejército alemán en el Cáucaso.
   b. Contraataque alemán en los Cárpatos.
   c. Reducto germano en los Alpes austríacos.

6. ¿Cómo se llamó la operación de traslado de tropas canadienses del teatro mediterráneo a Gran Bretaña, para participar en el desembarco de Normandía?
   a. Sea Gold.
   b. Goldfake.
   c. Golden Coast.

7. ¿Qué palabra clave se transmitió a las tropas alemanas para lanzar la Operación Barbarroja el 22 de junio de 1941?
   a. Weimar.
   b. Siegfried.
   c. Dortmund.

8. ¿Cómo se llamó en clave el día del desembarco norteamericano en Okinawa, el 1 de abril de 1945?
   a. Día del Trueno.
   b. Día de la Revancha.
   c. Día del Amor.

9. ¿Cuál fue el buque de la armada norteamericana que recibió más estrellas de batalla?
   a. El acorazado USS *Missouri*.
   b. El portaaviones USS *Enterprise*.
   c. El portaaviones USS *Lexington*.

10. ¿En qué consistió la Operación Alfombra Mágica?
    a. La organización de un puente aéreo de ayuda a la URSS a través de Irán.
    b. El retorno de las tropas estadounidenses al finalizar la guerra.
    c. Un intento de forzar la entrada en la guerra de Turquía en el bando aliado.

Soluciones

Cuestionario 1
1. c.   Australia, Nueva Zelanda, Sudáfrica y Canadá.
2. b.   Ninguna.
3. a.   Franklin D. Roosevelt.
4. b.   La preparación de la invasión de la Unión Soviética.
5. c.   Lituania, Letonia y Estonia.
6. a.   El rumano Ion Antonescu.
7. c.   En Eritrea. Los italianos fueron derrotados por los británicos.
8. b.   La Unión Soviética y Turquía.
9. c.   La evacuación de las fuerzas británicas de Grecia.
10. b. Con barcos de pesca requisados.

Cuestionario 2
1. c.   Groenlandia.
2. b.   Una ofensiva británica en la frontera libio-egipcia.
3. c.   La Unión Soviética y Gran Bretaña.
4. a.   Siria.
5. b.   Un transporte de suministros de Gibraltar a Malta.
6. a.   Asalto anfibio alemán a unas islas estonias.
7. c.   Anuló la prohibición de las prácticas religiosas.
8. b.   El Handley Page Hampden, por su estrecho fuselaje.
9. a.   Greif.
10. c. Tailandia.

Cuestionario 3

1. b. Demyansk.
2. b. Dornier Do 17.
3. a. El noruego Vidkun Quisling.
4. c. 275.
5. a. Un ataque aéreo contra los submarinos germanos en el golfo de Vizcaya.
6. b. Un ataque aéreo contra las fuerzas aliadas en las islas Salomón y Nueva Guinea.
7. c. Sobibor.
8. b. Italia.
9. a. Churchill, Roosevelt y Chiang Kai-shek.
10. c. Joseph Goebbels.

Cuestionario 4

1. a. Hans-Ulrich Rudel.
2. b. Berlín
3. c. La invasión de las islas Marshall.
4. a. Birmania.
5. b. Viento divino.
6. a. Eslovaquia.
7. c. Churchill, Stalin y Averell Harriman.
8. c. Eva Braun.
9. b. En la ciudad griega de Patras.
10. a. Siria y Arabia Saudí.

Cuestionario 5

1. c. La invasión de la isla de Okinawa.
2. b. Un tifón.
3. a. Bataan.
4. b. Salto de longitud.
5. a. Cactus.
6. b. Autopista Hirohito.
7. b. Rudolf Hess.
8. a. General Lyon.

9. c. Tokio y Londres.

10. c. El Valle Feliz, por la gran cantidad de cañones antiaéreos que había en la zona.

Cuestionario 6

1. c. Alfred Horn.
2. b. John Ford.
3. c. Lodz, en abril de 1940.
4. c. Mula de Misuri. Bradley nació en ese Estado, cuyo animal-símbolo es la mula.
5. b. El francés Édouard Daladier, por el gobierno de Vichy, en 1942.
6. c. John Martin.
7. b. Pablo VI.
8. c. Jean Moulin, por su habilidad para aparecer y desaparecer en la oscuridad de la noche.
9. b. Milorg, abreviatura de Militær Organisasjon
10. b. France.

Cuestionario 7

1. c. Aida.
2. b. Walther Model, porque era requerido para solventar situaciones comprometidas.
3. a. Commando.
4. b. Henry Ford.
5. c. Operación Félix.
6. c. USS Hush Hush.
7. b. Josif Stalin.
8. b. En enero de 1942, en Filipinas, el 26º Regimiento de Caballería.
9. a. Lata de sardinas.
10. c. Bayonet.

Cuestionario 8

1. c. Miss Kimiko.

2. b. La ocupación de la Francia de Vichy.

3. b. Atlas.

4. c. Benito Mussolini, cuyo hijo, Bruno, murió el 7 de agosto de 1941.

5. c. Coronel Warden.

6. a. Malta.

7. b. Miércoles de Ceniza.

8. a. Apache.

9. b. Josip Broz.

10. c. Magnet.

Cuestionario 9

1. a. Excélsior.

2. c. Grille.

3. a. Las tácticas de engaño de las fuerzas paracaidistas aliadas durante el Día D.

4. a. Koba, el apodo por el que era conocido Stalin

5. a. Caballa.

6. c. El coronel de las SS Otto Skorzeny.

7. c. Un caballo, el del general norteamericano Jonathan Wainwright. Sus hombres se lo acabarían comiendo en Bataan (Filipinas) para no morir de hambre.

8. b. Eisenhower.

9. b. Una cantante, la norteamericana Dinah Shore (1917-1994).

10. c. Operación Gomorra.

Cuestionario 10

1. a. Operación Ludlum, por el nombre del oficial norteamericano que dio luz verde al ataque.

2. b. Pastorius, por el colono alemán Francis Daniel Pastorius (1651-1720).

3. c. Italia, perdió ocho.

4. c. El ataque británico a la base naval italiana de Tarento, el 11 de noviembre de 1940

5. a. Avance del ejército alemán en el Cáucaso, para capturar los pozos petrolíferos de Bakú.

6. b. Goldfake.

7. c. Dortmund.

8. c. Día del Amor.

9. b. El portaaviones USS Enterprise, con veinte estrellas de batalla.

10. b. El retorno de las tropas estadounidenses al finalizar la guerra.

Bibliografía

ACKERMAN, Diane, *La casa de la buena estrella*, Ediciones B, Barcelona, 2008.

ARASA, Daniel, *50 Històries catalanes de la Segona Guerra Mundial*, Laia Libros, Barcelona, 1998.

ARMENGOU, Montserrat y BELIS, Ricard, *Ramon Perera, l'home dels refugis*, Rosa dels vents, Barcelona, 2016.

ATKINSON, Rick, *El día de la batalla*, Crítica, Barcelona, 2014.

ATKINSON, Rick, *Los cañones del atardecer*, Crítica, Barcelona, 2014.

ATKINSON, Rick, *Un ejército al amanecer*, Crítica, Barcelona, 2004.

BEEVOR, Antony, *La Segunda Guerra Mundial*, Pasado y Presente, Barcelona, 2012.

BENDFORD, Timothy, *The World War II Quiz & Fact Book*, Gramercy Books, Nueva York, 1999.

BREUER, William, *Bizarre Tales of World War II*, John Wiley & Sons, Nueva York, 2003.

BREUER, William, *Secret Weapons of World War II*, John Wiley & Sons, Nueva York, 2000.

BREUER, William, *Undercover Tales of Wolrd War II*, John Wiley & Sons, Nueva York, 1999.

BROOKS, Evan, *Military History´s Top 10 Lists*, Nueva York, 2003.

CALDWELL, Erskine, *All-Out On The Road To Smolensk*, Duell, Sloan and Pearce, Nueva York, 1942.

CRAIG, William, *La caída del Japón*, Luis de Caralt, Barcelona, 1974.

DOWSWELL, Paul, *True Stories of the Second World War*, Usborne Publishing, Londres, 2003.

DUNNIGAN, James, *Dirty Little Secrets of World War II*, Morrow, Nueva York, 1994.

DUNNIGAN, James, *Victory and Deceit, Dirty Tricks at War*, Morrow, Nueva York, 1995.

FLAGEL, Thomas, *The History Buff´s Guide to World War II*, Cumberland House, Nashville, 2005.

HAYWARD, James, *Mitos y leyendas de la Segunda Guerra Mundial*, Inédita Editores, Barcelona, 2004.

HASTINGS, Max, *Armagedón. La derrota de Alemania, 1944-1945*, Crítica, Barcelona, 2005.

HASTINGS, Max, ed., *Military Anecdotes*, Oxford University Press, Oxford, 1985.

HASTINGS, Max, *Némesis. La derrota del Japón. 1944-1945*, Crítica, Barcelona 2008.

HASTINGS, Max, *La guerra secreta. Espías, códigos y guerrillas. 1939-1945*, Crítica, Barcelona, 2016.

HASTINGS, Max, *Se desataron todos los infiernos. Historia de la Segunda Guerra Mundial*, Crítica, Barcelona, 2011.

HOLMES, Richard. *Un mundo en guerra. Historia oral de la Segunda Guerra Mundial*, Crítica, Barcelona, 2008.

HOLT, Thaddeus, *The Deceivers: Allied Military Deception in the Second World War*, Skyhorse, 2010.

JACKSON, Robert, *Unexplained Mysteries of World War*

II, Eagle Editions, Londres, 2003.

JACKSON, Robert, *Commanders and Heroes of World War II*, Airlife Publishing, Londres, 2004.

KELLY, Brian C., *Best Little Stories from World War II*, Cumberland House, Nashville, 1998.

KENNEDY, Paul, *Ingenieros de la victoria*, Debate, Barcelona, 2014.

LEWIS, Jon, ed., *The Mammoth Book of True War Stories*, Robinson, Londres, 2005.

LOWE, Keith, *Continente salvaje*, Galaxia Gutenberg, Barcelona, 2012.

MALONE, John, *The World War II Quiz Book*, Quill, Nueva York, 1991.

MANNING, Molly Guptill, *When Books Went to War. The Stories that Helped us Win World War II*, Mariner Books, Boston, 2014.

MARX DE SALCEDO, Anastacia, *Cocina de combate*, Editorial Melusina, Santa Cruz de Tenerife, 2015.

McCOMBS, Don y WORTH, Fred., *World War II. 4,139 Strange and Fascinating Facts*, Wings Books, Nueva York, 1996.

O'DONNEL, Patrick, *Operatives, Spies, and Saboteurs: The Unknown Story of World War II's OSS*, Citadel, 2006.

OVERY, Richard, *Por qué ganaron los Aliados*, Tusquets, Barcelona, 2005.

PIEKALKIEWICZ, Janusz, *Espías, agentes y soldados*, Círculo de Lectores, 1972.

POPE, Stephen, *Dictionary of the Second World War*, Pen and Sword Books, Barnsley, 2003.

REGAN, Geoffrey, *Military Anecdotes*, André Deutsch, Londres, 2002.

ROEBLING, Karl, *Great Myths of World War II*, Paragon Press, Fern Park, 1985.

TOLAND, John, *Los últimos 100 días*, Bruguera, Barcelona, 1970.

TUNNEY, Christopher, *Biographical Dictionary of World War II*, St. Martin Press, Nueva York, 1972.

VANDIVER, Frank, *1001 Things Everyone Should Know About World War II*, Broadway Books, Nueva York, 2002.

VILLAMOR, Rubén, *Los Ejércitos del Dragón. Voluntarios extranjeros en el ejército japonés (1931-1945)*, HRM Ediciones, Zaragoza, 2015.

VV.AA. *Dictionary Hutchinson of World War II*, Brockhampton Press, London, 1997.

WILLIAMS, Andrew, *La batalla del Atlántico*, Crítica, Barcelona, 2004.

WYDEN, Peter, *Stella: One Woman's True Tale of Evil, Betrayal and Survival in Hitler's Germany*, Anchor, Nueva York, 1993.

ZUCKERMAN, Yitzhak, *A Surplus of Memory: Chronicle of the Warsaw Ghetto Uprising*, University of California Press, Los Angeles, 1993.